曾国藩全集

［清］曾国藩 著

日记 第一卷

河北人民出版社

图书在版编目（CIP）数据

曾国藩全集．日记/（清）曾国藩著．-- 石家庄：河北人民出版社，2016.9（2021.4 重印）
　　ISBN 978-7-202-11189-5

　　Ⅰ.①曾… Ⅱ.①曾… Ⅲ.①曾国藩（1811～1872）—全集②曾国藩（1811～1872）—日记 Ⅳ.①Z425.2②K827=52

中国版本图书馆 CIP 数据核字（2016）第 074321 号

书　　名	曾国藩全集　日记 ZENGGUOFAN QUANJI RIJI
著　　者	[清]曾国藩
责任编辑	马　丽　张静中
美术编辑	李　欣
责任校对	付敬华
版式设计	俊书装
封面设计	Dh2o
出版发行	河北人民出版社　（石家庄市友谊北大街 330 号）
印　　刷	三河市三佳印刷装订有限公司
开　　本	787 毫米 ×1092 毫米　1/16
印　　张	108
字　　数	1 789 000
版　　次	2016 年 9 月第 1 版　2021 年 4 月第 4 次印刷
印　　数	11 001–14 000
书　　号	ISBN 978-7-202-11189-5
定　　价	226.00 元

版权所有　翻印必究

目 录

日 记

道光十九年 …………………………………………………………… 1
 正 月 …………………………………………………………… 2
 二 月 …………………………………………………………… 6
 三 月 …………………………………………………………… 10
 四 月 …………………………………………………………… 14
 五 月 …………………………………………………………… 18
 六 月 …………………………………………………………… 22
 七 月 …………………………………………………………… 26
 八 月 …………………………………………………………… 30
 九 月 …………………………………………………………… 34
 十 月 …………………………………………………………… 38
 十一月 …………………………………………………………… 42
 十二月 …………………………………………………………… 46

道光二十年 …………………………………………………………… 49
 正月至六月 ……………………………………………………… 50
 七月至九月 ……………………………………………………… 54

十　月 …………………………………… 55
　　十一月 …………………………………… 56
　　十二月 …………………………………… 61
道光二十一年 …………………………………… 65
　　正　月 …………………………………… 66
　　二　月 …………………………………… 71
　　三　月 …………………………………… 76
　　闰三月 …………………………………… 81
　　四　月 …………………………………… 86
　　五　月 …………………………………… 91
　　六　月 …………………………………… 96
　　七　月 …………………………………… 98
　　八　月 …………………………………… 104
　　九　月 …………………………………… 109
　　十一月 …………………………………… 113
　　十二月 …………………………………… 118
道光二十二年 …………………………………… 121
　　十　月 …………………………………… 122
　　十一月 …………………………………… 131
　　十二月 …………………………………… 140
道光二十三年 …………………………………… 149
　　正　月 …………………………………… 150
　　二　月 …………………………………… 157
　　三　月 …………………………………… 164
　　四　月 …………………………………… 170

六　月	172
七　月	176
九　月	178
十　月	180
十一月	184

道光二十四年 ······ 187
　　正　月 ······ 188
　　二　月 ······ 192
　　三　月 ······ 196
　　四　月 ······ 200
　　五　月 ······ 204
　　六　月 ······ 208
　　七　月 ······ 212
　　八　月 ······ 216
　　九　月 ······ 221
　　十　月 ······ 225
　　十一月 ······ 230

道光二十五年 ······ 235
　　正　月 ······ 236
　　二　月 ······ 241

咸丰八年 ······ 247
　　三月至四月 ······ 248
　　六　月 ······ 249
　　七　月 ······ 256
　　八　月 ······ 273

九　月 ……………………………………………… 291
　　十　月 ……………………………………………… 306
　　十一月 ……………………………………………… 318
　　十二月 ……………………………………………… 325
咸丰九年 ………………………………………………… 333
　　正　月 ……………………………………………… 334
　　二　月 ……………………………………………… 341
　　三　月 ……………………………………………… 350
　　四　月 ……………………………………………… 359
　　五　月 ……………………………………………… 366
　　六　月 ……………………………………………… 373
　　七　月 ……………………………………………… 380
　　八　月 ……………………………………………… 386
　　九　月 ……………………………………………… 395
　　十　月 ……………………………………………… 403
　　十一月 ……………………………………………… 410
　　十二月 ……………………………………………… 419

日记

道光十九年

正 月

初一日

家居。季洪弟受风寒。夜写散馆卷一开半。

初二日　　天阴

请客四席。夜写卷一开。

初三日　　天阴雨

丹阁叔留舍。朱尧阶夜来。

初四日　　阴

辰后,拜祖墓。午刻,朱啸山来,王待聘妹夫来。作书邀刘冠群来舍。又作书寄霞仙。季洪弟自来痘。夜与尧阶、啸山谈至天明。夜三更大雪。

初五日

大雪,自昨夜三更起,至本日酉刻止。午刻欧阳牧云来。

初六日　　大晴

二妹之儿巳刻死,儿生五十天。家中酬龙愿,同龙至添梓坪德六从祖家,申刻归。朱尧阶、啸山辰刻归去。

初七日　　晴

早,至德六从叔祖家,听剧一天,夜未归。

初八日　　晴

祖大人寿辰,在添梓坪拜寿。巳刻,龙至柳衙叔家。申刻归。汪德庄来舍。

初九日　　阴

早,至柳衙叔家,申刻归。陶村四叔来家,同饭柳衙叔家。

初十日　　阴

早,至任尊叔家。饭后同龙至曾祖坟上,又至元吉公坟上。午饭宽五弟家。夜归。

十一日　　大晴

早饮宽三从弟家。饭后同龙至祥坞从祖家。晚归。

十二日　　晴

早饮祥坞从祖家。饭后同龙归。夜散龙。

十三日　　晴

大姊家起龙至予家。邀彭百乘、寿七至舍,为楚善叔衡阳卖田事,予托百乘二人调停。是日家中客多,共十余席。朱尧阶专人来舍,约余于廿四走彼家,拟同当朱良二庄田。四妹议许字朱凤台之子,尧阶遣人送男庚来。夜作书复尧阶,不愿成当田事。又作书与朱啸山,将四妹女庚发出。又作书复刘霞仙。论事甚详。睡时五鼓矣。

十四日　　晴

饭后,家祖同龙至萧家冲。左凤阁来。江南五母舅来。夜作书与刘鲁岩。

十五日　　晴、阴

左凤阁饭后归去。家祖归。朱尧阶申刻来,言终当成当田事。

十六日　　晴

早饮姊婿家。饭后,走欧阳沧溟先生家,仆一人,肩舆八人。是日彼家二席。

十七日　晴

饭后由岳家走欧阳宗祠,共八席。夜宿阳祠。

十八日　阴

由欧阳宗祠走庙山家祠。夜宿洣石渡王家,家祖亦宿此。

十九日　晴

由王家至宗祠。

廿日　阴

在祠,走各处坟山扫墓。

廿一日　阴

在祠。祠内经管请外姓人吃酒,四十余席。夜大雨。

廿二日　阴

由祠内归,夜宿塘头湾,系家贵公后裔。

廿三日　晴

由塘头湾归家,申刻到。家中种痘者,满妹痘不好,甚危急。叔淳弟初发现,尚好;儿子未发热。夜着刘一、王荆七走刘冠群家,请医弟、妹。

廿四日　晴

在家。满妹痘又发小的,颇红,医人谓是子来救母,杂投人参、鹿胶。

廿五日　阴

昨夜儿子发热,本日现痘不甚多。发热必三日始现痘为佳,兹仅发热一夜,非吉报也。

前十七日面约廿六日至尧阶家,因家中种痘,光景不好,不能遽去。午刻遣人致书尧阶,约廿七日至彼家。夜大风。

廿六日　　阴雨

满妹痘愈不好。儿子桢第痘稠密异常,啼哭不止。叔淳弟痘尚未灌浆。望刘冠群东屏来医,甚急,竟不见到。夜,风尤大。满妹抓破烂痘,面上血淋漓,实痛心也。

廿七日　　大北风

是日备行李,将往尧阶家。肩舆十人,皆已收拾待发,以满妹及儿子痘症险逆,不忍行,迟至午刻始行。行半里许,遇刘东屏先生,因与同归。即作书遣人走尧阶家,言不复去。又作书与朱凤台,另订告庚日期。儿子痘愈益密,如聚粟满地,无复界限,色紫红。东屏举方要清热解毒,有西庄、犀角等药。夜,稍泻,哭稍止。夜深,大雪。

廿八日　　大雪,寒甚

满妹痘愈险,痘不灌浆,不甚服药,一切饮食不入口,但喜嗽口,而人甚清醒。自昨日未时,咬牙战口,本日愈甚。夜,愈危,面上痘痂皆指爪抓破,面及颈皆烂,血渍被褥,淋漓不复可视,臭气薰蒸,其实惨极。二更后,余扶持儿子,不复去看满妹。儿子本日仍服昨日方,但去西庄。不复啼哭,渐昏弱,无生气,心知不可救药,犹冀幸万一。

廿九日　　阴雨

辰刻,满妹死,余尚未起。时叔淳弟痘亦密,甚危。家中哭泣不敢出声,恐惊叔淳。满妹生于道光十年庚寅八月初八日辰时,至是生八岁零一百七十一天。满妹病,全赖澄侯调汤药,扶持床褥,余甚未尽手足之情。自廿三日,常服补剂人参、鹿胶,竟不能济,痛哉!是日买棺去五千钱,敛葬皆不从薄,葬于油麻冲。满妹临死,遍呼家中人,独不呼儿子桢第,知其危也。儿子是日服补剂,夜深始服高丽参汤。只以船小载重,医者刘东屏知其无济,余亦知其将死。是夜四更始睡,余与内人并不能寐。

二 月

初一日　早，雪

儿子痘色转白。昨夜泻二次，皆药也。饭后开方喂药，心知无补，尽情而已。巳刻竟死。儿子生十七年丁酉十月初二日戌时，至是一岁零四月。自内子怀孕，未尝服药，生后至今，皆清吉。家祖尤钟爱异常，至是家祖殆难为情也。日晡时出葬，与满妹同穴。满妹与儿子，生时无片刻离身，至是皆以逆症夭亡，痛哉！夜，汪三与唐一来舍。

初二日　阴

叔淳弟痘渐落痂。

初三日　阴雨

昨日请刘东屏诊视家母。母亲积年多病，东屏谓服药数剂，必当大效。姑存此方于左：

代赭石_{四钱 生研末}　三光参_{二钱}　抱木茯神_{四钱}

白旋覆花_{三钱}　元半夏_{三钱}　生白芍_{二钱半}

炙粉草_{一钱五分}　河南枣_{二枚去核}　干柿蒂_{七个}

小麦米_{二钱}　老生姜_{三钱引}

初四日　阴雨

刘东屏归去。温甫弟伤风。

初五日　　晴

写对联六付。酉刻,龚云亭、紫岩专人来,有书并贺仪钱四千,紫岩有诗四首。夜作书答云亭兄弟。

初六日　　晴

温甫弟病未愈,请陈丰六开方,下半日又请王大诚开方。母亲在厨下跌至地,幸无伤损。前在衡阳,欧阳山托荐馆,余荐至葛中道家,本日作书付葛,催令下聘关。夜磨墨。

初七日　　晴,大暖

温甫弟尚未愈,陈丰六又开方。彭宜人来。作《哭亡妹亡儿》辞。夜请医人尹光六来。

初八日　　晴,大暖

温甫弟病愈。与尹光六下棋。申刻剃头。夜,家庙向无丁祭,陶村族叔议兴祭,每人捐谷二斗,祖命为记。是夜,为记约四百字。

初九日　　晴,大暖

温甫弟大愈,尹光六去。欧阳楚一至舍。

初十日　　晴,午刻雨,申刻大雨

王待聘妹夫来。午饮楚善叔家。

十一日　　晴

辰初出门,由井字街走王子山,宿紫殿李恒四家。

十二日　　早微雨,辰后阴

由李家走紫名桥、五里山、金蓬、姚家桥,夜至洲上朱太姻伯家。

十三日

早,阴。在朱家。夜,冷,大雨。

十四日　　阴雨

在朱家。写扇、联、幅一天。

十五日　　阴

在朱家。早起,写庚书,四妹许配朱良七爷子存一为室。日,朱家演戏。写联、幅,夜至三更。

十六日　　早晴,晚雨

由大义太姻伯家至良二爷家,写联、幅。

十七日　　阴

由良二爷家至梓门桥,路径金鸡寺、新庄大村,路大。

十八日　　晴

在梓门桥与朱尧阶当朱良二田。是日踏田,地名大屋场洼门前虾公塘,共茅屋三座、瓦屋一座;筒车三座:一独占、一三分占一、一六分占五。旧佃彭明青、彭步端、简贤、玉书、易朝宗、彭开一皆踏清,在彭明青家吃酒。是日着屈二、萧三送钱叁拾千回家,并庚书、鞋样。

十九日　　晴

在梓门桥饭后,走永丰分司吴咏斯署,又至书院。未刻回梓门桥。

廿日　　晴

朱良二旧佃彭简贤阻新佃易朝宗耕,昨日有人和释,劝朱出钱三千。简贤已写退耕领信字,本日复强悍不服,辰后带上永丰分司处法禁。午饭后,由永丰起程,至走马街宿。

廿一日　　晴

由走马街走刘杰田家,午刻到。杰田系霞仙叔。是日与霞仙会。家中着萧三、萧五来,有信。

廿二日　晴

至霞仙家。下棋数局。写对联。

廿三日　晴

寄衣在霞仙家计灰鼠袍套一付、大毛皮袍、皮马褂、单腿裤。托刘买茶叶并衣包送归。留家书在刘家。由刘家走大波曾姓。

廿四日　晴，大热

至曾楚兴家系大波房。午正，由大波房至田家湾。

廿五日　晴，大热

辰后写对联。午饭后，由田家湾至金家湾。彭景三来，接家信，又接金竺虔京信及金年伯信并勤七信。本拟由金家湾走成忍斋家，因闻成忍斋已走省，故拟由金家湾走江母舅家，下县去。

廿六日　雨

辰后写对联。留金家湾。早，遣彭景三由江母舅家下县。夜写对联。

廿七日　阴、晴

辰后由金家湾至彭廉轩家地名石上。

廿八日　晴

辰后写对联。午后至彭寿亭家，仍归宿廉轩家。

廿九日　小雨

由彭廉轩家十里、羊古凼十里、大风墈十里、扶木亭十五里、测水五里、街埠头十里，至江维世外祖家。

卅日　晴

上半天写对联。午后走通十母舅家。

三 月

初一日　　晴,大热

早饮极三家,冕四、冕十、南九三房为东。午饮,冠九兄弟为东。上半天写对联。夜作家书,拟明早着二人归。

初二日　　晴,大热

早饮通十、南五二母舅家。辰后,走上山田江家老屋挂匾。夜宿豫章十五母舅家。

初三日　　晴,大热

早饭豫章母舅家。午饭彭家冲河润外祖家。夜宿彭家冲。朱尧阶、龚云亭并有信来,言彭明青事,余作书回复。

初四日　　晴

大热,仅可着单衣。饭后至乔麦田孝六外祖家。下半天写字。彭四、廖兆佳自家来,家严有手示,言家中彭人盗柴事。澄侯有信,言今年用功课。欧阳沧溟先生有信,言黄蓉浦求写树德堂跋。昨日朱尧阶信内有呈官词二纸,要托在县告状。余回信言此刻县考,余宜回避,待考试后再告。昨夜打牌未睡。初四夜雷。

初五

早,大雨。饭后至戴家冲。午饭后走鱼塘曾星耀家。夜复大雨。

初六日　　阴、晴

留鱼塘。辰后至石笔墩挂匾。早剃头。夜写对联。

初七日　　晴

由鱼塘起身,未刻到县城,住其宫殿。

初八日　　晴

留县城。县试二场发案。请家德二开单拜客。衡阳黄蓉浦寿六十,托欧阳巨川先生托写树德堂跋,是日,拨冗书就。夜,写家信,着人明日归。前寄钱肆拾捌千在江行八母舅家,是夜作书与江,明日着人去接钱送归。又作书付宁乡曾衍咏之子道二家,约三月廿外至伊家去。

初九日　　晴

在城拜客一天。早,着四人归家。是日县试第三场。

初十日　　晴

在城写对联。

十一日　　早晴,下半天雨。

出北门城,至曾常二爷家,又至黄学二老爷家拜客。夜,写字。

十二日　　雨

是日,县试四场。在寓写对联廿条付,扇子十余把。

十三日　　雨

是日,在寓写对联。早饮沈霭亭寓所,系蔼亭之姊婿王十为东。

十四日　　阴

是日,请客一席。上半天写对联。夜拆银封。

十五日　　阴

辰刻后写对联。午刻,饮罗瑞森三爷家。申刻归寓,写对联,剃头。亥刻,写扇。子刻,作书寄宁乡家仙舫上舍兴槎、白庐启事兴坛。昨日,仙舫回书来,送银贰十两,道彼处此刻不必去,且请余为伊母作寿序。余复书,谓他日当作寿文,写屏送至伊家,伊又求写对联二首,亦付去。又送伊钮松泉联一首。子刻,作家书。又作书寄朱尧阶,为梓门桥事。

十六日　　阴、晴

辰起,与勤七叔将县城一切用费算清。辰饮后,由城起程,未刻至普眼堂曾祠。

十七日　　大雨

住普眼堂。写对联。朱尧阶有信来,道梓门桥事已清。是夜作书复尧阶,四妹订于十月十六日于归。夜写联。五更未睡。

十八日　　早雨,辰后阴

由普眼堂走瀫水,宿曾光文家。

十九日　　阴

早写对联。辰后,由瀫水走谭家桥曾逢吉家。夜打牌。曾光文来,为逢吉言讼事。逢吉家有叠葬祖坟鳜鱼山,曾被彭如舜强葬八棺。乾隆四十九年构讼,至五十六年,李藩邑侯断结押扦,给印谳为执照,藩邑侯亦有谳。兹于七月、二月周佐才强葬此山,劈垭骑头。逢吉欲与周兴讼,故与余商。

廿日　　阴

住逢吉家。上半日写扇。午饭后,作寿序一首,系衡阳唐赓虞求伊父五十寿文。夜二更始眷起。作家书,明日将送寿文回家。又打牌一刻。又将逢吉与彭家讼事老案稿阅看。

廿一日　　晴

由逢吉家至蒋干甫家。夜早睡。

廿二日　　大雨

住蒋家。蒋颇有藏书。是日阅余所未见书,有《坚瓠集》、《归震川古文》、钟伯严选《汉魏丛书》及诸种杂书。蒋求书"慎习楼"三字并跋。下半天写对联。夜打牌。

廿三日　　晴,大热

由蒋家起程廿里,瀫水过河,十五里,洋古凼廿五里。宿和睦亭。

廿四日　　晴,大热

由和睦亭十八里,侧水过河,五里,街埠头廿里,中沙。夜到家。行李及下人皆宿贺家坳。

廿五日

早,晴;日中,大风雨。是日在家。

廿六日　　雨

澄侯至汪觉庵师家,归,携寿文一首。

廿七日　　雨不止

唐家请予于廿八日走伊家写寿屏,予应廿九去。夜作书与朱凤台姻叔,订做装;又作书与霞仙,将遣人去接衣;又作书寄欧阳巨川先生。

廿八日　　雨

东阳叔祖来家。楚善叔来,言请予代彼卖衡阳田与彭人。

廿九日　　阴

由家起身,走衡阳唐诩庭家。下半天,唐以予作寿文中间太直,请予改。

四 月

初一日　　晴，微雨

写唐诩庭寿屏，福青缎写黄字，字学柳诚悬，参以王大令、董香光笔意，结构甚紧，笔下飒爽雅健，甚自许也。汪德庄世兄亦于是日至唐家。唐家又请敖姓人写寿屏。是日余写七幅，敖写五幅。

初二日　　晴

写寿屏完，后打牌。

初三日　　晴，大热

唐诩庭生日，召客设筵，汪觉庵师亦至。

初四日　　晴，大热

唐家重开宴。下半天着棋，夜打牌。

初五日　　晴，大热

由唐家走洪光桥，至孟公坳，走回子岭，至牧云峰，夜宿希六伯家。

初六日　　晴，下半天雨

由希六家饭后走碎桥，约廿里过渡，至琥翰堂、高嘴头。

初七日　　大雨

住高嘴头。写条幅数首。着人走面湖凼十四、唐福十八。鸥江桥廿三处发信。

下半天打牌。

初八日　　早,大雨;日中,复大晴

由琥翰堂走松陂曾祠,顺便扫墓三处。下午,饭寺冲,系松陂祖山。下半天过金兰寺,日黑入祠。

初九日　　晴

住松陂曾祠。写字数幅。

初十日　　晴,大热

由松陂祠行四里,至黄蓉浦家。是日,松陂祠未具贺仪。又前年,父亲至此祠送匾,伊言当送钱来家贺,后食言。今又言贺仪待八月送。又前日要余扫墓,情理不顺,余盛气折之,祠内人甚愧畏。

十一日　　晴,大热

黄蓉浦生日。欧阳巨六亦于昨日来黄家。是日唱剧,客甚多。

十二日　　晴,大热

面湖凼昨日有人来接,订十四日准到。黄家仍音樽。松陂请人说情,送押钱陆拾肆千。

十三日　　晴,晚大风

由黄家起身,夜宿软比桥。着吴六送信并钱回家。

十四日　　阴

由软比桥至面湖凼曾祠。

十五日　　晴

由曾祠至逢时三爹家。着刘一走龙田桥发信。

十六日　　晴

由逢时家至大启家,向大启借钱为进京路费,大启已诺,约七月初遣人去问信。

大启年少,少好读书,颇有义气。

十七日　　晴,大热

由大启家走西渡台圆寺,夜宿花江滩。

十八日　　晴,大热

由花江滩至唐福,谒支祖坝公墓,次至祠。夜宿王八爷家。

十九日　　晴

住唐福。着人回家,作书与叔父办谱事。

廿日　　晴

由唐福至鸥江桥。使者由家来,接父亲手示及四弟信。阅《汉书》韩、彭、英、卢、吴列传,荆、燕、吴列传。

廿一日　　晴,下半天微雨

由鸥江桥辰后走唐福,仍至花江宿世禄家。

廿二日　　晴,下半天雨

由花江下衡州府城,未刻到。是夜作书付金竺虔,作书寄文昌生,又作家书,又作书与庙山凌云叔,约同往耒阳。是早,寄信与花江人往耒阳。

廿三日　　雨

会衡阳沈明府,道及彭雅涵偷窃事。并会戎厅。着五人回家。

廿四日　　大雨

会费鹤江前辈衡州四府观察,并拜客十余家。闻徐晓村夫子凶讣。

廿五日　　大雨

在外拜客。会贺春台。

廿六日　　微雨

在家写扇、对。

廿七日　　大雨

沈明府请吃饭。

廿八日　　大雨

连日大雨,衡州水涨,幸不甚为害。曾大文送饭来寓。

廿九日　　晴

曾上玑送饭来寓。家中有书来,兰姊于四月廿日生子,为之狂喜。二弟付文一赋一来。昨闻大考信,季老师一等第三,升少詹。

五　月

初一日　　晴

着使至杨立山家,欲收回丙申年所寄书,立山言已遗失矣。

初二日　　晴

辰后,由衡府起身,夜宿铁纲铺宋家。

初三日　　晴

由铁纲铺起程,行卅里,至栗江,宿鲁班庙。作试帖一首。

初四日　　雨

由栗江店走各炭垅拜客。宿湾丘九如垅。

初五日　　雨

住九如垅。下半天写对联甚多。

初六日　　微雨

早,九如垅请客,陪席。下半天得宝垅陪席。宿得宝垅。

初七日　　晴

日中饮王俊佾家,仍回九如垅宿。

初八日　　晴

由垅上与希六伯同走常宁红泥桥上选叔家。夜,大雨。

初九日　　早雨,辰后晴

住上选叔家。

初十日　　晴

由选叔家行八里,红陵桥十五里,黄泥塘十八里,五里冲八里,龙门十二里,秧田。

十一日　　晴

由秧田过昭阳河十五里,南京桥廿里,于冲铺廿里,耒阳县城。会县令宋君并其客刘镜清、曹心斋,旧好也。

十二日　　晴

早,饮宋公署中。宋名凤翔,号于庭,博通能文,颇有著述。饭后,曾氏镇南、冠群来,接入祠内住。写对联。

十三日　　晴

住曾氏祠。辰后拜客几家。午,曾祠陪席。

十四日　　晴

早,至杜工部祠墓,有坊名"杜陵坊",有碑数石。顺治十五年,按察使彭而述禹峰有《耒阳道中卅韵》,并展杜墓诗四首,刻石在祠内,又有彭记。祠不壮丽。外有靴洲,相传杜陵赴水后遗一靴,不知信否。夜,作《题宋于庭〈洞箫词〉后》词二首。

十五日　　晴

录词送宋公署。写对联、挂屏甚多。

十六日　　雨

早,饮宋于庭署内。于庭有圆圆小像,甚是可观。午,饮家诚和二兄家。

十七日　雨

是日石湾曾氏请予至公寓上匾。寓已赁与伍姓人开店。伍姓强悍,有霸占之意。曾氏修屏门为悬匾地,伍人坏碎,又彼此殴伤、告官。余书片与宋公,宋亦未甚究。是夜,又作书让宋公也。竹台寺曾氏寓,邀下半天挂匾。

十八日　雨

仍住曾氏祠。宋于亭有复书来,不以余言为然。

十九日　早,雨

石湾人请余至曾氏寓挂匾。巳正,与石湾人下乡,至小水铺。托里房邀余至村宿。

廿日　阴雨

由托里行卅里至石湾曾祠。耒阳县间多山,古木苍藤,青苔茂草,殊有幽致。石湾一带多富民,使到处如此风俗气象,民贼息矣。下半天至祠,收拾整齐。夜大雨。

廿一日　阴雨

辰后,至石湾房曾益能叔侄及曾暄家。午后,祠内陪宴。夜大雨。

廿二日　大雨

益能之婿欧阳敬斋生子匝月,邀余过饮,余撰联语书赠。下半天回,移住益能家。夜归,写卷半开。

廿三日　雨

住益能家。写对联。下半天,饮洲头,系五房的。

廿四日　阴雨

希六伯早归去。早,饮益能之侄兆安家。午,饮曾暄家。二日写对联、屏幅甚多,字颇好。昨夜,阅益能家《皇甫碑》,识得欧字意思,知颜柳之硬,褚欧之瘦,学书者不可不领略也。

廿五日　　阴、晴

辰后,仍写对联、条幅。益能叔侄款待甚丰,馈赠甚腆,详人情数目。午初,由石湾益能家走曾家坪玉川家。

廿六日　　晴

住玉川家。一切交际,详人情数目。昨早忽脚痛,以风湿故,本日未愈。写对联、条幅,颇佳。

廿七日　　晴

由曾家坪玉川家,走通书峡。房隘。

廿八日　　晴,大热

住通书峡。廿六日请曾家坪昌时走永兴发信,本日信回永兴。接卅日前刘一兄弟在常宁回家,廿五日至曾家坪,实廿在家起程也。接叔父大人手书,又接父亲大人在省寄回信。本日通书峡请陪客。石湾秀才融峰暄、谦六兆安、五房秀才邦杰号芸蒵、九房秀才秀拔诸人,连日与余追随,意气投洽。

廿九日

由桐树即通书下走公平墟廿里、马蹄墟十五里。宿油榨墟。

卅日

由油榨墟行四十五里,至郴州永兴县。是夜作书与石湾家融峰,要彼明日来永兴也。

六 月

初一日　　晴，大热

永兴城内曾子庙本家接予去，会县令邹扬芳、广文曾雨村，意气投洽。

初二日　　晴，大热

住曾子庙。写对联甚多。

初三日　　晴，大热

饮曾雨村署中。永兴本家见余，趑趄嗫嚅，村鄙可怜。庙内又隘，毒热逼人，甚烦恼也。

初四日　　晴，尤热

住曾子庙。夜作书寄郴州首班臣书住，无稿。

初五日　　晴

本日雇船，由永兴下耒阳，灯时开船。永兴城外曾传裕之子纪诗执贽来谒，愿依门墙，家不甚丰，其诚谨可怜。永兴黄新林自荐，愿侍左右。比收留其人，甚可用。

初六日

早，舟泊青水铺，将石湾各处银钱汇齐。夜宿青水铺店内。

初七日　　晴，大热

留青水铺。石湾宗忍斋使侄谦六、长子贞垣将公私礼钱面交。余将按日功课读书要径，写与贞垣，约二千言，甚详明。忍斋有回信。日晡开船，夜行至耒阳县城。

初八日　　晴，日中大风雨

早，饭耒城宝泉家。宝泉有钱要在衡府换银，余钱三百余挂托宝泉带去同换也，遣下人骆泰与宝泉同先往衡城，余携黄福下乡。辰后由耒城走西乡大水洞曾家。

初九日　　晴

住大水洞。下人黄福来从余时，其家中父母兄弟皆不及知。其家尚赡足，黄福犹飞鸟依人，恋恋来从，亦厮仆中之有情者也。家中闻其将远行万里，离家数年，其母日夜啼泣，其兄赶至大水洞，要黄福回去，余亦怜之。

初十日　　晴，大热

由大水洞至洲上曾家。石湾宗融峰兄自五月十四在耒城接予下乡后，日日追陪，又同至永兴，又同至大水洞、洲上各处，情意绸缪，相随几一月。本日告别归去，颇难为情。

十一日　　晴，大热

由洲上至东江曾家。

十二日　　晴

由东江至到凼里。下半天，雇船由东江出昭阳河，即贵阳州河。四更出衡州大河。

十三日　　晴，大热

早，舟至新塘堑，起早四十里，至清泉、泉溪市。

十四日　　晴

住泉溪市,拜客。

十五日　　晴

住泉溪市。

十六日　　晴

住泉溪市。市上声明文物与郡城等。

十七日　　晴,雨

由泉溪市起行至衡府,旱路卅里,冒大雨行。住石鼓书院。

十八日　　大雨

住石鼓书院。拜费鹤江观察,道及本年不进京,明年三、四月北上,辛丑散馆,吃亏亦不多。又道及穆师处须寄唁信去,面上浮签及全帖内签用水红色笺纸,信用黄色罗纹纸。又道及写信与藩台龚若士前辈、李葆初观察前辈,托荐书院馆。

十九日　　微雨

沈春江来。下半天走钱店换银。

廿日　　微雨

早起,写挂屏、对联。

廿一日　　阴

自衡府起身,夜宿唐福玉八爹家。

廿二日　　阴,晴

自唐福起程,申正到家。

廿三日　　晴

在家。

廿四日　　晴,大热

在家与叔父为修谱事清查源流。

廿五日　　晴,大热

至添梓坪东阳叔祖家。

廿六日　　晴

在家。是夜,父亲自省归。

廿七日　　晴,大热

澄侯、温甫、叔淳三弟自省归。

廿八日　　晴

为修谱事约族人同至公屋议清,即至祥坞叔祖家吃饭。

廿九日

在家写信与衡阳汪德庄、贺春台。又作书与面湖凼唐福各处,嘱其早完国课,以便办优免事。又作书与曾传球、曾希六、曾大启。

七　月

初一日

作书与衡州观察费鹤江前辈、沈春江明府,又作书与耒阳曾益能、谦六叔侄。

初二日　晴

遣人走衡阳、清泉、耒阳各处送信。又遣人走宝庆各宗人处。作书与曾毅然。是日写对联、条幅。

初三日　晴

遣人走衡阳宗祠,议修族谱事,作书示族内诸人。

初四日　晴

昨日走柳衙叔家。是日写对联、条幅。夜,欧阳巨川先生来。

初五日　晴

得曾毅然先生复书。作书与陈岱云。又柬凌荻舟,又柬金年伯。

初六日　晴。下半天,雨

初七日　雨

初八日　阴雨

初九日　　晴

作宁乡曾仙舫兴槎之母丁孺人六十寿序。

初十日　　晴

昨日所作寿序,本日始完。

十一日　　晴

写寿序四页。

十二日　　晴

身上发癞疯,不能写寿序。陈雁门蒙师来。

十三日　　晴

仍发癞疯。作寿诗一首。接朱尧阶信。

十四日　　晴

余家有中元会,每年七月十四,剪纸为衣,束纸钱为包,祭历代祖先,首太高祖元吉公,中殇以上,无所不祀。吾祖兄弟三人,三家轮办祭事,起庚辰年。本年在堂叔楚善家。

十五日　　晴

写对联十六帧、条幅廿八帧。下半天,为四妹本年嫁办事,买嫁时杂具开单。自六月廿二日到家,至是将一月,在家无所事事,悠忽迁延,诚为玩愒。

十六日　　晴

写寿屏四幅半。是日王大诚请吃饭。衡阳本家曾希六兄弟来。

十七日　　晴

在家陪客。夜作书与郭筠仙、金竺虔。

十八日　　晴

请客陪希六兄弟。夜作书与朱尧阶。

十九日　　晴

作书与贺春台。

廿日　　晴

作书寄季仙九夫子。

廿一日　　晴

作书寄许吉斋夫子。

廿二日　　阴

由家走文吉堂。下半天,下棋。夜作书与宁乡曾仙舫、白庐兄弟。

廿三日　　晴

至郭醇夐家。辰后写字。

廿四日　　晴

至葛泽四家。辰后写字。

廿五日　　晴

至葛泽九家。

廿六日　　晴

至妹夫王待聘家。

廿七日　　晴

住王待聘家。写字。

廿八日　　晴

由王家走葛九年家。

廿九日　　晴,下半天雨

由葛家走邹至堂家一停,夜宿江岭。

卅日　　晴

由江岭行四十里,至丹家井宿。

八 月

初一日　晴,大热

由丹家井行至大泉冲曾家。

初二日　晴,大热

由大泉冲走邵阳牛克祖曾祠,计五十里。

初三日　晴,下半日大北风

住牛克祖曾祠。自廿八日至此,温庚子山《哀江南赋》、江文通《恨》《别》二赋。

初四日　晴,大北风

住牛克祖曾锦城家。夜,作《慈荫亭记》。

初五日　晴

由牛克祖行四十五里,至一都太平炉子冲曾岩公祠。

初六日　晴

住岩公祠。下半天写字。

初七日　阴

至云公祠。着刘一回家。

初八日　　阴凉

至书院祠。下棋。

初九日　　晴

早饮燕子堂。午至南漪家。

初十日　　晴

至蕯公祠。

十一日　　阴

由蕯公祠起行,宿三枝铺。

十二日　　阴

行七十里至宝庆府城。二日温王子安《采莲赋》。

十三日　　晴

在宝庆府城拜客。

十四日　　晴

在城写对联。

十五日　　晴

在宝庆府城。写对联甚多。

十六日　　晴

同里朱端品二兄邀饮。

十七日　　阴,早雨

族中有名国正者,在宝庆营。其父故衡阳,随母至湘乡,因徙寓宝庆,娶金氏,生国正兄弟四人。余因修谱事,踪迹其源流,悯其孤苦,因教之勤俭忠信。复至两营及协镇都督处,托其照拂。是早由宝府起程,行六十里宿。

十八日　　晴

行四十五里至桃花坪。闻同里人甚多,因往拜客。夜宿同里王学二店。

十九日　　晴,晡时雨,夜,雨更大

由桃花坪起身,行八十里至□□。是夜,店甚隘。

廿日　　阴

行八十里,至七里桥。

廿一日　　阴

至武冈州城,住湘乡会馆。

廿二日　　晴

拜客。日中后写字。

廿三日　　晴

写字甚□。

廿四日　　晴

刺史杨莘田邀饮。上半天写字。

廿五日　　晴

由州起身至花园曾祠。

廿六日　　晴,夜大雨

住花园曾祠。

廿七日　　阴

由花园至巷口曾祠。

廿八日　　阴

由巷口至高沙市。夜宿店。

廿九日　　晴

至高沙市曾祠。夜宿曾如铖家。

九 月

初一日　阴

早,在如铖家饭。午,饭曾炳吉房。

初二日　阴

仍至高沙市。

初三日　阴雨

住高沙市。至马鞍石曾祠。

初四日　阴凉

由高沙行六十里,至黄枚桥宿。

初四日　阴

由黄枚桥行七十里,至新化十里山宿。

初五日　阴

由十里山行七十里,至邵阳四都宿。

初六日　阴

行四十里至新化窝山曾祠。

初七日　　阴

住窝山曾祠。

初八日　　阴

饮窝山曾拔朝房家。

初九日　　阴雨

由窝山行十二里,至采莲曾祠,路甚崎岖。

初十日　　阴雨

由采莲行五十里,至古塘曾迪恂家,二更尽始到。

十一日　　晴

饮古塘曾氏公寓。

十二日　　雨大

由古塘行廿五里,至新化城南门曾祠,与曾粹文名宣甸,癸酉举人甚相投洽。

十三日　　大雨

在新化城拜湘乡乡亲。午,曾祠陪席,甚丰。遇溆浦广文朱心泉。

十四日　　阴

住新化城。早,饮知县胡廷槐署内。午,饮曾广富家。

十五日　　阴,微雨

由新化城行十里,至科头曾祠。

十六日　　雨

由新化科头行八里,至官庄曾祠。

十七日　　大雨

由官庄行八里,至杉木桥曾功杰家。功杰曾为直隶河间献县知县,本年六月故。是日开吊,丧事极办得整齐。余有挽联云:"壮岁宫袍,耆年昼锦;陕南丛桂,蓟北甘棠。"

十八日　　雨

住功杰家。功杰兄弟四人,大、三已逝,二兄尚存,年八十余,皆家资富厚,又能礼让。

十九日　　阴

仍至新化城,住曾祠。

廿日　　晴

早,饮曾粹文家。午,饮湘乡同乡店家。

廿一日　　晴

由新化城起行将归,城外遇朱尧阶专使至。前十三日,余在新城,专使知会尧阶,约九月底同至梓门桥收租。是日尧阶复信,嘱余不必急归。又家中着使至新化城,亦于城外遇着。是日,行廿里。

廿二日　　晴

行八十里,至安化蓝田。

廿三日　　阴

住蓝田,至湘乡会馆。

廿四日　　阴

由蓝田行四十里,至湘乡杨家滩刘元堂夫子家。

廿五日　　晴

由刘家走团山周少濂家。

廿六日　　晴

由周家走柑子煅彭霁峰家。

廿七日　　晴

由彭家走富田桥吴浣溪家。

廿八日　　晴

由吴家至荷叶塘曾祠。

廿九日　　晴

由荷叶塘至廖家堂曾祠。

卅日　　晴

由廖家堂至迪坑,至李尚三家。

十 月

初一日　晴,大热

由迪坑行十余里,至砂溪曾祠。

初二日　晴

住砂溪。朱凤台姻伯及朱尧阶来砂溪相会。午,饮毅然伯家。

初三日　晴

早,饮曾华国家。由砂溪行六十五里至永丰。夜,宿书院。

初四日　晴

由永丰行六十五里到家。

初五日　晴

前五月,在耒阳曾忍斋、谦六家,情甚投洽,又见丰赠。后六月底,在家作书,寄忍斋叔侄,借银进京,比未回信。八月,谦六在省会家严,面许借二百金。本日作书寄谦六,又为渠写联幅。九月初十,衡阳县大令沈明府送书来,言费鹤江都转有程仪银送余,存伊处,伊亦自有所赠,要余着人去接。本日作书与沈春江,又作书与贺春台。明日遣二人走耒阳、衡州一带。

初六日　晴

写信与严丽生大令。

初七日　　晴

作启与裕余生中丞。

初八日　　晴

作启与王藻廉访前辈。

初九日　　晴

作启与李葆初观察前辈。

初十日　　晴

着人走城送信。

十一日　　晴

料理嫁四妹事。四妹许朱凤台名镇湘,乙酉武亚元之子,定十月十六日成婚。余家至朱家,百卅里,十四日发轿,一切须早检点。

十二日　　晴,日中大雨

十三日　　阴

朱尧阶来。四妹系尧阶为媒。朱家共来夫三十四名。

十四日　　晴

昨夜未睡。是日黎明,送四妹出阁。父亲、母亲、余及二妹送亲,共夫七十八名,并朱家来夫百一十二名。日中,饭黄巢山。夜,宿梓门桥。早,与朱家约黄巢山媒轿来往及亲轿来往共四餐,皆余家办;紫门桥来往四餐,皆朱家办。四妹出阁,哭甚哀,余亦甚难为情。

十五日　　晴

行四十里至朱家,热极。

十六日　　晴

在朱家。

十七日　　阴

在朱家。

十八日　　大风,甚冷

由朱家起程,仍宿梓门桥。

十九日　　大风,日中微雨

由梓门桥回家。

廿日　　阴

在家。

廿一日　　阴

在家。写字甚多。客多。

廿二日　　阴

在家,拜本房各伯叔,饭万程叔祖家。

廿三日　　晴

拜彭姑祖母及王太伯舅四家。

廿四日　　晴

在家。写对联甚多。

廿五日　　晴

从弟国芳请为其父写主、题主。

廿六日　　晴

以三弟温甫出抚与叔父高轩为嗣。先是,温甫少时,星者言其当作叔父义儿乃得长生,乡俗呼干爷也。后叔父无子,婶母病十余年,祖父屡次欲以温甫出抚,未果。本年七月,叔父以见嘱托,母亲不允,至是再四劝谐。是日请族戚四席。

廿七日　　晴

拜各房族长。午,饭东阳叔祖家。

廿八日　　晴

在家。写字。衡阳刘质夫家屡说兑钱,言到京还。是日作书送洋钱贰十元至刘家。

廿九日　　晴

丹阁堂叔续弦。丹阁叔先娶朱氏,次娶彭氏,皆亡,今娶左氏。余本拟廿四起行北上,因丹阁叔喜事留住。夜二更归。

卅日　　晴

在家。将进京银两封好,行李检拾。家中来女客。

十一月

初一日　晴

在家。辰刻,葛泽六来。楚善叔负累甚重,往年受衡阳彭人田业,连年求售与彭人,不得成。本年欲将本分田售与东阳叔祖,余与东阳多言劝说,亦不得成。楚善避债无方,甚有冻馁之忧,亦无可如何也。

初二日　晴

是日,起行进京。寅刻生一子。二月初一,儿子桢第夭后,内人不时啼泣,昨夜涕零不止也。九世祖妣屈太孺人葬衡阳白果鸡公头周人屋后,后失挂扫。今年祖父至白果,寻出。本日,合族走坟上竖碑,共百余人,在余家同去,夜宿白果。下半日阴,北风。

初三日　阴

由白果起程至易凤冈家。

初四日　阴

住易凤冈家。

初五日　阴

由凤冈家行四里,至湘乡县城。

初六日　阴

在县城拜客。饭贺献臣家。

初七日　　阴

县令严丽生邀饮。夜作《洙津渡桥序》。

初八日　　阴

教渝章汝霖邀饮。

初九日　　雨,寒

由县城走宁乡,四十里,宿沙堤街。

初十日　　雨,雪

由沙堤街行五十里,宿石坝张湘纹家。

十一日　　雨,泥甚,寒

由张湘纹家行五十里,至宁乡油麻田曾仙舫、白庐家,二更始到。

十二日　　阴雨

住白庐家,仙舫不在家。是日陪席。

十三日　　阴

住白庐家。白庐之尊人名衍咏,号雩台,尝请于有司求为莱芜侯世袭翰博。后又倡修曾子庙,求为曾氏南宗子。曾氏有修谱者就之余家议续谱,本年六月有成议。至是,余与家叔及上增叔同至仙舫、白庐家订修谱事,议每丁出钱百三十文;翰博印谱一部、圆印谱三部外,需谱者每部钱四千文。白庐之母丁氏,本年余曾为作寿屏也。

十四日　　晴

早,至麻田房祠。饭后走宁乡县城,住先贤府。

十五日　　晴

由宁乡城行四十里,夜宿油草塘。

十六日　　晴

由油草塘行六十里,至省城,住东牌楼咸萃客寓。

十七日　　阴

在省城拜客。早,在曾子庙祭祖。

十八日　　晴

在省城。

十九日　　晴

在省。午,饭陈岱云家。

廿日　　雨。夜大雨

午,饭金耀南年伯家。

廿一日　　雨

作《乞恤朱午桥后人启》。

廿二日　　雨

作启始就。

廿三日　　阴

将昨日启送曾香海阅。

廿四日　　阴

下半天,行李下河。

廿五日　　阴

家叔送至省城,是日始归。家严送余下河。是日腹痛。

廿六日　　晴

朱啸山约同北上作伴,与余期会长沙,久候不至。是日清晨开船,行五十里,夜宿金紫湾。

廿七日　　晴

朱啸山昨日到省,雇一小船与家严同赶至金紫湾,本日辰刻相会。午刻,拜别严君。夜宿青州。

廿八日　　晴

辰刻,至湘阴郭筠仙家。下半天大北风。夜宿筠仙家。阅筠仙近作散文二首、骈体文一首、诗数十首,甚有进境,可畏也。

廿九日　　阴,北风

早,开船下滩,行十余里宿。

卅日　　阴,大北风

逆风行四十余里,至白鱼池宿。

十二月

初一日　阴雨,大北风

逆风行四十里,至陈池望。

初二日　大北风,大雪,苦寒

住陈池望。

初三日　大北风,雪

泊陈池望。

初四日　大风雪

泊陈池望。

初五日　大风雪

泊陈池望。

初六日　北风,霁

由陈池望逆风行六十里,至鹿角。夜,与啸山登岸步月。积雪未消,月明如昼。船甚多,远火高低,与星荧荧。二更登船始睡。

初七日　晴

由鹿角行五十里,至岳州,访府学成忍斋同年,又会萧汉溪学使,晤李邵青于成忍斋署中,畅谈甚欢。忍斋出其诗、古文、词,亦复淹雅,盖吾邑之好学者也。

初八日　　晴

由岳州顺风行九十里,又行数十里,至石头关宿。

初九日　　晴

夜泊。

初十日　　晴

行一百廿里。

十一日　　晴

行一百零五里,至汉口,住董家巷长郡公所。

十二日　　晴

着人往武昌,打探在省各官。

十三日　　晴

过江拜客,饭储柳溪家。柳溪之弟,名德灿,旧识。柳溪家近黄鹤,是夜宿伊宅。

十四日　　晴

仍渡江拜客。

十五日　　晴

拜各卦店。

十六日　　晴

廿一日　　晴

在汉口开车。

此册误置箱内,不能逐日取出,随手记载,兹忆前事,补记大略:廿一日,在汉口与朱啸山共雇二把手小车六两,予占三两半。

廿八,行至河南罗山县靠山棚,遇雪度岁。

日记

道光二十年

正月至六月

庚子正月初二开车,初七至周家口,换雇三套大车二两,朱占二套,予占六套。

初九日开车,十三日至汴梁省城,住四天,十六复行。即于是日三更后渡河,廿八日到京,一路平安。

二月初一日,赁南横街千佛庵内房四间,每月大钱四千文。

到京以后,与梅霖生、陈岱云两同年联课作诗赋,余每日写散馆卷。

四月初一,搬下圆明园挂甲屯吉升堂寓,与梅、陈及广东梁俪裳同住。

十七日散馆,题《正大光明殿赋》,以"执两用中怀永图"为韵;诗题《赋得"人情以为田"》得"耕"字。

十八日,搬回城内寓。是日出单,予取二等第十九名。一等共十七人,沈念农祖懋第一。二等共二十六名,三等三名。

廿二日,引见。同年仅两人改部,三人改知县,余皆留馆,可谓千载一遇。

留馆旨,本要用功,而日日玩愒,不觉过了四十余天。前写信去家,议接家眷。又发南中诸信。比作季仙九师寿文一首。余皆怠忽,因循过日,故日日无可记录。兹拟自今以后,每日早起,习寸大字一百,又作应酬字少许;辰后,温经书,有所知则载《茶余偶谈》;日中读史亦载《茶余偶谈》;酉刻至亥刻读集,亦载《茶余偶谈》;或有所作诗文,则灯后不读书,但作文可耳。

忆自辛卯年,改号涤生。涤者,取涤其旧染之污也;生者,取明袁了凡之言:"从前种种,譬如昨日死;从后种种,譬如今日生也。"改号至今九年,而不学如故,岂不可叹!余今年已三十,资禀顽钝,精神亏损,此后岂复能有所成?但求勤俭有恒,无纵逸欲,以丧先人元气。困知勉行,期有寸得,以无失词臣体面。日日自苦,不至佚而生淫。如种树然,斧斤纵寻之后,牛羊无从而牧之;如爇灯然,膏油欲尽之时,无使微风乘之。庶几稍稍培养精神,不至自速死。诚能日日用功有常,则可以保身体,可以自立,可以仰事俯蓄,可以惜福,不使祖宗积累自我一人享受而尽,可以无愧词臣,尚能以文章报国。谨记于此。六月初七夜记。

六月初八日

早起。毛黻臣来,留饭。钱崟仙来,后萧史楼来,耽搁读经功夫。客去后,倦睡。下半天写应酬字数纸。夜阅《二十四家古文·王轸石》。记《茶余偶谈》六则。

初九日

早起,窗户阳光太大,不能写字。饭后,田敬塘来。改寿文数句。写信,交方既堂办。日中,看正史,酣睡一回。陈岱云来。午饭后去琉璃厂,将所买正史约换《易知录》,又买《卷葹阁稿》一部回。至黎樾乔、田敬堂、郭雨三诸处。回寓翻阅《卷葹阁集》。

初十日

早起,习字五十。后,龙翰臣来。辰后写条子一、册页一。日中,读《诗经·二南》,记《偶谈》数则。陈岱云来,邀至伊家吃饭,酉正归。曹西垣、曾心斋来。接家信四月十五发。杨杏农来,梅霖生、岱云来。灯下,读顾亭林古文。《偶谈》二则。

十一日

早,晏起。饭后出门至内城庶常馆及诸处。出城拜□善化会馆。下半天有客。夜写家信,言父亲不必送眷口。

十二日

晏起。饭后,钱崟仙来。后写家信。下半天,周韩城诸人来。朱啸山来,托寄家信同去。

十三日

早起,出门拜客。饭后写寄诸弟信,言作文及诸事,甚长,已写千余字,尚未毕。下半天,安排寄鹿胶、阿胶、墨桌毡等项回家。傍晚,出门至欧小岑、陈岱云处。夜二更归,写寄物家信。

十四日

早,着人送信及物至会馆。饭后,因房内太热,难坐,因在外间息。午后写应酬字数方。黄正斋来,因与之言渠失偶之事。夜,欧小岑来,长谈至三更。

十五日

早起,至会馆慰黄正斋,久坐。下午,啸山留吃饭,傍晚始归。写应酬字。

十六日

早,陈岱云来,因留饭。饭后至黄虎卿处商正斋事。是日因坐房太热,移过南房。家中无处可坐,因走小岑处。小岑邀同去听戏,饭小岑处。夜,灯上始归,则杨杏农已在寓见候,谈过二更始去。写应酬字数方。

十七日

晏起。辰后,看《乐府题》数十页。饱睡。午饭后写应酬字数方。夜,欧小岑来,甚谈至三更去。

十八日

早起,写字。辰后看《乐府解题》。倦甚,复酣睡。午饭后走陈岱云处,邀同至小岑处,郭筠仙、张芸阁先在。夜。大雨。张芸阁因邀小岑同来余寓,斗牌为戏,至三更。

十九日

郭筠仙在寓畅叙一天。是日,大雨不止,至五更尚雨,郭不能归。仅写应酬字二方。

廿日

晏起。辰后,筠仙欲归,又为大雨所阻。午后同筠仙至岱云处,又至黎樾乔处剧谈,二更始归。写应酬字二方。是夜,在黎樾乔处论为学之方,无过主敬之要,主敬则百病可除。自后守此二字,终身断不敢稍有陨越。

廿一日

晏起。辰后阅《易知录》。陈岱云、邹芸陔来。午正,曹西垣来久坐,留饭。傍晚,因同至梅霖生处,又至萧史楼处,又至杨杏农处,二更始归。写字百余,阅潘少白古文。

廿二日

晏起。辰后阅课文,系梁俪裳送来者。午后,杨春皆来,陈岱云来,杨杏农、孙芝房来,至二更去。又阅课文。是日,共阅课文十篇。

廿三日

晏起。饭后阅课文十首。午后阅课诗廿余首。梁俪裳来。申正走岱云处,邀同至陈庆覃处,更初始归。写字数十,阅侯朝宗文数首。记四则。

廿四日

人渐有病,饮食少减,精神不振。

廿六日

梁俪裳请至"小有余芳"吃酒。

廿八、九日

人更不快,每食仅碗饭。

卅日

梁玉臣请吃酒,在余寓所,有伶人、香吏在座。是日,余未吃饭。

七月至九月

初一日，见病势恐加，移寓果子巷万顺店，与湘潭欧阳小岑同住。是日服药除暑湿之剂，以后请刘午峰、黄兄峘诸医。

初二、初三，微好。

初四日，头痛甚，不大解数日矣。

初五，请安徽吴竹如比部名廷栋，乙酉拔贡，小京官诊视，知为疫症。初七日，病始加剧，以后连服清火药，并食西瓜几只。十七日，病略好。十八日能吃饭。十九日、廿日，觉大好，似未病者。究竟邪热未全退，病虽愈，不可恃。廿一日辰后，怕冷发热。午正，吴竹如来开方，吃下药。廿二日，人大困，请许吉斋师来诊视，吃白术半杯，而邪火一发不可遏矣。由是病日加重，口渴无似，舌胎一日数变。同居欧阳小岑时时诊视，医药一切，皆小岑经理护持。同年、同乡诸公来看者都以为难治，而吴竹如以为万无一失，多服犀角地黄汤，以滋阴解邪热，又间服大黄、芒硝，以廓荡内热。势甚危急，甚赖服药不差，又有小岑时时检点，至八月初旬，渐有好机。至初八日，能食粥。自廿一日起至初八，共十七天，除药水外，一无饮食。初九日，能下床，倩人抱持。十一日，吃饭。以后数日，每日由床抱至胡床上，冥坐终日，每餐食饭碗许，而半步不能移动。十五日，始用山药一碗咽饭，不用油盐。十八日，开荤，吃猪腰子，每日一对。廿一日以后，添吃肺、肚、心等。十八日后暂次学步，颇能行走一两步。以后倩人扶持，每日走几步。廿四、五以后，渐能走矣。廿四日，恐家中悬望，即勉强写家信，备述病中情状。

九月内，与小岑同住店内，第求养病之法，日日将息无事，或写字几个。

九月十二日，奉派磨勘差使，勉强到礼房磨勘一回。廿日，又核对复试卷。廿四日，与陈岱云等公请恒太守。以后渐次出门应酬。

十 月

初六日

挪至达子营关帝庙,与钱崙仙同年同居。小岑搬湘潭馆。

初九日

严君寿辰,在关帝庙焚香祝祷。

十一日

余三十初度。是日,俞岱青前辈请吃饭,乡榜同年有数人来寓。

十一月

初一日

在会馆朱啸山处早饭,阳小岑处中饭。下半天回至寓,已灯后矣,郭雨三在寓。

初二日

晨后有客。巳正写字,又写董蓉初之年伯挽联。

初三日

母亲寿辰。有同年郭、梁、钟、陈、毛、仓、段、田诸人来寓,至申初始散。

初四日

辰后剃头。午初出门谢寿。申正饭梅霖生处。夜,二更始归。

初五日

辰后,替陈尧农代写信二封。唐竞海前辈来,继朱啸山来,同至琉璃厂买纸,又同至杨杏农处,又同至萧史楼处,请萧写寿屏。

早起,写寸大字五十个。辰后,单日读经,双日读史,至午正。未初起,单日读史,双日读集,至天黑止。灯后,写《茶余偶谈》,写《过隙影》。每三、八日出门及做他应酬事。

初六日

晏起。辰后写应酬字十数张,写董蓉初之年伯挽联下款,至午正止。旋至陈尧农前辈处谈,尧翁于十月廿七丁生母艰,将出京。又至杨春皆处谈。归,方既堂在寓,饭毕天黑。夜,批读小岑所作文二首。小岑文深厚,迥异凡庸。

初七日　　苦寒

晏起。做寄郭云仙诗一首。杨春皆来,凌荻舟来。午饭后做诗,至夜深,得二首。

初八日

早起。方既堂来。辰后看《绿野仙踪》小说,心甚不收。方既堂复来,至未初始去。沈念农来。灯后,冯树堂来。夜又作诗一首,共四首,写完将寄郭筠仙。

初九日　　夜,大雪

早起,往陈岱云处拜年伯母寿。午初与凌荻舟走至张雨农首班臣处,仍回岱云处吃中饭,至二更方归。写楷书。开父亲节略,将请凌荻舟作寿文。

初十日　　大风

饭后,陈岱云来。去后,支少鹤来,金可亭来。写信寄郭筠仙。

十一日　　阴

早起,走东头朱啸山处,写寿屏。是日写四幅。夜至金竺虔、黄正斋处闲谈。宿啸山处。

十二日　　阴

仍在东头写啸山寿屏,是日写五幅。夜写欧小岑处,下棋两局,谈至四更始睡。

十三日　　大晴

在啸山处写寿屏三幅,午正完。饭后,拜沈念农、周顼,回寓已晚。夜,钟子宾来。看小说数十页。

十四日　　晴

辰后,写少坪小条子,阅杨春皆诗。随走潘家河沿杨春皆、孙芝房、张兰皆、陈尧农处，与陈文泉对奕。归寓，小岑已来，谈至夜分归去。夜看小说，至三更始睡。

十五日　晴

辰饭后，晏同甫来。后至城隍庙烧香。拜苏赓堂、杨杏农、何杰夫、张星白、何耕云、王松卿、王翰城、吴竹如、陈庆覃、王少岩，最后拜镜海丈，承送《畿辅水利》一部。是日阅《李崆峒文集》一本，是从杨杏农处借得，《皇明十家文》。

十六日　晴

晏起。辰后，黄恕皆来，谈及镜海先生每夜必记"日省录"数条，虽造次颠沛，亦不闲一天，甚欲学之。朱啸山来。剃头后，杨杏农来。邵蕙西来，谈及国朝二魏、李文贞、熊孝感、张文端诸人。申初始去。饭毕即晚。灯后，代人作《寒鹭诗》一首，后写《茶余偶谈》"德行门"五条。

十七日　晴

早起，写字数十个。饭后写熊秋白小条一幅。黄正斋来，随至陈尧农吊丧。过孙芝房、杨春皆处。回家写册页半开。邹芸陔来，戴莲溪来，梅霖生来，后陈岱云来，留梅、陈二人吃饭，谈至二更始散。是日所谈多笑谈，自觉太放浪。客去后，写册页一开，写《茶余偶谈》"德行门"二则。

十八日　晴

晏起。饭后看小说十余页。方既堂来，久谈。写吴竹如屏一页。周星槎来。又写屏二页，又行书条幅一。饭后，上谈寻性理中语，将写屏送欧阳小岑。记《茶余偶谈》"德行门"三则。

十九日　晴

早起，阅小说。饭后誊《韩子·五箴》。将为小岑写屏。又写吴竹如屏半页。冯树堂来，邀同至小岑处中饭。灯后始归寓。写家信与叔父，论诸弟读书之法甚长。又写信与东阳叔祖，要伊代楚善叔设法。是日，接父亲信，知家眷已于十月十一起行。夜记《茶余偶淡》"德行门"二则，三更尽始睡。

廿日　阴

晏起。辰，饭后，方既堂来。写吴竹如条幅一页半。陈庆覃来。又写数十字，自觉懒惰,恰墨已尽,因出门至陈尧农处,又至曹西垣、冯树堂处。回寓吃饭。夜阅二本小说,又记"德行门"三则。

廿一日　　阴

晏起。辰,饭后走许师处、邵蕙西处,谈及理学,邵言刘蕺山先生书,多看恐不免有流弊,不如看薛文清公、陆清献公、李文贞公、张文端公诸集,最为醇正。自渐未见诸集,为无本也。后至黄矩师处、方既堂处、梅霖生处,留吃中饭。夜,起更方归寓。阅小说二本,记"德行门"二则。

廿二日　　晴

晏起。辰,饭后方既堂来。写吴竹如屏两幅半。步行去外寻房子,未得,因至善化馆。雇车回寓。灯后,写册页三开半,记"德行门"二则。

廿三日　　晴,夜雪

晏起。辰后方既堂来,支少鹤来。写册页两开、小条五块。唐镜海丈来。步行至劳辛阶处道喜,又至杨杏农处久谈。灯后,写扇三柄。写书寄郭筠仙。记"德行门"二则。

廿四日　　阴

早起,至许师处拜寿,未收祝敬。邹芸陔来,留饭。饭后写小岑屏一张,大懒。与崙仙杂谈,不用功。未正,钟子宾下棋二局,晚饭后又一局。记"德行门"一大则。

廿五日　　晴,大北风

晏起。饭后,封信寄郭筠仙,又写片往各处。坐车至棉花各条胡同看房子,又至琉璃厂裱字,并刻字铺。归来遇李笏生,因吃晚饭。仓少坪、梁俪裳来,更初始散。代钟子宾作题画诗。记"德行门"一则。

廿六日　　晴,大北风

晏起。饭后,陈岱云来。去后,走椿树三条看房子。又拜苏赓堂、田吉生、戴莲溪。至杜兰溪处拜寿。拜赵蓉舫。归,冯树堂来。夜记"德行门"二则。

廿七日　　晴,大北风

早起。辰后,杨春皆来,久谈。日中,剃头。旋为不保养身体事。黄莲溪来,方既堂来,梁玉臣来,仓少坪之兄来。饭后,与崙仙谈"四书"文,甚畅,至二更始散。夜记"德行门"二则。是日,一事未作,又大伤身体。

廿八日　　晴,北风较小

晏起。饭后与崙仙刻火炉子字。旋至湖广会馆请程玉樵廉访德润。归来,陈岱云、晏同甫来,又同岱云至俪裳处。夜与崙仙闲谈。记"德行门"二则。

廿九日　　晴,大北风

冬至,祖母生日。

早起,因祖母生日恐客来,无以欢宴,出门,走曹西垣处早饭。饭后,西垣请听戏,至庆和园观剧。未正归,走陈尧农处,灯后到家,与崙仙畅谈家庭事。记"德行门"二则。

卅日　　晴,大北风

黎明起,吃饭。走礼部朝房,磨勘湖北、浙江、江西、福建试卷十二本。回,至戴莲溪处拜寿。旋走湖广馆赴饮,晡时归。夜与崙仙谈文,后记"德行门"二则。

十二月

初一日　　晴

晏起。饭后拜客,至吴竹如、穆中堂处,又至城外各处。申正,至陈岱云家,苦留吃饭,更后方归。作诗一首,记"德行门"二则。

初二日　　晴

晏起。辰后,步行拜客数处,午正始归。旋出门走杏农处,晡时归。灯后,阅崙仙《玉堂归娶诗册》,记"德行门"□则。

初三日　　晴,甚寒

晏起。饭后与崙仙剧谈。旋至胡莲舫处,下棋一局。归寓,性农来午饭。后灯下阅《龙威秘书》一本,又阅英中堂笔记一本。记"德行门"二则。是日发江西分宜县信。

初四日　　阴

晏起。饭后带人同出门换银、定房屋,又至杨杏农处一谈。下半天与崙仙闲话。夜,记"德行门"二则。

初五日　　晴,较暖

五更起,至午门外坐班。辰刻至邹芸陔处阅诗赋,邹留吃饭,日中归。钟子宾来。步行至杜兰溪处吃饭,申正归。夜,杜家下人在寓与外面住人嚷闹,至二更始歇。记"德行门"二则。

初六日　　晴

晏起。饭后,方既堂来,杨性农来,李六来。旋出门买木器,归,吃午饭。灯后,与崙仙谈,复为崙仙阅诗,改数句。夜深,记"德行门"二则。

初七日　　晴

晏起。饭后与崙仙谈。旋至青厂买行李木器处,后至俞岱青处吃中饭,二更始归。小岑来,谈至五更始睡。是夜未记"德行门"。

初八日　　晴

早起。晓岑在此吃饭,饭后,同至树堂处、西垣处。旋至陈岱云处,岱留吃饭。饭后与梅霖生、岱云同至黎樾乔处,二更归。记"德行门"二则。

初九日　　阴,雪

晏起。饭后走拜董柯亭、胡云翁、何丹畦及城外各处,申初归。吃午饭后,同崙仙至钟子宾处,谈至二更归。记"德行门"二则。

初十日　　阴,大北风

晏起。辰,饭后与崙仙闲谈,又问《十家文选》。支少鹤来。旋至醋张胡同看房子,归来吃饭。夜,梁俪裳来,二更去。记《茶余偶谈》二则。

十一日　　晴

晏起。饭后出门看房子,各处步寻。又至杏农处。下半天,看粉房琉璃街屋一所,灯时归。饭后,阳小岑来寓,谈至四更同睡。

十二日　　晴

晏起。小岑是日生辰,在寓避客。饭后同至琉璃街看屋。旋至冯树堂处,冯又同来寓,凌荻舟来,共饭。灯后,小岑始归。杨春皆、张楠皆来,谈至二更散。记《茶余偶谈》"德行门"四则,补昨日所未及。

十三日　　晴

晏起。饭后与崙仙谈。旋出门拜苏赓堂、梁俪裳,又至琉璃街看房子,因拜其屋侧蒋君,谈及知此屋曾经住狄老辈听之夫人王恭人,在此屋殉节。京城住房者多求吉利,恭人殉节,族间不得谓之非命,此房亦不得谓之不详。然"忠、节"二字,事后仰慕芳徽,当时究非门庭之幸。加以此房太贵,屋太多,亦不愿住。是日,定棉花六条胡同房子,交两月钱。又剃头。下半天,至梅霖生处,遇岱云三人,长谈至二更尽方归。记"德行门"二则。

　　十四日　　晴

　　晏起。饭后写应酬字数方。旋出门至邵蕙西处久谈,又至矩卿师处,申正归。饭后与崙仙闲谈。夜深,抄刘玉坡"抚定海难民折子"。记"德行门"二则。

　　十五日　　晴

　　晏起。饭后出门看房子,旋归。又至青厂搬行李,申刻归。曹西垣来,冯树堂来。夜,与崙仙畅谈至二更尽。看月,光明如昼,清寒彻骨。记"德行门"二则。

　　十六日　　晴,北风

　　晏起。饭后,方既堂来。旋走杨春皆处、芝房处,会史楼、文毅同来寓,念农、岱云在寓,岱云邀同至俪裳处。又将至琉璃,不果,因同至树堂处。归吃饭。夜,雨三来久谈。记"德行门"二则。

　　十七日　　晴

　　早起。饭后将行李收拾,搬至棉花六条胡同路北房子。午正,移寓。毛文毅来,曹西垣、冯树堂来,因留饭,晡时散。旋杏农来,小岑来。小岑邀同至越乔处,旋归,布置诸事。夜深,记"德行门"二则。

　　十八日　　晴

　　晏起。崙仙来,雨三来,同至谷人处早饭,申刻始散。祈幻章诸同年来。夜无所事,闷坐,早睡。

　　十九日　　晴

　　早起。裱匠来糊窗户。饭后走琉璃厂,午初归。朱啸山、云轩来,陈四、易三来,留吃中饭。下半天,有客。夜,萧史楼诸人来,四更散。记"德行门"四则。

廿日　晴

早起,陈岱云邀同至琉璃厂买书、买纸,巳正归。早,饭段果山同年处,申初散。岱又邀至黎月桥处中饭,畅谈,二更归。写本年该清账目。记"德行门"二则。

廿一日　晴,北风

早起。是日磨勘江南、云、贵、川、广七省试卷,余因知会本日始到来,不及改,未去,告感冒假。早,走内城至胡家及吴竹如家。归,早饭后,霖生来。日中,织辫子。晏同甫来。午饭后,打扫房屋,着下人收拾。夜抄林少穆奏,记"德行门"二则。

廿二日　阴,苦寒

早起,芝房来。饭后至铁门萧史楼,至大街买《论衡》一部。至春皆处、尧农处。归时,钱崙仙、方既堂在寓。写家信,夜送去,内寄《觉世经》二纸。夜阅《论衡》。

日記

道光二十一年

正　月

元日　　晴

三鼓起,坐车至东长安门,步至午门外翰林院朝房,胡应春前辈、祁幼章在焉。五鼓,跪送圣驾出长安门。诣堂子行礼,鼓乐前导。旋迎驾入宫。黎明,随班朝贺,在太和殿下行礼。是日有高丽国陪臣数员。辰刻礼毕,回寓。设香案,祀天地祖宗,为父亲庆贺。饭后倦,假寐。旋去各老师处拜年。是日走内城,申刻还寓。

初二日　　晴

早起,走东头,饭朱啸山处。旋走内东城,走后门各处,出内西城,顺成门出城,灯后还寓。与父亲谈京城诸琐事。

初三日　　阴,寒

早起。辰,饭后出门拜年。走顺城门外、东城、西城各处。灯时还寓。

初四日　　晴

早起。走顺城门外、南城各处拜年。午初还寓。本年贺年,拜各老师、湖广同乡、甲午乡试大同年、戊戌会试同年。初一日起至是早拜完。是日,黄正斋、曾心斋请父亲吃饭,余在家同舍弟围炉闲话。父亲灯后还寓,又历言少时事,二更尽始歇。

初五日　　晴

早起。饭后,梅世兄来。是日,父亲出门拜年,余与舍弟围炉闲坐。中饭后,去钱崙仙处,邀同至梅霖生处夜话。霖生留饭,二更尽始散。归时,父亲已睡。

初六日　　大北风

早起。陪父亲坐。辰，饭后写家信。钱崙仙、戴莲溪、刘谷仁、郑小珊来。旋与父亲小坐，申初，走赴劳辛阶处吃饭，二更始散。是日，北风甚大，飞沙扬石。

初七日　　晴

晏起。饭后，父亲出门拜客。检点琐事，抄江苏谢恩摺子，抄上谕一道。发家信。代仓少平寄湖南周备堂信。阅薛文清《读书录》。灯后，杨春皆来，久谈。为九弟讲文。

初八日　　晴

早起。祖大人寿辰，同父亲设香案遥祝。九弟略伤风。饭后，同父亲走琉璃厂，未初，还。午饭后，抄谢恩折子款式。夜阅薛文清《读书录》十页。

初九日　　晴，夜大雪

早起。陪父亲坐。饭后出门步行，走陈、梅、方、钟、蒋诸处谢寿，未正归寓。欧晓岑来，谈至灯上始去。是夜早睡。

初十日

三更起。是日湖南公谢恩，为岳、常、澧诸处被水缓征，借给籽粮。三更下园，在翰林朝房久坐。黎明，在贤良门外桥南，三跪九叩。是早，雪深盈尺，北风甚劲。谢恩后，与俞岱青、劳黎、陈庆覃、黄莆卿兄弟、陈岱云同在挂甲屯福庆堂早饭。申初，回寓。夜听九弟背诵《哀江南赋》，略讲解。上年六月，英吉利豕突定海，沿海游弋。圣恩宽大，不欲遂彰天讨。命大学士琦善往广东查办，乃逆夷性同犬羊，贪求无厌。上年十二月十五，攻破沙角炮台。正月初五日报到后，又直逼虎门。正月初八报到，皇赫斯怒，于初六日通谕中外。初九日，授奕山为靖逆将军，隆文、杨芳为参赞大臣。本日又策侍卫四人往广东，备差遣。

十一日　　晴

早起，侍父亲侧。饭后，钱崙仙来久谈。旋与父亲、九弟同崙仙至琉璃厂，未正还寓吃饭。陈岱云来，邀余至小珊处，不值。归，听九弟背赋。夜，侍父亲围炉解九弟文。

十二日　晴

晏起。饭后将去年端节后银钱数目查点。约计去年用银八百两,还账三百,用去五百,数目不甚清晰。本年另立一簿,须条分缕晰,自立章程。冯树堂、杨吉农来谈。下半天,封家信寄南。夜,仍写数簿。

十三日　晴

早起。是日九弟开课为文,余亦欲开课,卒无所成,仅与父亲围炉坐一日。夜,候弟文成始睡。

十四日　晴

晏起。陈岱云来。饭后,为九弟改文,久荒制艺,甚难成就,至申正始完。是日,岱云年嫂来寓。夜,读文数遍,为九弟讲文一首。夜深,香烛敬神。

十五日　晴,颇暖

晏起。饭后走街上买砚、灯。旋至陈尧农、孙芝房、杨春皆处,午正归。夜,戴莲溪来。侍父亲与九弟走琉璃厂观灯。归,欧小岑来,陈岱云兄弟、梅世兄来。侍父亲小宴。

十六日　晴

早起。侍父亲坐。饭后,拟为晓岑作策而未成。钱崙仙来,久谈。写联送李劭青老伯。崙仙在寓便饭,申正始去。灯后,小珊来谈,至二更始散。对联下款。

十七日　晴

早起。侍父亲坐。饭后写片至霖生、芝房、芸渠各处。旋坐写策页。陈岱云来,久谈。中饭后,小坐,教九弟读诗法。小珊来,霖生来,谈至二更散。

十八日　晴

早起。坐车至内城小岑处。旋走陈岱云处赴饮,未刻散。偕岱云至霖生处长谈至二更。归来甚困,即睡。

十九日　晴

早起，为九弟改《父母其顺矣乎》文，小讲提比。饭后剃发。至湖广馆团拜。夜请父亲携九弟来馆看灯戏，二更尽散，目疲于视，归来即睡。

廿日　晴

早起，走小珊、吉农处，归，吃早饭。饭后，送父亲出门吃酒。睡一会。旋为九弟改文，至未刻毕。邹云陔来，廉琴舫来。申刻走许师处，又走崙仙处一谈。

廿一日　晴

早起，侍父亲坐。饭后，吉农来，旋出门，步行至内城晓岑处，饭张芸阁处。又坐车至芸陔处。下半天至会馆金竺虔处、朱啸山诸处，更初始归。

廿二日　晴

早起。饭后，阅《汉书·高帝本纪》十五页。崙仙来谈，又邀同至莲溪处。归，阅《明史稿·太祖本纪》十三页。天黑时，走小珊处，久谈，更初归。阅《文选》诗十二页："补亡"、"述德"、"励志"、"责躬"、"应诏"、"讽谏"等篇。为九弟批阅鉴字句之疑。

廿三日　晴

早起。侍父亲坐。辰，饭后，阅《明史稿·太祖本纪》二十五页。抄太祖宴群臣论得天下大势语。又阅《前汉·高祖本纪》毕，计廿页，至酉刻止。灯后，阅《文选》公宴诗四首。小珊来，纵谈至二更尽。是日，九弟课题《予助苗长矣》。

廿四日　晴

早起。饭后为九弟改文，改起比后，朱啸山来，黄左焯、曹西垣来，留曹朱二人吃饭，晡时方去。灯后，将九弟文改完。讲一遍，又讲方朴山《王如知此》文与弟听。

廿五日　晴

是日，靖逆将军奕山、参赞大臣隆文出都。早起，走劳、金、梁、钱诸处。旋步行至内城唐镜翁处早饭。之后，阅钱翁手卷卷一，"十月戎行图"一、"五原学舍图"。

旋会黄莆卿兄弟,又步行至黎月翁处,少坐即归。夜,阅二十四家时文,将选与九弟读,殊不合意。夜,大雪。是日奉上谕,祁善革去大学士,拔去花翎。

廿六日　　大北风

早起,饭后,阅《易知录》《汉宣帝》《元帝》及《武帝》五页。夜深,思将古来政事、人物分类,随手抄记,实为有用,尚未有条绪。

廿七日　　晴

早起。饭后稍睡。起,阅《易知·成帝》二十余页。欧阳小岑来,因留吃中饭,小岑邀同去曹西垣、冯树堂处,灯后还寓。讲文与九弟听。陈岱云、赵梧青来,二更始去。复阅《哀帝》《平帝》,旋抄《馈贫粮》数则。

廿八日　　晴

早起。饭后阅《孺子婴》《王莽》《更始》《光武》,共六十页。记《茶余偶谈》"读史门"八则。夜,早睡。是日张楠皆来,李笏生来。父亲出门拜客。前二十三日考中书,本日发案,湖南共取九人:陈竹伯、徐芸渠、孙芝房、刘佩泉、刘镜清、张润农、黄致堂、张小野、芸阁。第一系浙江邵蕙西懿辰。

廿九日　　晴

早起,为九弟改昨日课文,题《有不虞之誉》,至旰时始毕。辰,饭后少睡。日中,俞岱青、杨杏农来。灯后,走郑小珊处,久谈。归,将昨夜所记《茶余偶谈》抄出。

二 月

初一日　　晴

早起。步行至杜兰溪处,陈竹伯、芸渠、陈岱云处。旋至吴蔼人处,公请黄矩卿师。回走梅霖生处、曾梅岩处。归,少息。陈岱云来。灯后,小珊来,谈至夜分。阅《易知录·汉光武》毕,甚倦。

初二日　　晴

晏起。父亲不悦。饭后阅《易知录》《明帝》、《章帝》、《和帝》、《殇帝》、《安帝》,共五十页。日中少睡,劳辛阶来。是夜,解诗四首、文二首与九弟听。

初三日　　晴

早起。饭后阅《易知录·安帝》十余页。陈岱云来,邀同至东头,步行至上湖南馆、湘潭馆。后至老馆,发文昌帝君书。饭后走新馆宝庆馆,二更归。阅《易知录》《冲帝》、《质帝》、《桓帝》。

初四日　　晴

早起。饭后阅九弟昨日所作文,改至提比。唐镜海来,曹西垣来,旋走湖广馆,公请苏臬台,申正散。走金竺虔处,更初归。困甚,即睡。

初五日　　晴

早起,饭后改九弟文完,小睡。梁兴缉来,久谈。杜兰溪来,周华甫来,因同走岱青先生处。饭毕,灯后讲文一首与九弟听。

初六日　　晴

早起，饭后走孙芝房处道喜，旋走财盛馆，申正归。夜，与九弟同至崙仙处一谈。归来侍父亲听讲同里葛人讼事甚久。

初七日　　晴

早起。饭后，阅《易知录》《桓帝》、《灵帝》、《献帝》，计六十六页。上半天，刘如邓来。下半天，竺虔、玉夫、筠生、少庚来。

初八日　　晴

早起，阅《易知录》十余页。饭后，走文昌馆，戊戌同年团拜，申正散。梅霖生邀同走黎樾乔处，不晤。与霖生久谈，二更归。阅《易知录》《汉献帝》、《三国志》。是日，共阅一册，计六十页。

初九日　　晴，颇热

早起，阅《易知录》十余页。饭后，走财神馆廖老师请安，申正散。灯下，仍看《易知录》《后汉》。是日，亦阅一册，计六十余页。

初十日　　晴

早起。饭后，阅《易知录》《魏纪》及《晋武帝》、《惠帝》、《怀帝》、《愍帝》。因侍父亲出门，走金二处，是日仅看三十余页。夜，改九弟所作诗四首。题《心清闻妙香》《长安雪后见归鸿》《春色满皇州》《万古入官》。昨日，九弟所作四书文，题《虽同未学》，父亲已代改正。

十一日　　雪

早起。饭后，阅《易知录》《东晋元帝睿》、《明帝绍》、《成帝衍》、《康帝岳》、《穆帝聃》、《哀帝丕》、《废帝奕》、《简文帝昱》、《孝武帝曜》。是日阅一本半，计近百页。午正，郭雨山来，请作寿文。

十二日　　阴

早起。饭后，阅《易知录》《晋安帝》、《恭帝》、《宋高祖》、《文帝》。黄矩卿师请至文昌馆，申正归。接郭筠仙信，骈体文甚古奥，又诗十二首。金竺虔来邀，同走小珊处，不晤。因走杏农处一谈，夜深始归。

十三日　　晴，后阴

早起，阅《易知录》数页。饭后，同金竺虔走琉璃厂买纸。旋至内城小岑、芸阁、云陔、翰臣处。出会馆拜杜茂林，宿啸山处，论试帖诗。

十四日　　阴

早起。饭元堂师处。归家，侍父亲坐。父亲因昨夜不归，不豫。旋写家信。抄上谕四道寄回。小岑来，留吃饭。曹西垣来，走俪裳处，不晤。归时，小珊、竺虔、少庚在寓，久谈，二更尽散。早睡。

十五日　　阴，雪

早起，复少睡。饭后阅改九弟十三日所作文，题《子亦有异闻乎》。未初，走汇有堂，系王翰城。张筱云请饭，酉初散。灯后，改诗一首。又作诗数句，系陈庆覃征诗。

十六日　　晴

早起。饭后作庆覃诗二首。写完，又写请帖十余页。刘元堂师来。下半天，与父亲闲谈。夜，将作啸山寿文，无所成，早睡。

十七日　　阴寒

早起。饭后作啸山寿文。金竺虔来，钱崙仙来，邹墨林、□八兄弟来。复作寿文，将及一半。下半天，走竺虔处，遇小珊，因同来寓。梅霖生、陈岱云先在寓，纵谈至夜深。

十八日　　雪

早起。饭后仍作寿文，至申正始脱稿。冯树堂、曹西垣来。夜誊寿文稿。

十九日　　晴，雪未融，下半天大雪

早起。饭后倦睡。午后为九弟改文，题《先施之未能也》。改至二更始毕，

即睡。是日微觉耳鸣。

廿日　晴

早起。饭后，父亲出门拜客，至文昌馆。余走金竺虔处久谈。闻张玉夫吹笛，竺虔度曲。归来小睡。午饭后，广东冼星巢来。父亲归已晚。夜，拟为竺虔改寿文，既而不果。上半天，定东麟堂席。

廿一日

早起。饭后小坐。出门拜客，午初归。孙芝房来，至午正去。午饭后，天黑矣。夜为竺虔改寿文大半。

廿二日

早起。饭后仍改寿文，完。杨杏农来。出门，走岱云处午饭，何子敬至。二更归，甚倦，即睡。

廿三日

早起。饭后，父亲出门，走会馆。将竺虔寿文誊真，自送去。归来小睡。是日在家请客。岱青前辈早到，同席为劳辛阶、陈庆覃、黎樾乔、杜兰溪、梅霖生、小珊，至二更散。自十八、九以来，人疲乏不清醒，耳微鸣，又未看书。

廿四日　阴

晏起。饭后倦甚，小睡。邓铁松来。旋写信寄郭筠仙，共七页，言学问之事，□□月无忘为吃紧语，文章之事，以读书多、积理富为要，至未刻止。送冼君处。下半天，走凌荻舟处催寿文。夜与父亲谈。后为竺虔算寿文字。昨夜及本日早阅韩诗一本：《南山》诗、《圣德》诗，《琴操》《秋怀》等诗。

廿五日　阴，雪

晏起。饭后阅韩文第二本。中饭时，改九弟文，题《不识可以继此而得见乎》。夜改诗二首，题《独钓寒江雪》《黄金台》。

廿六日　晴

早起。称银为叔父上捐事。饭后写请帖遣人至会馆，请同县客。旋自走杜兰溪家送银。归，冯树堂来，久坐。杨春皆来。未初同父亲至琉璃厂买纸。晚饭后，将所买纸计请人写。灯后，习字百余只。更初为劳辛阶写条子一张，计三百字。

廿七日　　晴，颇暖

晏起。饭后打红纸条子请人写字，甚烦琐，至未初始毕。旋阅《史记》《平津侯主父列传》，南越、闽越、朝鲜、西南夷、相如等传。申初，同父亲至竹虔处。旋独走梅霖生处，阅其世兄文。二更归，倦。

廿八日　　晴，甚暖

早起。饭后阅《史记》季布、栾布、袁盎、晁错传，旋写请贴李丙三。出门，步至云樵、铁松、毛西垣及邹墨林、谭玉樵。出城，走岳晴初处，送分资。旋至新馆，饭春冈处。又至老馆，下半天回，走戴莲溪处。归时，岱云在寓，谈至二更始散。

廿九日　　阴

早起，走小珊家，请看脉。旋走竹虔处，看写寿屏，饭后归。阅《史记》《张释之冯唐传》、《万石张叔列传》、《田叔列传》、《吴王濞传》、《魏其武安灌婴传》、《韩长孺传》。旋困睡。午饭后，为九弟改文，题《尧舜与人同耳》，诗题《好竹连山觉笋香》，至二更完。夜，雪，甚寒。

卅日　　阴，雪

晏起。饭后讲文与九弟听。阅《史记》《李广传》、《匈奴传》。旋睡。午饭后，岱云来，邀同至小珊处，二更归。父亲不豫，陪父亲淡。吃药。旋阅刘元堂先生文三首，加批。

三 月

初一　阴寒

早起，侍父亲走东麟堂请客，皆同县人，两席，至未正散。归，复走杜兰溪处拜寿。夜阅《史记》。

初二日　晴，夜寒

早起。辰后困睡。钱崙仙来，久谈。午饭时，小岑来，邀同至黎樾乔处。归，遇晏巢芸，因同走莲溪处。夜，阅《史记》。夜饭后，听九弟言温甫弟去年情事，颇觉性质不甚平和，谈至夜深始散。

初三日　雪

晏起。饭后坐车至湖广馆请乔见斋，未正归。为郭雨三之年伯作寿文一半，至二更尽。是日，父亲饭陈庆覃处，夜深归。三更睡。

初四日　阴

晏起。仍续寿文，至未正始毕。吃饭后，下人刘兴语言侮慢父亲，因送坊官。旋走小珊处，请一人唤回，不欲置彼于法。因留小珊处久谈，又同至竹虔处。二更归，欲誊寿文，困甚，誊未完。

初五日　阴

晏起。饭后将寿文誊完。走文昌馆，吴子序之年伯寿辰，未刻归。走乔见斋处。归，饭后，走梁俪裳慰渠乡梦，灯时归。小珊来，春皆来。夜阅《史记》

《范睢蔡泽传》、《乐毅传》、《廉颇蔺相如传》。

初六日　雨

早起，坐车至午门，听宣会试，总裁四人：王鼎、祁寯藻、文蔚、杜受田四人。同考官十八人，另有单。旋走小岑处，归。早饭后阅《史记》《田单列传》、《鲁仲连邹阳列传》、《屈原贾生传》。睡起，阅《屈贾传》《吕不韦列传》。中饭后，啸山来。灯后，阅《刺客传》《李斯传》。圈九弟文，改诗，睡。

初七日　晴

早起。饭后阅《易知录》宋、齐，共四十页。吃饭后，走萧汉溪处，可亭、辛阶处谈。归，小睡。莲溪来。中饭后，张楠皆来，同走张玉夫、彭十八、杨杏农处，小珊处。归时，已更初，洗脚。

初八日　晴

早起，侍父亲至举场，送会试。午正，至云陔处吃饭。下半天，同走翰林院衙门，穿长安门，出前门，同父亲坐车归。小珊来谈，至灯后散。阅《易知录》廿页。阅九弟阅《鉴》所批，颇有见解。

初九日　晴

早起，圈《易知录》，即初七所阅者。饭后，改九弟文，题《汝得人焉尔乎》。日中，同父亲至药店看药。中饭后，圈《易知录》十余页，睡。灯时，霖生、岱云来，谈至更初。又圈《易知录》廿页，至南北朝南齐止。

初十日　晴，甚暖

早起。圈《易知录》梁武帝、北魏。日中至辛阶处送行，又走黄世铭处。归来，圈书。是日，阅梁、陈、北魏、齐、周、隋，至炀帝。是日，圈一本半。申刻走萧史楼处。阅会试文，题"约我以礼，君子依乎中庸"一节，诗云"王赫斯怒"五句。诗题《师直为壮》，得"平"字。灯时归。小珊来谈，至二更初散。

十一日　晴

早起，圈《易知录·唐高祖》一卷。饭后圈一卷。走药店捣药。回，做丸药,至申刻毕。梅霖生来邀,同至小珊处,二更归。同父亲谈。早睡。

十二日　晴

早起,阅《易知录·唐太宗》一卷四二卷。饭后,圈一卷。日中,写对联六、七付。中饭后洗澡。旋小睡,灯后起。新买《斯文精华》,随手翻阅一半,宋苏文《表忠观碑》、《司马温公神道碑》之类。夜饭后,又圈《易知录》一卷:《唐高宗》四五卷。又圈半卷四六卷二十页:《中宗》、《武后》。是日阅报,系杨果勇侯在广东击破逆夷杉板船三只,二月廿四日事。

十三日　晴

早起,圈《易知录·唐中宗》。饭后阅《睿宗》,是四七卷。旋小睡。起,写对联十七付,至申正止。走萧史楼处,阅经文。旋走霖生处,谈至二更始归。侍父亲谈。讲文一首与九弟听,题《老而无子曰独》,因弟作文不甚圆秀也。

十四日　晴

早起,吃丸药。饭后陪父亲走西直门外极乐寺,侧厝李文正公墓。同乡会者八人,共饭极乐寺。旋游大钟寺,留连良久。由西直门出顺城门回家,已申正矣。戴莲溪、晏同甫来。灯下,代莲溪校《宋书》,阅《王僧绰、颜峻传》,《朱修之、宗悫传》,改诗一首。

十五日　晴

早起,为莲溪校书。饭后,小珊邀一同至琉璃厂,至未正归。小睡。中饭后,代莲溪校书,至三更止,共校六本。惟《隐逸传》《二凶传》全看,余皆信手翻阅而已。

十六日　晴

早起,为九弟改文,题《吾不如老农》,至未初毕。陈岱云来,留早饭,谈甚久。未正出门,走许师处,冯树堂、曹西垣处,冼星巢处。旋走杜兰溪、徐芸渠、首班臣处及善化馆。吃饭文毅处。归,讲文与九弟听。旋出门,走小珊处。归,早睡。

十七日　　晴

早起，侍父亲走会馆，饭春冈处。旋走各会馆及杨石汸处、内城各处道喜，因与小岑同车归寓。金竺虔、王少庚、冯树唐来，留小岑饭。饭后，同走筠生处、竺虔处、鹤汀处。归，已二更，写片至各处。是日，接信三封。

十八日　　晴

早起。饭后写家信一封。旋出会客。未初起至二更尽，共写信五封，寄彭筱房、左青士、谢吉人、贺春台、朱凤台。

十九日　　晴

晏起。父亲不豫。饭后，父亲出门，余小坐。旋走琉璃厂买纸。至杏农处，与杏农偕行，至家，陪西桓及他客。旋写信，寄郭筠仙。早饭后，写纨扇二小方。下半天，为九弟改文一首，题《见贤而不能举》，改诗一首，题《风吹客衣日杲杲》，至三更尽。

廿日　　晴

早起。是日客多，自辰至申，几无间。中写请老师帖及知单。申正走小珊处，更初归。是夜早睡。

廿一日　　晴，甚热

早起。饭后写对联、条幅。吴春冈代春谷、衙门求的颇多，写至天黑时止，共计条幅廿五张、对联六付。夜拟为谦六作寿文，既而不果，仅翻阅吴谷人四六。为九弟点生文一首。

廿二日　　晴

早起。辰，饭后，写亮甫画卷，写去年所未写完的三条。又清理诸笔墨应酬，请刘裕轩为我代笔。写条子五张、扇二柄。旋陪客。旋写请帖，再走许老师处请日子，因在冯树堂处改写请帖送师处。又走钱崙仙处一谈。归，吃饭，下半天，陪父亲语笑。夜阅九弟所买《制艺存真集》。夜饭后作谦六寿文，至四更尽止，三分有二矣。

廿三日　　晴

早起。饭后将寿文续起，至午正止。旋小睡。起，写对联甚多，至天黑时止。与九弟同走欧阳小岑处，谈至更初。归，吃夜饭，早睡。是日，写对联甚多，惟送成忍斋一联写甚得意。与小岑谈，有不合处。自念二三知心，亦复见疑，则平日之不自修，不见信于人，亦可知矣，可不儆惧乎！

廿四日　　晴

早起。饭后改九弟文一首，题《子路人告之以有过则喜》。中小睡。中饭后出门拜客。夜走梅霖生处，谈至二更。归，写扇三柄。

廿五日　　晴

早起。饭后出门拜客。未正，至文昌馆请世兄，旋回家吃饭。同岱云走胡莲舫处。又走霖生处，问往观耕耤典礼。遇梁俪裳，谈广东情形，晚归。灯后写信一。后拟作寿诗，未成，睡。

廿六日　　晴

早起。饭后小睡。起来写应酬字。会客颇多。写字至申初止。走凌荻舟处，催寿文。至小珊处谈。归，点文二篇与九弟读，旋写信二。

廿七日　　晴

早起。饭后为谦六写寿屏二幅。因笔小不能写，走金竺虔处一谈。下半天，东麟堂来讲酒席。小珊来谈，至二更尽。为九弟改诗，题《秧针》。

廿八日　　晴

早起。饭后为谦六写寿屏二幅半。邹云阶、冯树堂来。邀小岑吃饭。下半天走史楼处看字。竺虔来。夜写绢笺一幅、小楷扇一柄。

廿九日　　晴

早起。为谦六写寿屏三幅半，为小岑写楷屏四幅，至酉正毕。灯后睡。下半天转风。

闰三月

初一日　晴

早起，算父亲寿屏字数。饭后剃头。旋走才盛馆赴饮，申正归。仍算寿屏字数，改几句。闻广东有报到，因走俪裳处谈，更初归。早睡。

初二日

早起。饭后，同九弟走琉璃厂看纸。旋写对联十七付。走天和馆听戏，申正归。夜，写单条一、册页一。

初三日　晴

早起，侍父亲往皮货局买皮货。巳刻走湖广馆，请许吉斋师及甲午诸同年，与小珊两人为主，酉初归家。西垣来，崙仙来，小岑来，二更去。夜，早睡。

初四日　晴

早起。饭后写片子十。至各处接字。旋写对联卅余付、单条数张。午饭后，写册页半开。走金竺虔处谈，更初，归。写册页一开半。写朱尧阶信一封，计五页。三更睡。大风雨。

初五日　大风

早起。饭后写各小条子、册页、扇子甚多。至二更止，后写信二封。

初六日　晴

早起。饭后侍父亲下园子，同行为小岑、岱云兄弟并九弟，游万寿寺。旋至穆中堂处，宿黄莆卿处。

初七日　　晴

早起，在园子看虎城。饭后走清漪园、万岁山、吉龙樽、玉泉山，回至罗角子桥，各处游观。旋归，入城，申刻到家。夜，梅霖生来，久谈。

初八日　　晴

早起。饭后小睡。旋起，写册页，写信二封。下半天写寄刘霞仙信，至三更始完，约千余字。

初九日　　晴

早起。是日会试发榜。饭后写对联十七付，条幅十余张。旋走竺虔处听榜。归来，与九弟同至小珊处吃饭，灯时归。小岑来，谈至二更。写信一封。

初十日　　晴

早起，至各处道贺。饭心斋处，至申正归。走琉璃厂，旋走霖生处。归，吃夜饭，早睡。

十一日　　下半天，雨

早起，候西垣来吃饭。饭后请西垣雇大车。余在家写成忍斋信一半。旋买冬菜、蘑菇等物，买通花耽搁。写对联数付。下半天走陈岱云家，请陈四吃饭。

十二日　　晴

早起，刘元堂先生来。饭后父亲与刘同出门。余与九弟至琉璃厂看寿屏。走西河沿买货，归来，客来寓，客至灯时始散。夜写扇一柄，写成忍斋信完，共九页，大约言读书立志，须以困勉之功，志大人之学。无稿。

十三日　　晴

早，四更起，同父亲走午门内，至太和殿内送新进士复试，辰刻归。饭后看九弟检父亲行箧。日中，写对联数付。下半天，剃头。旋检点父亲行李。杨杏农来，久谈。二更睡。

十四日　　晴

早起。是日父亲出京，与刘元堂先生兄弟同行。父亲与刘月槎共大车一辆。巳初开车，余与九弟送至彰仪门外十五里，申刻归。下半天，收拾屋。夜，李笏生来。

十五日　　晴

早起，写小条子。饭后，因寓中各屋收拾不整齐，督婢仆逐一检点。午初小睡。岱云来邀，同至小岑处、西垣处、树堂处、俪堂处。岱云来寓吃饭。复同至杏农处、竺虔处，归时读黄陶庵《见义不为》文。小岑来，旋做墨合。

十六日　　晴

早起，写小条半张。饭后走小岑处送行。旋走各处拜客，酉正始归。夜，写小条完。圈《斯文精华》三十五页，《治安策》。

十七日　　晴

早起。饭后写易南界信，未果，旋小睡。杨杏农来，久谈，至申正始去。中饭后，走许师处打听散馆信。归，小珊来，复春谷信，二页半。

十八日　　晴

早起，曾心斋请代写信稿二封。饭后，封家信发，并发易南界信，寄东西。是日，写小条子甚多。夜，改文一首，题《忠告而善道之》。三更尽睡。

十九日　　晴

早起。饭后走送杨杏农。旋走黎月桥处。日中，温《诗经·邶风》。午饭后，走小珊处、果山处。归来，圈《斯文精华》二十三页。

廿日　　晴

早起，点书，写谭云嵩条子，至巳正完。旋小睡。曾心斋来。旋走朱世兄家道喜。至徐芸渠、陈云心处谈。归，阅《易知录》十页。下半天，阅《斯文精华》诗二十余页。苏赓堂来，曹西垣、李笏生来，谈至二更。

廿一日　晴

早起，点九弟生书，写小条子至巳正完。小睡。起，温《诗经》《鄘风》、《卫风》，至申正止。周韩城来，久谈至灯时。写金字扇一柄，圈古文十余页。

廿二日　晴

早起，为九弟点书，写小条子一张，至巳正止。午刻圈《易知录》约五十页，至申正止。夜圈《斯文精华》诗十余页。

廿三日　晴

早起，点书。饭后，剃头。旋拜客各处，至灯时归。陈岱云、凌笛舟在寓，邀同至郑小珊处，谈至三更。

廿四日　晴

早起。点生书。饭后小睡。洪乐吾来，金竺虔、曹西垣来，留吃饭。去后，人热甚，颇沉闷。无所事事，灯后即早睡。

廿五日　晴

早起，点生书。饭后小睡。旋起，听弟背《国风》。改九弟课文、课诗，至酉正止。是日客甚多。夜写张筱云团扇，错杂成章。圈《斯文精华》七古诗十余页。

廿六日　晴

早起。温《诗经·王风》。饭后习字一百，临智永《千字文》。圈《易知录》一百页：《唐明皇》、《肃宗》、《代宗》，至申正止。圈《斯文精华》十余页。旋走梅霖生处，看伊咳嗽病。灯后归，圈《斯文精华》又廿余页，系陆宣公文。

廿七日　晴

早起，为九弟点书。温《郑风》至《叔于田》。背《国风》头一本两遍。饭后临《千字文》一百。旋小睡。圈《易知录》一卷，三十余页：唐德宗，至申正止。出门拜客。夜圈《斯文精华》七古数首。拟作古诗未成。

廿八日　　晴

早起，看搭天篷。饭后小睡。日中，作诗七古一首送凌九，至灯后始成。是日家中搭天篷，未用功。梁俪裳来、钱崙仙来、史士良来。诗成后，为九弟改文一首，题《人有恒言》。

廿九日　　晴

早起，为九弟点生书，温《郑风》。旋走崙仙处吃饭。因走俪裳处、樾乔处，送笏生行，未正方归。写诗送凌九。阅杜工部七古数十首。夜，写册页二开。一系首行第三字写错，因错为"仁风扇"三字，便作五古一首，起"仁风扇六幕"云云，盖咏时事也，凡十二韵。

卅日　　晴

晏起。为九弟点书。饭后写清九泥金字扇一柄。李笏生来久坐。去后小睡，至饭时方起。中饭后，春冈来，旋凌九兄弟来。看《斯文精华》杜七古十余页。旋走岱云家，久坐，三更方归。查是月所用银钱甚久。

四 月

初一日　晴

晏起。为九弟点生书。饭后往霖生处看病，久谈，几至未正归，睡。中饭后圈《易知录》一卷：《唐德宗》、《顺宗》、《宪宗》，至灯后止。圈《斯文精华》韩文十余页。

初二日　晴

早起，为九弟点生书。饭后，天气亢热难过，写字数十。旋走善化馆闲谈，归。中饭后，圈《易知录·唐宪宗》卅页。小珊来，邀同至樾翁处，谈至三更归，大雨，归。

初三日　晴

早起。黄苏卿来，留吃饭后，午正去。小睡，起，写金字扇一柄。中饭后，岱云来，邀同至霖生处一谈，至更初归。作论一首，题《君子体仁足以长人》，又作半首，题《除恶务尽》。

初四日　晴

早起，为九弟点生书。饭后改文一半，小睡。中饭后出门，至小珊、兰溪处，三更方归。改文完。题《若夫豪杰之士》。是日剃头。

初五日　晴

早起，为九弟点生书。自温《诗经·齐风》。饭后写字。小睡起，写对联八付。圈《易知录》二卷，约六十余页。下半天，吴春冈、曾心斋来，久谈。旋出门，走曹西垣、树堂、韩城处。归，拟为心斋做策本，无所成。

初六日　　晴

早起，为九弟点生书。饭后写对联十一付。小睡。起，圈《易知录》一卷。中饭后，岱云来，谈至二更始去。又拟为心斋做策，仅改数句，文思迟钝，可恨！

初七日　　晴，夜大雨

早起，为九弟点生书。饭后走崙仙处，请渠代改心斋策。旋出门拜客，至东头各处，饭春皆处。夜归，点文一首与九弟读。自作试帖一首，题《山杂夏云多》。

初八日　　阴，下半日晴

早起。饭后，为吴春冈作策头子八道。又为九弟改文一首，题《昔者吾友》。是日，九弟文有斐亹之情，进境不少，可喜。

初九日　　晴

早起，为九弟点书。饭后出门拜客。饭岱云处，晡归。夜为吴春冈作策首，至五更睡。

初十日　　晴

晏起。为九弟点生书。饭后小睡。日中，写家信。中饭后，张楠皆、小珊、云皆来。下半天走韩城处，请做策。夜为春冈作策首三道。

十一日　　晴

早起，为九弟点书。饭后写信一封，寄朱砺斋。圈《汉书》惠帝、吕后、文帝、景帝、武帝纪。圈韩文数首。夜，灯下写周介夫信一封。拟作钱崙仙图诗，竟不成。

十二日　　晴

早起，为九弟点书。饭后写李花谭信一封，圈《汉书·昭帝纪》，为吴春冈作策首，誊十六道。夜为九弟点文一首，清数目。夜深，自己作试帖一首，题《待燕归来始下帘》。

十三日　晴

清早，岱云来，留吃饭。因同走周黼庭处、俞岱青处、洪乐吾处，归时已申正。吃饭后，小睡。夜改九弟文，题《爱之能弗劳乎》。未改完。

十四日　晴

早起，将文改完。饭后为吴春冈改策四道，甚讨嫌，至申刻完。走小珊处，谈至二更归。早睡。夜微雨。

十五日　晴，颇冷

早起，为吴春冈做策头尾样子。饭后写扇子、册页颇多。旋圈《汉书》《宣纪》、《元纪》、《成纪》、《哀纪》、《平纪》、《异姓诸侯王表》，至酉。午后小睡。晡时，走梅霖生处看病，二更归。早睡。

十六日　晴

早起，为九弟点书。饭后阅《汉书》职官表及诸表。写罗苏溪信一封。走会馆，送吴春冈、心斋考。回走岱青先生处中饭，灯初归。岱云来，久谈，至三更睡。

十七日　晴

早起，为九弟点书。饭后小睡。写家信，言楚善叔之苦，求祖父代为筹画，共三页。黎月桥来，钱崙仙来。下半天写费佩青信。夜点文一首与九弟读。早睡。

十八日　晴

晏起，饭后。作崙仙《慈竹平安图》诗二首。下半天写彭棣楼信。旋走钱崙仙处谈。归，写郭筠仙信，二更尽睡。

十九日　晴

早起，为九弟点书。饭后小睡。旋圈《汉书》《礼乐志》、《刑法志》、《食货志》上卷，计共四十余页。下半天写册页一开，冷金笺单条一。晡时，小珊来谈，至二更去，又写册页一开。

廿日　　晴

早起，为九弟点书。饭后写小条子、册页。旋走穆中堂处拜寿。送李石梧信至黄三处托寄。归，留陈岱云吃饭，同走王翰城处、黎月桥处，至三更始散。

廿一　　早阴晴。日中阴。夜雨

早起，为九弟点书。饭后，写司徒绂单条一、王芷庭单条一、李丙生横幅一。中饭后，走内城接殿试考，直至日晡，曾心斋等始出场。夜，灯后始出东华门，不能出城。与小珊、岱云同至华甫处睡。夜，无寐。

廿二日　　雨

早起。同小珊、岱云步行出城。饭后饱睡。申时写册页一开，走杜兰溪处吃酒。归即睡。是日雨大，夜又雨。

廿三日　　早雨，阴

早起。饭后阅书。旋写册一开，写贺耦庚、李双圃信。中饭后，封信送杜兰溪处。旋走月翁处，同往霖生处看病，二更归，睡。

廿四日　　早雨，后晴

早起，为九弟点生书。饭后拟改文，小睡。旋剃头。岱云来邀，同走文昌馆拜卓中堂寿。酉正归，小睡。夜写册页一开，为九弟改文一首，题《王知夫苗乎》

廿五日　　晴

早起，为九弟点书。饭后写陈起乐小条子。略睡。旋走钱崙仙处。归，曹西垣来，凌笛舟、曾心斋来，圈《汉书·食货志下》，记十六页，至申正止。旋写蒋申甫小条子。夜圈《汉书·郊祀志》。

廿六日　　晴

早起，为九弟点书。饭后写易南谷信一封。圈《汉书·郊祀志下》。旋走才盛馆拜灵芗生之父母寿。归，圈《汉书·五行志》数页。梁俪裳请作论。饭后，走小珊处谈。归，曹西垣来。夜拟作论，未果。

廿七日　　阴，下半日大雨如注

早起。饭后作论三首，至三更始就。题《马援讨交阯论》《不贪为宝论》《人情以为田论》。四更始睡，不能寐。

廿八日　　阴

晏起。饭后，圈《汉书·五行志》十余页。旋走会馆送心斋朝考，申初归。下半天玩愒。夜，早睡。是日请父亲自汉口发信，并汴梁信两封。

廿九日　　晴

早起，为九弟点书。饭后圈《汉书·五行志》约五十页。午饭后，岱云来。旋走小珊处，请看内人病。夜查数。

五 月

初一日　　阴，微雨

早起，为弟点生书。饭后圈《汉书》《五行志》、《地理志》，约五十页。小珊来，为内人看病。下半天，曹西垣来，闻朝考取录名次。夜，早睡。

初二日　　阴

早起，改九弟文，题《禹恶旨酒》，至巳正完。午刻走许师处拜寿。旋拜客数家。归，心斋来，久谈。午饭后圈《斯文精华》七古诗二十五页。夜，点文一首，早睡。

初三日　　阴，下半日大雨

早起。饭后阅《汉书·地理志》完。未，小睡。起，走岱云、何家，酉刻归。途中遇雨，走萧史楼处，二更后，冒大雨归。

初四日　　大雨

早起，为九弟点书。饭后小睡。旋出门送节敬，拜客，至天黑归。夜，早睡。

初五日　　端节，晴

早起，为九弟点书。饭后有客，至午正止。中饭后，圈《汉书》《沟洫志》、《艺文志》。夜写团纨扇一柄、册页一开。

初六日　　晴

早起,温《诗经·齐风》。饭后默写《郑风》《齐风》。习字一百。陪客。未初,陈岱云邀吃饭,至戌初散。因同走梅霖生处问病,更初归。

初七日　　晴

早起,为九弟点书。出门拜客,饭新馆,至申正归。下半天,圈《斯文精华》五律诗。夜为九弟点文一首。

初八日　　晴,下半天雨

晏起,饭后习字一百。曹西垣来久坐。又他客来。未正,吴春冈来谈,至晚始去。夜写扇一柄。

初九日　　晴,下半天雨

早起,为九弟点书。温《诗·魏风》。饭后默写。旋陪客。习字一百五十个。阅圈《汉》《陈胜项籍列传》、《陈余张耳传》、《魏豹田儋韩信列传》、《韩彭英卢吴传》,至酉正止。旋圈《斯文精华》韩文,至灯后止。旋抄《馈贫粮》"忠义门"二则、"兵法门"五则、"旧友门"一则。旋记《茶余偶谈》"读史门"二则、"技艺门"二则。

初十日　　晴

早起,为九弟点书,温《诗经·唐风》。饭后默写。习字一百个。圈《汉书》《荆燕吴传》、《楚元王交传》、《刘德向歆传》、《季布栾布田叔传》。下半天,圈《斯文精华》柳文。夜至小山处。归,早睡。

十一日　　晴,下半天雨

早起,为九弟点书。饭后圈《汉书》《高五王传》、《萧何曹参传》、《张陈王周传》至申正。习字一百五十个。陈岱云来,邀同至月乔、霖生处。归,遇雨。走俪裳处。归,更初矣。记《馈贫粮》十余则。

十二日　　晴,下半天雨、雹。

早起,为九弟点书。饭后,圈《汉书》《樊郦滕灌传》、《傅靳周传》、《张周赵任申屠嘉传》，至巳正止。走金可亭处拜寿。归，圈《郦陆朱刘叔孙传》《淮南济北衡山王传》《蒯伍江息夫传》。习字一百五十个。下半天为九弟点文二首，圈《万石君卫直周张传》。

十三日　　晴，热

早起，圈《文三王传》。饭后圈《贾谊传》。走仓少平处拜生。归，走长郡馆祭关圣帝。灯时归，早睡。

十四日　　晴，热

早起，为九弟点书。饭后圈《爰盎晁错传》。小睡起，剃头。圈《张释之冯唐汲郑传》。写扇三柄。晡时，走隔邻彭吏部宅谈。夜，记《馈贫粮》数十则。

十五日　　晴

早起，为九弟点书。阅《贾山传》。接家信。饭后为九弟改诗六首，至申正止。中间有客耽搁。酉刻出门，走冯树堂处、梅霖生处。霖生病甚重，请余邀吴竹如诊治。

十六日　　晴

早起，进城，请吴竹如不晤。归，为六弟改文一首，题《博学而详说之》，至申正完。崙仙来，邀同走既堂处。归，夜写家信，未完，已写两开半。

十七日　　雨，早晴，日中晴

早起，为九弟点书。进城，邀吴竹如同至霖生处，未正出。同走黎樾乔起，申初归。饭后，将昨夜信写完。旋用绢写《为学要言》寄六弟，仅写百字，天黑矣。灯下客来。后将去年写信与令弟的续完。

十八日　　晴

早起，客来。饭后将绢写完，约五百字，又写信一封与令弟，申初完。将家信封好，寄去。下半天，步行至杨春皆三人处，又至云心处，归。夜，早睡，仅写扇二柄。

十九日　　晴，微雨

早起，为九弟点书。饭后习字一百，阅《邹阳枚乘传》《路温舒传》《窦婴田蚡灌夫韩安国传》《景十三王传》。写应酬字数纸。下半天至梅霖生处，旋至黎月乔处。归，有客，陈岱云来，春冈来，久谈。夜，早睡。

廿日　　晴

早起，为九弟点书。饭后阅《李广李陵苏武传》。写字数纸。日中睡。吴春冈来，诸客来。夜，写册页一开。早睡。

廿一日　　晴，热，着葛纱

早起，为九弟点书。饭后阅《卫青霍去病传》《董仲舒司马相如传》，约五十余页。写字一百。下午天，霖生病加剧，有信来请竹如，因即进城，旋走霖生处，晚归。岱云来，因留宿。

廿二日　　晴，大热

早起，岱云、树堂在此吃饭。饭后同走霖生处，病益增剧，无可为力矣。可叹！可惋！可惨！是日，至东头拜客。归，仍走霖生处，戌刻归。

廿三日　　晴

早起，九弟不舒服。小儿自昨日起泻腹。饭后，请郑小珊来看病。郑言九弟病轻，小儿病甚重。是日，甚着急。九弟吃药一帖，即好。小儿服药一帖，夜间病愈重。

廿四日　　晴

早起，小珊又来看小儿病。饭后请吴竹如看小儿病。因陪竹如至霖生处看病。余因小儿病，即刻归。请岱云陪竹如看霖生病。是日小儿病势甚重。下半天不能去看霖生，而霖生即于是夜子时死矣。将死之际，着人来告知，时小珊在余寓看小儿病，小珊往霖生处送终，余以儿子病故，不能一往临诀，哀哉！

廿五日　　晴

早起，闻霖生恶耗，又闻同乡胡云阁先生亦于昨夜子时仙逝。是早小珊来看儿子病。儿子昨日服药三帖，亦未得愈。本日又请吴竹如来看。是日服二帖。余于午刻走霖生处吊唁。夜间，儿子病势颇重。

廿六日　　晴

早刻，小珊来看儿子病，光景如故。是日，服药两帖。

廿七日　　晴

早，小珊来商量儿子病，宜吃凉药。饭后请古姓医人来看，又请王姓医人。古姓粗俚不明，王医颇言之近理，因服王医方一帖。余自廿五日起亦不好，吃药二帖，本日甚不爽快。

廿八日　　晴

是日，儿子病略好，而心犹甚恐。是日走梅世兄处，代理诸事。

廿九日

是日，儿子服王医方二帖，已有起色。竹如亦于是日来看，似已可保无虞。

六 月

是月上半月,因儿子患病,时时惶惧,绝未理故业。又有梅世兄扶榇开吊诸事,须代为经营也。下半月亦废弛之至,每日事实亦未写记,兹记忆其一二写记。

初一日

走内城云阁先生处吊唁。旋归,走梅世兄处。

初二日

在梅世兄处大半天。

初四日

下园子见吴甄甫师,未得见。

初六日

在文昌馆请吴师。因写知单,请诸同年写霖生身后赙仪。戊戌同年共写四百余金。吴师独赠百金。

初八日

早走彰仪门外,送吴师之江西巡抚任。

十六、七日

作胡云阁先生诔。前初七日发家信第九号。

廿四日

梅宅领帖，陪一天。内人于昨日起病。是日晚间，请郑小珊来看病。一病三日始愈，小珊之功不少。

前十二日长郡会馆公事，议交余管接。领银钱一切。是日，写明簿数。十五日在会馆敬神。于门上略加整顿。廿三日，带泥瓦匠去会馆，去看收拾房子。

廿七日

在胡宅送分资，耽搁半天。还，至何子敬处、陈岱云处。

廿八日

作吴春冈之父墓志铭一篇。

七 月

初一日　阴

早起，至会馆敬神。点清桌凳数目。还，拜客数家。饭陈筠心处。下半天同汤海秋去看房子，灯后始归。

初二日　晴

饭后写绢笺一幅送易南谷，约八百字。萧史楼来，久谈。下半天至梅宅。是日又写家信一封，共六页。

初三日　晴

饭后写绢一幅，系吴春冈之父墓志铭。下半天走史楼处。夜作送春冈之官浙江诗一首。午饭后写对联十余付。

初四日　晴

早饭汤海秋处，在彼处坐颇久。又拜客数家，午正归。下半天作送春冈诗二首，灯时写好于纨扇面。旋写寄左青士信一、寄易南谷信一，四更始睡。

初五日　阴

晏起。饭后写小条子一张。走会馆送吴春冈出京，午正归。饭后下园子，往翰林院朝房，与祁幼章、李葆斋、毛寄云同住。灯时下雨。

初六日　晴

早，皇上御门，派余与幼章等四人侍班，卯正退班，由园子回，巳刻到家。

午刻至梅世兄处，是日霖生题主，晡时归。夜，早睡。

初七日　　晴

早起，饭后写单条子一张，甚长。至刘谷人处下棋二局。下半天陪客。改九弟文半篇，题《伯夷至太公辟纣》。

初八日　　晴

早起。饭后写应酬字。午饭后，凌笛舟弟邀同走萧史楼处，同往看观音地藏庵亭子。归夜，写应酬字。

初九日　　晴

早起。饭后写字，改九弟文一篇，题"桃应问曰"一章。九弟此会文甚好，阅之喜不自胜。彭山屺来，家中寄信数封，又寄来《皇朝经典文编》一部、《周易》一部、《四书》一部、龙须席一床、皮箱三个。晡时走小珊处，不晤。走谷人处，下棋二局。

初十日　　晴

早起，为九弟点书。饭后张书斋来，曾心斋来。写宣纸红格《书经》十行。走会馆，拜客数家。至善化馆，赴唐瑶阶之招，同席黄琴坞、李古廉、陈庆覃、岱云、黄莆卿、何根云。散后，同根云、岱云走小珊处，谈至三更始归睡。

十一日　　晴

早起，为九弟点书。饭后习"独"字五十个。旋写宣纸红格四百径寸大字。午饭后，陈岱云、梁俪裳来，留吃饭，邀同至琉璃厂书店，因买《朱子全集》一部。归来，陪陈、梁二人吃面、烧鸭片。郑小珊来谈，至二更始散。是日，刘裕轩来，请写扇子三柄。

十二日　　晴

早起。饭后走孙琴泉处、方既堂处，又至保安寺街看房子，午正始归。习"徙"字五十个，写宣纸字数十个。午饭后阅《朱子全书》十余页。史楼来，天黑始去。下雨。夜写字百余个。

十三日　　晴，下半日阴

早起，阅《朱子全书·为学之方》十余页。饭后，写"经"字五十个。旋写宣纸寸大字二百六十个，拟送祁春浦先生。未正，曾心斋来。是日，家中请客，盖因彭九峰名山屺为予带书籍等件来京。又有邵阳唐斯盛亦坐公车与九峰同来，是日，亦请到。陪客为郑小珊、曹西垣、曾心斋、陈岱云，吃至二更始散。是日早起，求所为主一之法，而此心纷扰如故。日中陪客，颇形急慢。

十四日　　阴雨

晏起。饭后走梅世兄处，明日渠扶榇南归，今日走去探问一切。旋至许世叔处送行，又至周华甫之母处拜寿，又至胡润芝处，问伊扶榇归葬事宜。胡送余《陶文毅全集》二部。又至唐镜海先生处，问检身之要、读书之法。先生言当以《朱子全书》为宗。时余新买此书，问及，因道此书最宜熟读，即以为课程，身体力行，不宜视为浏览之书。又言治经宜专一经，一经果能通，则诸经可旁及。若遽求兼精，则万不能通一经。先生自言生平最喜读《易》。又言为学只有三门：曰义理，曰考核，曰文章。考核之学，多求粗而遗精，管窥而蠡测。文章之学，非精于义理者不能至。经济之学，即在义理内。又问：经济宜何如审端致力？答曰：经济不外看史，古人已然之迹，法戒昭然；历代典章，不外乎此。又言近时河南倭艮峰仁前辈用功最笃实，每日自朝至寝，一言一动，坐作饮食，皆有札记。或心有私欲不克，外有不及检者皆记出。先生尝教之曰：不是将此心别借他心来把捉才提醒，便是闭邪存诚。又言检摄于外，只有"整齐严肃"四字。持守于内，只有"主一无适"四字。又言诗、文、词、曲，皆可不必用功，诚能用力于义理之学，彼小技亦非所难。又言第一要戒欺，万不可掩著云云。听之，昭然若发蒙也。又至陈筠心处、金竹虔处、岱云处，始归。夜写卅个。

十五日　　阴

早起，走圆通观。是日，梅霖生之柩出城，余坐车送至东便门。黎月乔、郑小珊邀同泛闸至通州。秋风初凉，芦苇沿绿，好景如画，木叶未脱。申正至通州，下榻于余宗山寓所。余名崇本，长沙人，任云南宣威州，运铜来京，与月乔为儿女亲家。是日，余与黎、郑三人泛舟梅宅，扶榇由陆路至通。酉刻，骑马走河沿，寻梅氏之船，云柩尚未到。回寓饮酒，更深始睡。夜雨。

十六日　　早雨，日中晴

早起，在余寓吃饭。午正仍泛舟，戌初至东便门。入城雇车，到家已二更尽。人颇疲乏，早睡。

十七日　　晴

晏起。人不爽快。日中频有客来。下半天，阅《陶文毅公全集》，至晡时，甚倦，即睡。

十八日

早起，仍阅《陶文毅集》。饭后走史楼处，又至谷仁处。日中归，小睡。邹云陔来。午饭后，曹西垣来，彭山屺来。晡时，人不爽快，仍早睡。

十九日

早起，阅《洪稚存集》。饭后李碧峰来。旋出门看房子。归，写李杰斋小条子一张。饭后，写司徒绂扇子。又请春浦先生写字，着人去。陈岱云来。吕佺孙来，请写寿屏。岱云谈至二更始去。习寸多大字一百个。

廿日

早起。阅《朱子全书·存养门》十页。饭后，习"刑"字三十个，写扇子一柄，磨墨一会。作新婚诗七律一首。写冷金笺屏一幅。又习大字数十个，试笔写寿屏半页，吕星田之母的。中饭后，写寿屏二页。大雨至晚。夜，写大字功课单一纸。阅《经世文编·原学门》三十页。作朱尧阶尊人寿文，起笔。雨不止。

廿一日　　阴

早起，阅《朱子全书·存养门》完，记五条贴壁。旋温《诗经·秦风》，成诵。旋写"侔"字一个贴壁。云阶来，旋走文昌馆，戊戌同年秋团拜，至酉正归。写字一百个，天黑。夜，写扇子字小楷百个。阅《经世文编·儒行门》五十页，作尧阶寿文五行。

廿二日　　晴

早起，阅《朱子全书·特数门》五页，记二条贴壁。饭后温陈、桧、曹风。

旋写"盖"字一个贴壁。旋走张雨农处拜寿,又至何子愚处讲字。子愚言悬肘之法,须手力向前,颈力向后。归,中饭后写寿屏三幅半。夜,阅《经世文编》十页。作尧阶寿文大半篇。

廿三日

晏起。饭后走陈岱云处,旋至胡咏芝处。归,写寿屏四幅。午饭后又写二幅。至钱嵩仙处,谈至更初归,睡。

廿四日

晏起。饭后出门,拜客数家,又至王翰城处,找伊同看房子。归,午饭后看《赐砚斋丛书》。晡时,小珊来,更初去。写字,西垣一幅,又扇一柄。

廿五日

晏起。饭后看《赐砚斋丛书》。旋出门走戴莲溪处,又走刘谷仁处下棋,渠因留吃饭。下半天,走小珊处,不遇。晚归。夜,早睡。

廿六日

晏起。饭后写字。旋剃头。黄正斋、陈岱云来,因留吃中饭。来时巳初,饭时申正矣。又同黄、陈走绳匠胡同、门楼胡同看屋。便走岱云处晚谈,二更归。

廿七日　　晴,天气渐冷

早起。饭后又走翰城处,邀渠同出门看房子。日内,缘翰城言余现所居棉花六条胡同房冬间不可住,翰城善风水,言之成理,不免为所动摇。且言八、九两月不可移徙,故找房屋甚急,而讫无当意者,心则行坐不定。本日,又与翰城看数处。午正归,走文昌馆,为吴蔼人之年伯寿分,申正归。西垣来,邀同至小珊处,遇芸渠,畅谈,二更始归。自廿四日起,以房子故,心不定,不能用功,仅阅《宣和遗事》四卷而已。

廿八日

早起。饭后,西垣来,言下斜街有房甚贱,且甚好,因同往看,久坐。旋走财盛馆送郭雨三之年伯寿分。申正归,又闻绳匠胡同有好房信,又同往看。晚归。夜查数。

廿九日

饭后走钱崙仙处,邀渠同看昨日两所房子,又至岱云家小坐,又至西垣家坐,又走看竺虔,竺虔因同至余寓。是日胡咏芝送余炕垫、炕枕诸物。下半天写字。

八 月

初一日

早起,走会馆行香,饭心斋处。午正归,走绳匠胡同看房。下半天,与九弟同至琉璃厂。旋归,至田吉生同年处坐。归,睡。

初二日

早起。饭后,走财盛馆拜吕偭孙之母寿。午初归,走绳匠胡同定房子。归写房折。下半天又去看,小珊同看。因同至小珊寓,坐至二更始散。

初三日

早起。走送胡云阁先生柩殡出京,至东珠市口而返。走钟子宾处坐。旋走天和馆,拜王吉云之母寿。又至王翰城处。早起,邀同翰城走绳匠胡同看风水,未正归。下半天有客。写对联十余付。

初四日

早起。饭后带泥水匠、裱匠往绳匠胡同定价,看一切。归来有客。下半天至琉璃厂买对联纸。夜,裱匠不愿做。

初五日

饭后,走新房,命诸匠兴工。归来,写对联。晡时,又走新房。夜写扇一柄、对联数付。

初六日

早起。是日搬屋。饭后余走新房收东西。九弟在旧房发下人,仅两个。新房又有诸匠人正兴工之时,仅觉浩繁。日中,岱云来。晡时,小珊来,谈至更深始去。

初七日

早起。是日正部署诸务,午正,彭九峰来,久谈。是日岱云之父忌日,邀余便饭。未正去,灯时归。正斋、岱云同来,二更散。

初八日

早起。是日匠人尚未来家部署诸务。日中剃须。小睡。客多。

初九日

晏起。是日匠工尚未完,犹处处经理,心殊不安恬。夜,作邹云皆寿序大半,早睡。

初十日

三更起,下园子随班祝嘏。归,在黑寺饭彭山屺处,又至镜海丈处久谈,晡时始归。夜作云阶寿序毕。

十一日

早起。饭后崙仙来。是日走会馆,饭心斋处。申正归。夜作尧阶寿文完。

十二日

早起,将尧阶文誊真。是日,甚倦。有客:岱云、正斋。下半天小珊来,久坐。

十三日

早起。饭后走竺虔处,又至岱云处。归,西垣等来。下半天,写寿屏一幅半。夜,写阴骘文一半。

十四日

早起。是日写六幅半寿屏,申正完。出门拜客。夜至丁诵荪家谈。是日接家信,丹阁叔入泮。

十五日

早,至城隍庙拈香。又至会馆拈香。又各处拜客。至申初归。是日邀心斋吃饭。晡时散。与九弟步至小珊处,更初步月归。

十六日

早起。饭后收拾房屋,检点书籍,写阴骘文半纸。下半天有客。

十七日

早起,温《诗·豳风》。饭后阅《汉书》《张骞李广利传》、《司马迁传》。下半天,木匠在家。夜写家信二封、丹阁叔信一封、元堂师信一封。

十八日

早起,温《诗·小雅·鹿鸣》至《采薇》。饭后客来。剃头。圈《汉书》《武五子传》、《严助朱买臣传》。出门拜客九家。黎月桥邀饮,更初始归。

十九日

早起。为九弟点生书。自温《诗·出车》至《湛露》。饭后阅《汉书》吾丘寿王、主父偃、严安、徐乐、终军、王褒、贾捐之传,《东方朔传》,共三十二页。俪裳、崈仙来,久谈。中饭后,写回拜庶常帖子。有客来。夜,写册页一开。

廿日

黎明起,为九弟点生书。温《诗经·彤弓》至《祁父》。饭后圈《汉书》公孙贺、刘屈氂、车千秋、王䜣、杨敞、杨恽、蔡义、陈万年、陈咸列传,杨王孙、胡建、朱云、梅福、云敞列传。陈岱云、李十一来,与同查写为梅霖生死后寄各处讣信共三十六封。因留吃饭。是日,九弟生辰,至酉正散。又去晏同甫处，托同寄信，岱云邀至伊寓，二更始归。

廿一日

黎明起，温《诗·祁父》至《节南山》。饭后，圈《霍光金日䃅传》。日中写应酬字，嫌太光。下半天仍写字。夜改九弟文半篇。

廿二日

黎明起，温《诗·繁霜》。早饭后圈《赵充国辛庆忌传》，傅介子、常惠、郑吉、甘延寿、陈汤、段会宗传。出门拜客，饭唐瑶阶家。下半天归，有客。夜查数。

廿三日

黎明起，温《诗经》《十月之交》、《雨无正》二篇。饭后，阅《汉书》隽不疑、疏广、于定国、薛广德、平当、彭宣传，王吉、贡禹、两龚、鲍宣传。为九弟改文。下半天写对联八付，走梁俪裳处谈。

廿四日

黎明起，为九弟点书。温《诗经》《小旻》、《小宛》、《小弁》。饭后阅《汉书》《韦贤传》、《魏相丙吉传》，眭弘、夏侯始昌、夏侯胜、京房、翼奉传。写小条子一张。下半天，走徐芸渠、黄正斋处谈，至二更散。

廿五日

黎明起，为九弟点生书。温《巧言》《何人斯》《巷伯》《谷风》《蓼莪》，共五章。饭后，岱云来，邀同至月乔处拜寿。归，圈《汉书》《李寻传》，赵广汉、尹翁归、韩延寿、张敞传。申刻，写对联一付。走月乔处吃饭，三更始散。是日儿子跌伤眼眶，因手中有箸，跌去，箸抵眼角，入皮半分，青肿见面。幸祖宗神灵，为之默佑，若移过半分，则凿入目中矣。

廿六日

早起，温《诗经》《大东》、《四月》、《北山》、《大车》、《小明》。饭后圈《汉书》《王尊传》、《盖诸葛刘郑孙毋将何传》、《萧望之传》数页。下半天走会馆，送邹云阶行。晚，早睡。

廿七日

早起，送徐芸渠、黄正斋行。日中走拜戴莲溪寿。归，阅《萧望之传》完。雨三来邀，同走莲溪处中饭，二更始散。

廿八日

为钱崙仙之年伯母作寿序。下半天走会吴和甫。

廿九日

作寿序，至日盱始完。走小珊处谈，归，将寿文送崙仙处。

卅日　冷

晏起。昨日作寿文甚觉其倦。饭后出门闲游，走崙仙处。因同崙仙走少鹤处围棋。未正始归，有客。夜，看账。

九 月

初一日　　大冷

黎明起，走会馆拈香。归，圈《汉书》《冯奉世传》、《宣元六王传》、《匡衡张禹孔光传》。下半天走雨三处、寄云处、敬堂处。夜归，早睡。是日早起，吃烟，口苦舌干，甚觉烟之有损无益，而刻不能离，恶湿居下，深以为恨。誓从今永禁吃烟，将水烟袋捶碎。因念世之吸食烟瘾者，岂不自知其然？不能立地放下屠刀，则终不能自拔耳。

初二日

早起，温《诗经》《鼓钟》、《楚茨》。饭后，走俪裳处拜寿。因走蔡春帆处、崙仙处、少鹤处。归，阅《汉书》马宫传，《王商史丹傅喜传》、《薛宣朱博传》。下半天，小珊来，余走吴和甫处。

三十年为一世。吾生以辛未十月十一日，今一世矣。聪明日减，学业无成，可胜慨哉！语不云乎"往者不可谏，来者犹可追"。自今以始，吾其不得自逸矣。道光辛丑初度日识。

十二日

晏起。饭后披点《汉书·匈奴传》三十页。熊秋白来，彭山纪武举在寓早饭。饭后，陈岱云同年来寓，扯同走郑小山处，谈至二更尽。归，批《韩昌黎文集》二十页。

十三日

晏起。饭后披点《汉书》《东南夷两粤朝鲜传》、《西夷传》上卷，写对联四首、行书单条四张。陈岱云邀吃晚饭。饭后,陈同来寓。更初,圈韩文杂文四十页,记《茶余偶谈》二则。是日许吉斋放甘肃知府。

十四日

早起,温《诗经》《云汉》下三篇。早饭后,阅《汉书·西域传》下卷、《外戚传》至赵飞燕止。有客二次。步走许师处贺喜,便至崙仙处一谈。归,披韩文书启三十页,记《茶余偶谈》二则。

十五日

早起,走会馆拈香,旋拜客两家,归。早饭后,阅《汉书》《外戚传》、《元后传》、《王莽传》上卷,共四十七页。晚饭后走恽浚生处一谈。灯后,阅韩文书廿五页,记《茶余偶谈》四则,作上贺耦庚先生书半篇。夜深,雪,至次日辰正。

十六日

早起,温《诗经》"奕奕梁山"下四篇。早饭后,阅《汉书·王莽传》中卷廿三页。毛寄云来,久谈。作上耦庚先生书后半篇,至更初止。阅韩文廿页。记《茶余偶谈》二则。

十七日　早,雪

起,温《诗经·颂》首四章。饭后阅《汉书·王莽传》下卷、《叙传》两卷,共五十二页。《汉书》是日读完。陈岱云来,邀同走廖钰夫师拜寿。归,晚饭。检书整齐。夜,阅韩文书序共三十页。记《茶余偶谈》二则。接家信。

十八日

早起,温《诗》,至《臣工之什》。早饭后,阅《明史》《太祖本纪》、《建文本纪》,至灯时毕。夜阅韩集廿页,记《茶余偶谈》二则,写陈碧帆信一封。

十九日

晏起。饭后阅《明史·成祖本纪》。旋写家信四页。灯时封发。夜,记《茶余偶谈》一则,阅韩文序、祭文共廿五页。

廿日

早起。客来，留吃饭。饭后阅《明史》仁宗、宣宗、英宗本纪。岱云来，邀同走樾乔先生处。归，阅《景帝本纪》。晚饭，走小珊处，二更归。记《茶余偶谈》三则，阅韩文十页。

廿一日

早起，阅《明史》三页。饭后阅英宗后纪，宪宗、孝宗本纪。客来。旋写上贺耦庚书，得千字，写至二更完。记《茶余偶谈》三则，阅韩文六页。

廿二日

晏起。温《诗经》三页。饭后剃头，阅《武宗本纪》。出门拜客，至酉初归。是日，李碧峰来余家住。下半天陪客。夜，记《茶余偶谈》一则，阅韩文墓志铭三十页。是夜，接家信一件。

廿三日

早起。岱云来饭寓，饭后招同走月翁处看折子，旋归。胡砚山来寓，欲与余围棋，因对四局，彼皆输。旋看《世宗本纪》，至灯时完。记《茶余偶谈》一则。写李双圃信一封。

廿四日

早起，温《诗经》五页。饭后阅穆宗、神宗、光宗本纪。旋写杂诗寄耦庚先生。下半天封信。灯后，记《茶余偶谈》二则。写折扇一柄，阅韩文廿页。

廿五日

早起。因是日要出门，早即看史：《熹宗本纪》。饭后，阅《思宗本纪》。崙仙来。未初，出门拜客三、四家，饭春皆处，更初归。记《茶余偶谈》二则。是日得派国史馆协修官。

廿六日

早起。饭后走雨三处。因渠来两次，在渠处下棋，日中归。阅《后妃列传》

至灯时止。记《茶余偶谈》一则,看韩文廿页。

廿七日

早起,温《诗经》。饭后阅《诸王列传》廿页。萧史楼来,雨三来,崙仙来,俪裳来。走许老师处下帖,崙仙处吃饭。走小珊处借银,二更归。为九弟点文一首,又与九弟谈读书事宜,至三更尽止。

廿八日

四更初起,走乾清门外谢恩。为蠲免本年岳州一带被水税粮,天明时,在宫门外行九叩礼。出,走拜罗苏溪前辈。罗于昨日来京陛见。旋与同乡诸公在东兴居便饭。饭后,同至琉璃厂买《周易折中》《庄子》《大学衍义》。未初,走会馆,唐诗甫邀饮,至二更尽散,归。是日早起,并夜阅《诸王列传》十余页。

廿九日

早起,温《诗经》三章。饭后上国史馆办志,未正归。下半天有客。晡时,走寄云处,下棋三局,归。阅韩文卅页,记《馈贫粮》。

卅日

早起,温《诗·鲁颂》完。饭后阅《诸王传》廿页。改九弟文,"人焉瘦哉"二句一半。中饭后,岱云来,坐至更初。旋将九弟文改完。阅韩文廿五页。

十一月

初一日

早起,至会馆敬神。彭山屺留吃饭。饭后走田敬堂处拜寿,午正归。阅《诸王传》四十页,至灯后。旋记《茶余偶谈》二则。阅韩文十五页。早起,在车上温《诗经·商颂》。

初二日

早起,阅《周易折中》十页。饭后阅《三王传》十页。彭山屺来。写家信一封。留客吃饭。饭后同岱云走小山处。归,作墓志铭一首。

初三日

早起,为母亲寿辰设堂拜祝。饭后即与岱云走会馆送彭山屺行。旋在湖广馆公饯罗苏溪一天。夜洗脚。为九弟点文一首,圈韩文十五页。

初四日

早,晏起。饭后出门谢寿,拜客数家,饭岱云处,夜方归。阅韩文卅页。

初五日

早起,阅《易折中》廿页。饭后阅《三王传》。吴子序来谈《易》。曹西垣来吃晚饭。灯下,查十月数。旋记《茶余偶谈》三则。

初六日

早起,阅《易折中》六页,饭后阅《公主传》、韩林儿等传。出门送分资,买药,归。又走会馆拜客,夜归。记《茶余偶谈》二则,阅韩文二十页。

初七日

早起,为九弟点书,阅《易经》七页。饭后阅张士诚、明玉珍、方国珍、李思贤传,王保保、陈友定传。夜记《茶余偶谈》二则。为九弟改文一首。

初八日

早起,为九弟点书。阅《易经·坤卦》。饭后,剃头。走文昌馆,请吉斋师,二更方归。为九弟选文。

初九日

早起。阅《易经·屯卦》。饭后走岱云处,为年伯母寿。日中,阅徐达、常遇春、李文忠传。夜点文与九弟读,记《茶余偶谈》一则,阅韩文卅页。

初十日

晏起。饭后写应酬字三张,代史楼作对联二付。黎月翁来。走岱云处吃饭,夜归。春皆来,二更始去。阅韩文卅页。是日阅韩文终。

十一日

晏起。饭后阅《易·蒙卦》。旋阅李文忠、邓愈汤和沐英传,冯胜传,友德、廖永忠、蓝玉传。是日,小儿伤风,请小山来开方,吃药。夜记《茶余偶谈》二则。

十二日

早起。昨夜儿子不好,天未明即起。看《易·需卦》。饭后,至小山处问方。日中崙仙来,长谈。下半天,为岱云作对联。夜,为九弟改文一首。儿子尚未好。

十三日

早起。饭后,频有客。因儿子不好,未尝看书。下半天有客,谈至二更。小山又来看病。夜二更,内人不受煤气,大呕吐。儿子已四日不饮食。

十四日

早起。饭后岱云来，邀同至湖广馆拜寿。归，走许师处。下半天请小山开方医小儿，大约病症一由受寒，一由煤气蒸逼，一由停滞也。是日与昨日全未看书。是夜，为九弟选文三本。

右选文分三种：气体高浑，格调古雅，可以传世无疑者，为一种；议论郁勃，声情激越，利于乡会场者，为一种；灵机活泼，韵致妍妙，宜于岁科小试者，为一种。不分时代，不论题之大小，即其所分之三种，亦有可移易者。要之，吾之所见如此。以是为课弟之本云。

十五日

早起，走会馆行香。归，早饭。是日内人将分娩。余亦未至书房看书。儿子请太和堂王医来诊治。夜二更尽，内人生一女。是夜，与九弟同守一夜，不睡。儿子病，甚烦闷，哭泣不时。所雇者仆妇已于昨日开销，小婢又不中用。是日夜，甚劳。断脐及一切事，即内人亲手经理。

十六日

早，料理房内诸事。饭后请小山来看儿子病，又与九弟抱护儿子，并料理内人医药。日中少睡，夜早睡。儿子甚吵闹。

十七日

早起。儿子病愈，系吃小山方。是日为生女汤饼之会，家亦无客。小山复来看病。真可感也。

十八日

早起。儿子渐吃冻米诸物。日中，余出门拜客，灯时始归。复走小山处，谈及儿子病及内人产后调养法，因言城外送老师事。

十九日

犹以儿子及内人诸琐事未读书，仅写家信一件。陈岱云未初来，九弟留吃饭。夜荆七因事忤九弟，余亦素恶其跋扈，是夜开销他去。

廿日

早起。走王翰城家。是日为翰城生辰，申正始散，归已天黑。夜，与九弟同在上房谈天。旋至许师并崙仙处。

廿一日

早起。在家一天抱护小儿，无所事事。夜，阅《大学衍义》五卷，过笔断句。

廿二日

早起，出彰义门，送许吉斋师之甘肃太守任，申初归。走萧史楼处一谈。夜，阅《大学衍义》三卷。

廿三日

早起，走汤中堂师处拜寿。旋上国史馆早饭。旋走杨朴安、穆中堂、唐镜翁处，申正归。为九弟讲《大学》"格物致知"之道。查数。旋看《大学衍义》。

廿四日

早起，无所事事。饭时，岱云来，共饭。伊为史云饯行，邀余走伊家陪客，吃至更初始散。

廿五日

早起，阅《易经》《讼》、《师》二卦。饭后阅《明史》十余页。剃头。客来。又请小山看内人病。夜为九弟看文，未完。

廿六日

早起，读《比卦》。饭后走杜兰溪处拜寿。拜客数家，归。旋走黄子寿处、钱崙仙处久谈。灯后方归。

廿七日

晏起。饭后写季仙九师信，未完。岱云来，邀同走黄琴坞家吃饭。更初，归。为九弟点文一首,旋写季师信完,又写罗苏溪信一件。

廿八日

写信八封。早读《易·小畜卦》。

廿九日

为祖母大人寿辰,早起,焚香庆祝。旋走小山处,饭后归,拟写信。午正,岱云来,留吃晚饭。夜走寄云处,与观亭对弈。归,写信三封。鸡鸣始睡。

十二月

初一日

早起,走会馆行香。旋走各处谢寿,未初归。偕九弟将昨两日信封好。夜,早睡。阅《大学衍义》四十页。

初二日

晏起。饭后至岱云处。旋走镜海先生处。陪弟晚至小山处。夜归,睡。

初三日

早起,小山来。饭后有客。下半天,走史楼处。旋走寄云处,与观亭对奕。归,写信二件。

初四日

早起,读《易·履卦》。饭后出门,换银卖鹿肉,归。小睡,陪客三起。夜点文一首,改九弟《其丽不亿》文完。阅《大学衍义》三十页。

初五日

晏起。饭后有客。旋至史楼处送行。归,写信二封。走毛寄云处吃中饭,更初归。早睡。是夜,人不爽快。

初六日

晏起。饭后阅《制义存真集》拟选文一部,分三册:一册初学必读之篇,一册千人共见之技，一册历劫不磨之文。是日阅文二本。

初七日

晏起。饭后有客。旋看文浦氏《制艺偶钞》初编，未正看完。晚饭后，走小山处，更初归。又看文一本。

初八日

晏起。饭后竺虔来寓。招同郭雨三、陈岱云、仓少坪往法源寺吃腊八粥，归。旋走会馆，吊李虞臣之死，酉正归。夜看《制艺》廿篇。

初九日

晏起。郭雨三来，为我诊脉，言甚虚弱也。饭后，频有客。看《制艺》数十篇。是日，接仙九师信。

初十日

晏起。饭后看《制艺》数十篇。岱云来，招同走钱崙仙、黎樾乔处。因在樾翁处晚饭，痛谈时事，更初始归。早睡。

十一日

晏起。饭后走小山处，旋归。阅《制艺》数十篇。晚至吴和甫处。

十二日

晏起。走竹如处诊脉，竹如教以静坐法，谓可不药有喜。旋走周华甫家早饭。走顺城门大街买衣未得，出城，回拜杨春皆、谢代赍，归。下半天，静坐。夜阅《人谱》一遍。

十三日

早起，静坐。饭后阅《大学衍义》二卷。静坐二时。中饭后，走毛鸿宾、寄云同年处，久谈。晤岱云及雨三兄弟。观亭强余围棋，勉与同局。

十四日

早起、写郭、胡、砚珊小条三行，饭后写完。走岱云处议事。岱云拟欲送家眷南旋,昨日邀余走伊家商量,余谓此事非他人所能参谋。岱云意犹豫不决,留我吃饭。饭后,余少青在岱云处长谈,又同走郑小山前辈处。因小山夫人言将来我家,故去走邀。夜归,与九弟言读书事。九弟悔从前读得不好,若再不认真教他,愈不能有成矣。余体虽虚弱,此后自己功夫尚可抛弃,万不可〈不〉教弟读书也。

十五日

早起,走会馆行香。拜客十余家,午初回。写甄甫师信。请客一席。夜深始散。是日为小女满月。

十六日

晏起。饭后岱云来,邀同走砚珊处送行。归,写坦斋师信。静坐。夜为九弟点文一首,复静坐。

十七日

早起,阅《大学衍义》,是日共阅二本。午正及灯上,静坐两时。大雪自早至夜未歇。夜,接家信。为九弟改本日文一首,题《周有大赉,善人是富》。日中写册页一开。

十八日

早起,静坐。饭后,竺虔来请听戏,同至三庆园观春台部演剧,申正归。灯上,静坐,旋写四弟、六弟信一件,约千字。

十九日

早起,静坐。饭后料理银钱。岱云来,邀同走琉璃厂买书。因步至岱青先生家,留吃晚饭,更初归。

日记　道光二十二年

十 月

初一日

丑初起，至午门外迎送圣驾。在朝房不能振刷出拜。杨朴庵论《四书》文有诞言。至会馆敬神，饭周华甫处，言不由中。拜倭艮峰前辈，先生言"研几"功夫最要紧，颜子之有不善，未尝不知，是研几也。周子曰："几善恶。"《中庸》曰："潜虽伏矣，亦孔之照。"刘念台先生曰："卜动念以知几。"皆谓此也。失此不察，则心放而难收矣。又云：人心善恶之几，与国家治乱之几相通。又教予写日课，当即写，不宜再因循。出城拜客五家，酉正归寓。灯下临帖百字。

初二日

辰初起，静坐片刻，读《易·咸卦》。饭后昏昧，默坐半刻，即已成寐。神浊不振，一至于此。读《咸卦》，卦象辞能解，《系传》释"九四爻"，不知其意，浮浅可恨。静坐，思心正气顺，必须到天地位、万物育田地方好。昏浊如此，何日能彻底变换也。午正，金竹虔来长谈。平日游言、巧言，一一未改，自新之意安在？饭后，走恽浚生处商公事。灯后，临帖二百字。读许文正公语录，涉猎无所得。记昨日、今日事。

初三日

一早，心嚣然不静。辰正出门拜何子敬，语不诚。至岱云处，会课一文一诗，誊真，灯初方完。仅能完卷，而心颇自得，何器小若是！与同人言多尖颖，故态全未改也。归，接家信。岱云来，久谈，彼此相劝以善。予言皆己所未能而责人者。岱云言余第一要戒"慢"字，谓我无处不著怠慢之气，真切中膏肓也。

又言予于朋友，每相恃过深，不知量而后入，随处不留分寸，卒至小者龃龉，大者凶隙，不可不慎。又言我处事不患不精明，患太刻薄，须步步留心。此三言者皆药石也。天头：直哉，岱云克敦友谊。默坐，思此心须常有满腔生意；杂念憧憧，将何以极力扫却？勉之！复周明府乐清信。利心已萌。记本日事。

初四日

早起，读《咸卦》，较前日略入，心仍不静。饭后往何家拜寿，拜客五家。归，吴竹如来。长谈，彼此考验身心，真畏友也。艮峰先生来。对二君，心颇收摄。竹如言"敬"字最好，予谓须添一"和"字，则所谓敬者方不是勉强把持，即礼乐不可斯须去身之意。躬行无一，而言之不怍，岂不愧煞！黎月乔前辈来，示以近作诗。赞叹有不由中语，谈诗妄作深语，己所不逮者万万。丁诵生来，应酬言太多。酉正走何子贞处，唱清音，若自收摄，犹甚驰放，幸少说话。酒后，与子贞谈字，亦言之不怍。一日之间，三犯此病，改过之意安在？归，作字一百，心愈拘迫，愈浮杂。记本日事。又酒时忽动名心，为人戒之。

初五日

早起，高诵养气章，似有所会，愿终身私淑孟子。虽造次颠沛，皆有孟夫子在前，须臾不离，或到死之日可以仰希万一。昏浊如此，恐旋即背弃也。戒之！读《易》《恒卦》、《遯卦》，无心得。会客三次。未正，走冯树堂处，看树堂日课，因与语收摄之方，无诸己而责诸人，可耻！且谈时心有骄气，总由心不虚故。归寓静坐，一时成寐。何不振也！饭后，岱云来，谈诗、字心得。语一经说破，胸中便无余味，所谓德之弃也。况无心得，而有掠影之谈乎？临帖二百字。记本日事。作字时，心颇活泼。

初六日

早，读《易·大壮卦》彖、大象，正与养气章通。爻辞无所得，心粗不入故也。饭后，剃发。了俗事数件。复读《易》，仍无得。临帖二百字，写对联、条幅十余纸。饭后心杂，灯下拟作题图诗，意欲求工，反不能成一字。一时游思纷至，客气上浮，此数日意图自新，竟与从前何异？静字全无功夫。欲心之凝定，得乎？记本日事。

初七日

早，读《晋卦》，颇融惬。"罔孚，裕，无咎。"裕，难矣。《中庸》"明善诚身"一节，其所谓裕者乎？饭后进城看房子，晤竹如，同谒唐先生，久坐。出城拜客六七家。力惩简慢之咎，已入于巧令矣。酉末归，作字一百。灯后，又作一百。走岱云处，商应酬事三端，言太多。归，作诗十六句，未成。精神要常令有余，于事则气充而心不散漫。本日说话太多，吃烟太多，故致困乏，都检点过不出来，自治之疏甚矣！记本日事。

初八日

早，诵养气章。读《易》，仅三页，即有俗事来扰，心亦随之而驰。会客二次。饭后，心不静，不能读《易》，因为何子贞题画梅卷子。果能据德依仁，即使游心于诗字杂艺，亦无在不可静心养气。无奈我作诗之时，只是要压倒他人，要取名誉，此岂复有为己之志？未正诗成。何丹溪来，久谈，语多不诚。午正，会客一次，语失之佞。酉正客散。是日，与人办公送礼，俗冗琐杂可厌，心亦逐之纷乱，尤可耻也。灯后，何子贞来，急欲谈诗，闻誉，心忡忡，几不自持，何可鄙一至于是！此岂复得为载道之器乎？凡喜誉恶毁之心，即鄙夫患得患失之心也。于此关打不破，则一切学问才智，适足以欺世盗名为已矣。谨记于此，使良友皆知吾病根所在。与子贞久谈，躬不百一，而言之不怍，又议人短，顷刻之间，过恶丛生，皆自好誉之念发出。习字一百，草率记本日事。

初九日

大人寿辰。辰正陪客，至申初方散。酒食太菲，平日自奉不俭，至亲前反不致隆，何不加察也？客散后，料俗事数件。晡时，走小珊处。小珊前与予有隙，细思皆我之不是。苟我素以忠信待人，何至人不见信？苟我素能礼人以敬，何至人有慢言？且即令人有不是，何至肆口漫骂，忿戾不顾，几于忘身及亲若此！此事余有三大过：平日不信不敬，相恃太深，一也；比时一语不合，忿恨无礼，二也；龃龉之后，人反平易，我反悍然不近人情，三也。恶言不出于口，忿言不反于身，此之不知，遑问其他？谨记于此，以为切戒。与小珊、竺虔谈甚久，总是说话太多。两日全未看书，且处处不自检点，虽应酬稍繁，实由自新之志不痛切，故不觉放松耳。记本日事。

初十日

早，读《明夷卦》，无所得。饭后，办公礼送海秋家，烦琐。出门，谢寿数处，至海秋家赴饮。渠女子是日纳采。座间，闻人得别敬，心为之动。昨夜，梦人得利，甚觉艳羡，醒后痛自惩责，谓好利之心至形诸梦寐，何以卑鄙若此！方欲痛自湔洗，而本日闻言尚怦然欲动，真可谓下流矣！与人言语不由中，讲到学问，总有自文浅陋之意。席散后闲谈，皆游言。见人围棋，跃跃欲试，不仅如见猎之喜，口说自新，心中实全不真切。归，查数，久不写账，遂茫不清晰，每查一次，劳神旷功。凡事之须逐日检点者，一日姑待后来补救，则难矣！况进德修业之事乎？是日席间，海秋言人处德我者不足观心术，处相怨者而能平情，必君子也。此余所不能也。记本日事。

十一日

三十二初度。同年十人在寓中会课。绝早客来，灯后方散。出题太难，又以生辰，同人皆不完卷，余亦不作，无恒！主人气先散漫，故众亦懒散，说话又多戏谑。是日，酒食较丰，而大人寿辰反菲，颠倒错谬，总由不静故。应酬稍繁之时，便漫无纪律。戏作自寿诗，限三讲全韵。以己之能病人，浅露极矣！客散后，走何子贞处。夜已深，尚不在家静养，何浮躁也！与子敬久谈后，子贞归。后，兄弟立次予自寿诗韵，欣羡其才，何为人鹜外之见如此其重，而为己之志如此其不坚也。真浊物矣！归已三更。今日精力疲乏，明日读书，必不入。记本日事。

十二日

起晏。作《初度次日书怀》诗一首。饭后，读《易·家人卦》，心不潜入。言物行恒，诚身之道也，万化基于此矣。余病根在无恒，故家内琐事，今日立条例，明日仍散漫，下人无常规可循，将来莅众，必不能信，作事必不能成，戒之！未正，冯树堂来，阅予日课，云："说得已是，须切诚而致行之耳。"申初出门，拜客谢寿。晚归，作《忆弟》诗一首。数日心沾滞于诗，总由心不静故。不专一，当力求主一之法，诚能主一，养得心静气恬，到天机活泼之时，即作诗亦自无妨。我今尚未也，徒以浮躁之故，故一日之间，情志屡迁耳！查数，许久乃晰。记本日事。

十三日

早起,读《易·睽卦》。凡睽起于相疑,相疑由于自矜。明察我之于小珊,其如"上九"之于"六三"乎?吴氏谓合睽之道,在于推诚守正,委曲含宏,而无私意猜疑之弊,戒之勉之!此我之要药也。习字一百。未正,走岱云处,与渠同请客一席,至三更方散。是日,口过甚多,中有一言戏谑,非特过也,直大恶矣!同人射覆,有求胜心;夜深对客,有慢易之态。客去,与易莲舫论食色之非性。谈理时,心颇和平。

十四日

起晏。心浮不能读书,翻《陈卧子年谱》,涉猎悠忽。饭后,读《易·蹇卦》。因心浮,故静坐,即已昏睡,何不自振刷也!未初,客来,示以时艺,赞叹语不由中。予此病甚深。孔子之所谓巧令,孟子之所谓餂,其我之谓乎?以为人情好誉,非是不足以悦其心,试思此求悦于人之念,君子乎?女子小人乎?且我诚能言必忠信,不欺人,不妄语,积久人自知之。不赞,人亦不怪。苟有试而誉人,人且引以为重。若日日誉人,人必不重我言矣!欺人自欺,灭忠信,丧廉耻,皆在于此。切戒,切戒!接次客来,申正方散。写联二付。灯后,仍读《易》,心较静。作《忆弟》诗一首。誊本月诗。记昨日、今日事。

十五日

早起,读《易》数页。走会馆敬神。拜客数家。访竹如,不值,饭杜兰溪处。谒房师季仙九先生。自庚子送别,今始服阕入都,容颜较老矣。归寓,竹如来,久谈。竹如说理,实有体验,言舍"敬"字别无下手之方,总以严肃为要。自问亦深知"敬"字是吃紧下手处,然每日自旦至夜,瑟偂赫喧之意曾不可得,行坐自如,总有放松的意思,及见君子时,又偏觉整齐些,是非所谓掩著者耶?《家人》"上九"曰:"有孚威如。"《论语》曰:"望之俨然。"要使房闼之际、仆婢之前、燕昵之友常以此等气象对之方好,独居则火灭修容。切记,切记!此第一要药。能如此,乃有转机,否则堕落下流,不必问其他矣。接次会客,酉正方散。灯后,冯树堂来,与谈礼乐不可斯须去身之义,甚畅然。只是善谈,何益于己?乏甚,早寝。

十六日

晏起。一早东翻西望。饭后，读《解卦》，无所得。昨日既未读书，乃不爱惜精神，致本日仍然昏散，不能入理。至未初时阅书，几茫昧不解。家祖明年七十正寿，意欲称觞致庆，因走寄云、雨三处商此事，旷功二日矣。归已暝。灯后，记昨日、今日事。临帖二百字。记《茶余偶谈》二则。心颇怡悦，读许文正遗书，无所得。

十七日

早起，读《损卦》，心颇入。饭后散漫。午正客来，誉人仍言不由中。巳刻，冯树堂来，与论"虚"字之体用及《大家》要略。树堂极虚心，我所不及。读书穷理，不办得极虚之心，则先自窒矣。未正，出门拜客一家，饭杜兰溪处，渠为其子授室，晡时散。走何子敬处，渠生辰，明知尽可不去，而心一散漫，便有世俗周旋底意思，又有姑且随流底意思。总是立志不坚，不能斩断葛根，截然由义，故一引便放逸了。戒之！更初归，习字一百，作《怀人》诗十二句，未成。本月在何宅听唱昆腔，我心甚静且和，因思古乐陶情淑性，其入人之深当何如？礼乐不兴，小学不明，天下所以少成材也。吾齿长矣，而诗书六艺一无所识，志不立，过不改，欲求无忝所生，难矣！记本日事。

十八日

晏起，作诗廿句，饭后仍作诗。自定课程，以读《易》为正业，不能遵守，无恒！巳初，吴子序来，问以《咸卦》《解卦》，俱说得好。午初，吴竹如来，深以"敬"字见教，交相箴勖，酉初方散。饭后已黑。灯下，因足成《怀刘孟容》诗，三更始就。是日，全未读书，与竹如对，神颇收摄。构思时交股支肘，困顿不敬。

十九日

仍晏起。誊昨夜诗。翻《元遗山集》，涉猎悠忽，可恨！饭后，读《易·益卦》。倦。静坐，即已成寐，昏杂极矣。午正，易莲舫来久谈。问"正心"，余不能答，申初去。日来颇有数友晤，辄讲学中无所得，而以掠影之言欺人，可羞，慎之！饭后，会客一次。静坐不得力。夜读《易》，思《咸》《恒》《损》《益》四卦，可合之得虚心实心之法，竟不能明透，粗浅之至。记昨日、今日事。两日应酬，分资较周到，盖余将为祖父庆寿筵，已有中府外厩之意，污鄙一至于此！此贾竖器量也。不速变化，何以为人！

廿日

早起，作《忆九弟》五律二首。饭后，读《夬卦》《姤卦》。读书时，心外驰，总是不敬之咎，一早清明之气，乃以之汩溺于诗句之小技，至日间仍尔昏昧。已正会客一次。申初进城看房子，便拜客三家，灯时始归。车上有游思。归，乏甚。夜读《夬》《姤》二卦，颇入。记《茶余偶谈》一则。日内不敬不静，常致劳乏，以后须从"心正气顺"四字上体验。谨记谨记！又每日游思，多半是要人说好。为人好名，可耻！而好名之意，又自谓比他人高一层，此名心之症结于隐微者深也。何时能拔此根株？

廿一日

晨醒，贪睡晏起，一无所为，可耻。饭后，读《易》仅两页。竺虔来，久谈。接九弟信，喜已到省，而一路千辛万苦，读之深为骇悸。又接郭云仙信并诗。两信各一二千字，读之又读，兄弟友朋之情，一时凑集。未正出门，为办公礼事，拜客三家，归。饭后，岱云来，谈至三更。说话太多，神倦，心颇有骄气。斗筲之量，真可丑也。岱云每日功夫甚多而严，可谓惜分阴者，予则玩世不振。客去后，念每日昏锢，由于多吃烟，因立毁折烟袋，誓永不再吃烟。如再食言，明神殛之！

廿二日

早起，读《萃卦》，心颇入，总有浮气。饭后，读《升卦》，未毕。走晏同甫处拜寿，便拜黎樾乔前辈。渠今日请客，因被留住谈诗。又是说话太多，举止亦绝无瑟僴之意。灯后归。接家信，大人教以保身三要：曰节欲、节劳、节饮食。又言凡人交友，只见得友不是而我是，所以今日管鲍，明日秦越，谓我与小珊有隙，是尽人欢竭人忠之过，宜速改过，走小珊处，当面自认不是。又云使气亦非保身体之道。小子读之悚然。小子一喜一怒，劳逸痾痒，无刻不萦于大人之怀也。若不敬身，其禽兽矣。仍读《易》数刻。记昨日、今日事。翻阅杜诗，涉猎无所得。

廿三日

早起，去雨三家会课，同人闲话甚久，巳正尚未动笔。饭后，余逃课归，走寄云家谈，因与围棋一局。归，剃发。读杜诗，涉猎。出门拜客三家。遇树堂，见其静整有进境。归，灯后写册页一开，临帖二百五十字。是日会课，即宜守规敬事，乃闲谈荒功，又溺情于奕。归后数时，不一振刷，读书悠忽，自弃至矣。乃以初戒吃烟，如失乳旁徨，存一番自恕底意思。此一恕，天下无可为之事矣。急宜猛省。记本日事。

廿四日

早起，读《困卦》，心驰出，不在《易》而在诗，以昨日接筠仙诗，思欲和之故也。饭后，强把此心读《易》，竟不能入，可恨！细思不能主一之咎，由于习之不熟，由于志之不立，而实由于知之不真。若真见得不主一之害心废学，便如食乌喙之杀人，则必主一矣。不能主一，无择无守，则虽念念在四书、五经上，亦只算游思杂念，心无统摄故也。况本为歧念乎？午正走岱云处，闻窦兰泉论予为祖寿称觞云："承父命则可，非承命则俗也。"论事最显而确，因决计不称庆。走何子贞处谈诗，夸诞。归，翰城来。饭罢，天黑，一日闲游荒业，可愧可恨！夜作《答筠仙》诗四首。

廿五日

早起。因昨诗未成，沾滞一辰。饭后，办公礼送穆世兄吉席。退文昌馆寿筵，摒挡一时。又作诗二首。未正走金竺虔处，不直，归。昨日今日，俱无事出门，如此大风，不能安坐，何浮躁至是！静坐功夫，须是习熟，不勉强苦习，更说甚？作书复筠仙，并诗，计千五六百字，更初乃毕。抄艮峰先生日课，将寄舍弟，共三页。记昨日、今日事。日来自治愈疏矣，绝无瑟㥷之意，何贵有此日课之册！看来只是好名。好作诗，名心也。写此册而不日日改过，则此册直盗名之具也。亦既不克痛湔旧习，则何必写此册？

廿六日

早起。读《易·井卦》，不入。巽乎水而上水，颇悟养生家之说。巳正读《易》，未毕，唐先生来。未初，竹如兄来谈甚久。写信与弟，计三千字。又作楷书禀堂上，三更方毕。自觉困乏，违大人节劳之训。

廿七日

晏起。意欲节劳，而游思仍多，心动则神疲，静则神裕，不得徒以旷功坐废为敬身，所谓认贼作子也。饭后，临帖二百字。巳正出门会竺虔、道喜两处，城内拜艮峰前辈，谒唐先生，拜竹如、窦兰泉，灯初方归。艮峰前辈言：无间最难，圣人之纯亦不已，颜子之"三月不违"，此不易学，即"日月之至"，亦非诸贤不能，"至"字煞宜体会。我辈但宜继继续续求其时习而说。唐先生言，最是"静"字功夫要紧，大程夫子是三代后圣人，亦是"静"字功夫足。王文成亦是"静"字有功夫，所以他能不动心。若不静，省身也不密，见理也不明，都是浮的。总是要静。又曰：凡人皆有切身之病，刚恶柔恶，各有所偏，溺焉既深，动辄发见，须自己体察所溺之病，终身在此处克治。余比告先生，谓素有忿很不顾气习，偏于刚恶，既而自究所病只是好动不好静。先生两言盖对症下药也。务当力求主静，如使神明如日之升，即此以求其继继续续者，即所谓缉熙也。知此而不行，真暴弃矣！真小人矣！夜，何子敬来，久谈，语多不诚，总是巧言，二更去。戏作《傲奴》诗。子敬讲字甚有益。

廿八日

醒，枕忆昨夜诗，有未安，改四句。起，思杂，静坐半时，不得力。饭后，读《革卦》。午正，竺虔、岱云来，申正始散。饭毕，已黑矣。灯后，记右三日事，又混过三日，可愤，可叹！点古文一卷。

廿九日

早起，心不静。走邵蕙西处谈，有骄气。归，蕙西来，久不见，甚觉亲切，然彼此都不近里。读《鼎卦》，不入。会客三次，总是多言，且气浮嚣。晚饭后，会二客，心简慢而格外亲切，言不诚。灯后客去。余亦出门，走岱云处。不能静坐，只好出门。天头：心不耐闲，是病。自戒烟以来，心神彷徨，几若无主，遏欲之难，类如此矣！不挟破釜沉舟之势，讵有济哉！同岱云走晤何家兄弟，词气骄浮，多不检。归，已夜深。记本日事。

十一月

朔日

晏起。走会馆敬神。至琉璃厂买书，拜客两家。至汇元堂拜田敬堂之尊人寿，因在彼应酬一日。楼上堂客，注视数次，大无礼。与人语多不诚，日日如此，明知故犯。酉正归。灯后，记《馈贫粮》，记本日事，点古文一卷。是日思存心则缉熙光明，如日之升；修容则正位凝命，如鼎之镇。内外交养，敬义夹持，何患不上达！慎之，勉之！无忘斯言，《诗》曰："颜之厚矣。"殆言躬不逮者与？

初二日

丑正起，为躅缓华容钱粮，同乡公去园子谢恩。与岱云同车，又多不逮语。同人至馆子早饭，言多谐谑。见鹤舫师归，谒唐先生。与岱云谈，有狂妄语。申正至祁幼章处饭。归，至毛寄云家，有不由中语。更初还，记《馈贫粮》半时。

初三日

母亲五十八寿辰。早起，至正阳门神庙烧香，因便访杨朴庵，渠留早饭。阅渠四书文，所诣甚深。拜客二处。归，会客一次，已申初矣。记《馈贫粮》至晚。灯后，点古文二卷，记《茶余偶谈》一则。是日不能预备寿面，意在省费也。而晡时内人言欲添衣，已心诺焉，何不知轻重耶？颠倒悖谬，谨记大过。记本日事，并昨日。

初四日

早起，读《震卦》，无所得。午初，人欲横炽，不复能制，真禽兽矣。展抶书籍，收拾房屋一时许。记《馈贫粮》一时许。饭后出门谢寿，至岱云处看渠日课。岱云近日志日坚而识日卓越。阅之喜极无言，平日好善之心，颇有若己有之之诚。而前日读筠仙诗，本日观岱云日课，尤中心好之也。与岱云同至酒馆，赴竺虔约，有谐语。更初归，读古文，不入。早寝。

初五日

早起。读《艮卦》，午正毕，心颇入。会客一次，甚久。旋窦兰泉来，言理见商，余实未能心领其语意，而妄有所陈，自欺欺人，莫此为甚。总由心有不诚，故词气虚怃，即与人谈理，亦是自文浅陋，徇外为人，果何益哉？可恨，可羞！申初，记《馈贫粮》半时。灯后，冯树堂来，渠近日养得好，静气迎人。谈半时，邀余同至岱云处久谈，论诗文之业亦可因以进德。彼此持论不合，反复辩诘，余内有矜气，自是特甚，反疑人不虚心，何明于责人而暗于责己也？归，已三更，点古文一卷，心不入，神疲故也。申正记昨日事。

初六日

早起，读《易·渐卦》。饭后，读《归妹卦》。尚未看王弼本。邵蕙西来，久谈。旋贺麓樵来，与之谈艺，有巧言。此刻下手工夫，除谨言、修容、静坐三事，更从何处下手？每日全无切实处，尚哓哓与人说理，说他何益？吴子序约吃饭，未正去，席间谐语无节。散后，走何子贞家，观人围棋，跃跃然心与之驰。归，乏甚。日来心愈浮，则言愈繁，而神愈倦。记昨日、今日事。

初七日

早起。仍读《渐》《归妹》。饭后，客来。又买衣者耽阁一时许。读《丰卦》，意欲急读完《易经》，遂草草读过，全无所得，不知此心忙着甚么，可哑然一笑也。申初，读毕。灯时，树堂来谈。树堂昨日送日课册见示，余本日午刻细读一遍，妄加批语，树堂乃深采录，虚心固胜我十倍。又索观余此册，亦不甚规弹，何树堂但知责己，而我偏工责人也？对之愧煞！谈及家庭，树堂思及失恃，语次潸然。而予喜惧之思，不甚真切，尚得为人耶？二更客去，点古文二卷。

初八日

醒早，沾恋，明知大恶，而姑蹈之，平旦之气安在？真禽兽矣！要此日课册何用？无日课岂能堕坏更甚乎？尚腼颜与正人君子讲学，非掩著而何？辰正起，读《旅卦》。饭后，读《巽卦》，一无所得。白文都不能背诵，不知心忙甚么。丹黄几十页书，如勉强当差相似，是何为者？平生只为不静，断送了几十年光阴。立志自新以来，又已月余，尚浮躁如此耶！新买缪刻《太白集》，翻阅高吟数十章，甚畅，即此可见重外轻内矣。未正，出门拜寿，拜客三家，晡时归。饭后，岱云来。余写联幅七纸，岱云欲观予《馈贫粮》本，予以雕虫琐琐深闭固拒，不欲与之观。一时掩著之情，自文固陋之情，巧言令色，种种丛集，皆从好名心发出，盖此中根株深矣。初更客去。复黄晓潭信，伪作亲厚语，意欲饵他馈问也。喻利之心鄙极丑极！即刻猛省痛惩，换写一封，作疏阔语。记昨日、今日事。昨日心境已记不清切，自治之疏极矣。三更，点古文一卷半。

初九日

早起，读《兑卦》。冯树堂来，邀同至岱云家拜年伯母寿，吃面。席间一语，使人不能答，知其不能无怨。言之不慎，尤悔丛集，可不戒哉！散后，宜速归，乃与竺虔同走何家。与人围棋一局，又看人一局，不觉耽阁一时。急抽身回家，仍读《兑卦》。申刻，走岱云家晚饭，席前后气浮言多。与海秋谈诗文，多夸诞语，更初散。又与海秋同至何家，观子贞、海秋围棋，归已亥正。凡往日游戏随和之处，不能遽立崖岸，惟当往还渐稀，相见必敬，渐改征逐之习；平日辨论夸诞之人，不能遽变聋哑，惟当谈论渐低卑，开口必诚，力去狂妄之习。此二习痼弊于吾心已深。前日云，除谨言静坐，无下手处，今忘之耶？以后戒多言如戒吃烟。如再妄语，明神殛之！并求不弃我者，时时以此相责。

初十日

晏起。读《涣卦》。树堂来，渠本日三十初度。饭后，读《节卦》。倚壁寐半时。申刻，记《馈贫粮》。旋出门拜客五家，在树堂处看渠日课，多采刍言，躬行无一，真愧煞矣！今早，名心大动，忽思构一巨篇以震炫举世之耳目，盗贼心术，可丑！灯初，归，记昨日、今日事，点古文二卷半。今早，树堂教我戒下棋，谨当即从。

十一日

早起，点古文一卷。至时苇洲处会课，懒作诗文，写折子五开半。力戒妄言，尚不多说。然有戏言，又有两语赞人不由中。傍晚归，又补写折半开。本日全未用心，亦未多讲。灯后便倦，何也？静坐片刻，不得力。记《馈贫粮》二刻。写折时，同人中有赞好者，初以字丑为愧，绝不动毁誉心，后颇以谀言为可信，比时不知其为自满也。记本日事。

十二日

晏起。日来，不能整顿一切，随事有放松的意思，遂尔精神散漫。读《易·中孚卦》，不入。拟作诗寿树堂，不成，仅得十句。饭后，作诗数刻，不获。因翻《太白集》，细玩古诗五十九首数遍。继又以缪刻无注，《乐府》多不可解。因取《乐府解题》校钞。晡时，走小珊、竺虔处闲谈。又是说话太多，幸无欺人语。归，仍抄《题解》，此所谓玩物丧志者也。因作诗而翻名人集，有剽窃底意思。《乐府题解》不细看全部，仅钞李集题，又不求真知，有苟且急遽底毛病。《易》与《古文》俱未完，而忽迁业，有无恒底毛病。总由早晨精神散漫，不能读《易》，遂生出种种毛病来。总要静养，使精神常裕，方可说功夫也。

十三日

又晏起。真下流矣！树堂来，与言养心养体之法。渠言舍静坐更无下手处，能静坐而天下之能事毕矣。因教我焚香静坐之法。所言皆阅历语。静中真味，煞能领取。言心与气总拆不开，心微浮则气浮矣，气散则心亦散矣。此即孟子所谓"志一则动气，气一则动志"也。与树堂同走岱云处早饭，席间一语欺树堂。午初归。因昨日《李集》《乐府题解》已钞一半，索性接钞，灯后，始钞完，共八页。焚香静坐一时，心仍驰放，勉强支持，犹颓然欲睡，何也？记昨日、今日事。作《题塞外课经图》诗一首，凡笔墨应酬，须即日打发，既不失信于人，此心亦大清净。

十四日

起亦不早。焚香静坐半时。饭后，誊诗送去，数月方报，不恕之至。王翰城来，谈半时去。剃发。仍静坐，不得力。枕肘睡去，醒来心甚清。点古文一卷。饭后，张楠皆、李笔峰来久坐，灯后去。点古文一卷，静坐小半时，颓然欲睡，可恨之至。细思神明则如日之升，身静则如鼎之镇，此二语可守者也。惟心到静极时，所谓未发之中，寂然不动之体，毕竟未体验出真境来。意者只是闭藏之极，逗出一点生意来，如冬至一阳初动时乎？贞之固也，乃所以为元也；蛰之坏也，乃所以为启也；谷之坚实也，乃所以为始播之种子也。然则不可以为种子者，不可谓之坚实之谷也。此中无满腔生意，若万物皆资始于我心者，不可谓之至静之境也。然则静极生阳，盖一点生物之仁心也。息息静极，仁心不息，其参天两地之至诚乎？颜子三月不违，亦可谓洗心退藏，极静中之真乐者矣。我辈求静，欲异乎禅氏入定，冥然罔觉之旨，其必验之此心，有所谓一阳初动，万物资始者，庶可谓之静极，可谓之未发之中，寂然不动之体也。不然，深闭固拒，心如死灰，自以为静，而生理或几乎息矣，况乎其并不能静也。有或扰之，不且憧憧往来乎？深观道体，盖阴先于阳，信矣。然非实由体验得来，终掠影之谈也。始记于此，以俟异日。记本日事。早寝。此所谓复其见天地之心也。次早又记。

十五日

早起，至会馆敬神，便拜客五家，巳正归。在车中看《中孚卦》，思人必中虚，不著一物而后能真实无妄，盖实者不欺之谓也。人之所以欺人者，必心中别著一物，心中别有私见，不敢告人，而后造伪言以欺人。若心中不著私物，又何必欺人哉？其所以自欺者，亦以心中别著私物也。所知在好德，而所私在好色，不能去好色之私，则不能不欺其好德之知矣。是故诚者，不欺者也。不欺者，心无私著也。无私著者，至虚者也。是故天下之至虚，天下之至诚者也。当读书则读书，心无著于见客也；当见客则见客，心无著于读书也。一有著则私也。灵明无著，物来顺应，未来不迎，当时不杂，既过不恋，是之谓虚而已矣，是之谓诚而已矣。以此读《无妄》《咸》《中孚》三卦，盖扦格者鲜矣。是日，女儿周岁，吃面，不觉已醉。出门拜客二家，皆说话太多。申正归。饭后，岱云来久谈，因同出步月，至田敬堂寓，有一言谐谑，太不检。归，作《琐琐行》诗，子初方成。

十六日

早起，誊昨夜诗，尽改换大半。饭后，走何子敬处，欲与之谈诗，凡有所作，辄自适意，由于读书少，见理浅，故器小易盈，如是可耻之至！与子敬围棋一局。前日服树堂之规而戒之，今而背之，且由我倡议。全无心肝矣。归，房闼大不敬，成一大恶。细思新民之事，实从此起。万化始于闺门，除刑于以外无政化，除用贤以外无经济，此之不谨，何以谓之力行！吾自戒吃烟，将一月，今差定矣！以后余有三戒：一戒吃烟，二戒妄语，三房闼不敬。一日三省，慎之慎之！下半天悠忽将一时，可恨！夜，作诗一首，十二早已作十句，足成之。记本日、昨日事。不读《易》，荒正业已五日矣，尚得为人乎？作"地用莫如马"二章。

十七日

早起，思将昨夜三诗誊稿，了此一事，然后静心读书。乃方誊之时，意欲求工，辗转不安，心愈迫，思愈棘，直至午正方誊好。因要发家信，又思作诗寄弟，千情缠绵，苦思不得一句。凡作诗文，有情极真挚，不得不一倾吐之时。然必须平日积理既富，不假思索，左右逢原，其所言之理，足以达其胸中至真至正之情，作文时无镌刻字句之苦，文成后无郁塞不吐之情，皆平日读书积理之功也。若平日蕴酿不深，则虽有真情欲吐，而理不足以适之，不得不临时寻思义理，义理非一时所可取办，则不得不求工于字句，至于雕饰字句，则巧言取悦，作伪日拙，所谓修词立诚者，荡然失其本旨矣！以后真情激发之时，则必视胸中义理何如，如取如携，倾而出之可也。不然，而须临时取办，则不如不作，作则必巧伪媚人矣。谨记谨记。未正，竺虔来，久谈。背议人短，不能惩忿。送竺虔出门，不觉至渠寓，归已将晚。写家信呈堂上，仅一页，寄弟信三千余字。

十八日

早起。仍欲作诗寄弟，心十分沾恋。作至未正，仅成律诗两首，已思竭神索矣。岱云来，谈一晌，与同赴周黼亭饮。更初，何子贞来，谈诗文甚知要得艺通于道之旨。子贞真能自树立者也。余言多夸诞。客去，再作诗二首。诗成，觉忆弟之情有所著矣，不似早间徬徨无措也。

十九日

早起，记十七日事。饭后，屏当公事数件。接树堂信，问日来静坐功夫，愧悚不能对。记昨日事，写应酬字二纸。走树堂处，与之久谈。树堂送我出门，嘱曰："须静坐，坐得有些端倪时，觉万事俱不如静坐也。"真说得亲切有味。归，料理公事一件，会客一次。饭后，田敬堂来谈一时。夜翻阅《黄山谷集》，涉猎，可耻。灭灯，静坐一时，略得力。然心有私著，无著则静矣，抑亦诚矣。写应酬字二纸，记本日事。

廿日

早起，焚香静坐半时。辰正，岱云来早饭，与同至刑部署内看黄兰坡。前日与树堂谈及此事，谓君子怀刑，不应轻蹈险地。本日，乃邀岱云同去，盖狃于世俗酬应之恒也。在彼处围棋数局。申初出城，赴王翰城饮约。翰城于是日生日，客两席。酒后，同海秋、岱云至樾乔前辈处久谈。归，海秋仍至寓久谈，去时已丑正矣。海秋欲予指渠短处，予与之言"虚"字之体用兼赅，陈义甚高，躬不逮千之一，丑甚！

廿一日

昨夜，微觉感冒，身子不爽快。早起，看吴子序诗。饭后，东翻西阅，总不爽快，因复卧久。未正，岱云来，邀同至黎家，贺招赘之喜。予因禁油荤即回。夜，服姜茶，汗湿衾褥，次早霍然而愈，可喜！父母惟其疾之忧，宜何如刻刻保重，慎之！

廿二日

晏起。病已愈矣，尚尔沾恋，何也？阅书仅数页。早饭，记前日、昨日事。走邵蕙西处谈。归，阅《山谷集》，涉猎无得，可恨！好光阴长是悠忽过了。又围棋一局，此事不戒，何以为人？日日说改过，日日悔前此虚度，毕竟从十月朔起，改得一分毫否？未正，朱廉甫前辈偕蕙西来，二君皆直谅多闻者，廉甫前辈之枉过，盖欲引予为同志，谓可与适道也。岂知予绝无改过之实，徒有不怍之言，竟尔盗得令闻，非穿窬而何？贻父母羞辱，孰有大于此哉！二君久谈，廉甫自言，得力于师友为多。接次会客，至二更初方散。点诗二卷。

廿三日

早，点诗一卷。至田敬堂处会课，写折子五开，申正归，饭。点诗三卷。古文尚未点完，忽迁而点诗，无恒不知戒耶？记昨日、今日事。自立志自新以来，至今五十余日，未曾改得一过，所谓"三戒"、"两如"及静坐之法，养气之方，都只能知，不能行，写记此册，欲谁欺乎？此后直须彻底荡涤，一丝不放松。从前种种，譬如昨日死，以后种种，譬如今日生。务求息息静极，使此生意不息，庶可补救万一。慎之，勉之！无徒巧言如簧也。

廿四日

晏起。点诗数页。饭后拜客，至申正止。晤朱廉甫前辈，看诗二首，是宗韩者，虽不多说，然尚有掠影之谈。晤竹如，走艮峰前辈处，送日课册，求其箴贬。见其整肃而和，知其日新不已也。而余内不甚愧愤，何麻木不仁至是！竟海先生处，惜不久谈。申正，赴何子贞饮约。座间太随和，绝无严肃之意。酒后，观人围棋，几欲攘臂代谋，屡惩屡忘，直不是人！便至岱云处，与之谈诗，倾筐倒箧，言无不尽，至于初方归。比时自谓与人甚忠，殊不知已认贼作子矣。日日耽著诗文，不从戒惧谨独上切实用功，已自误矣，更以之误人乎？且无论是非，总是说得太多。

廿五日

晏起。饭后点诗一卷半。倦，焚香静坐半时。客来久谈，貌敬而傲惰，根子未除。客去仍静坐，奄奄欲睡，何不振也！饭后，冯树堂来，因约岱云来，三人畅谈小酌，二君皆有节制，惟予纵论无闲，仍不出昨夜谈议，而往复自憙，自谓忠于为人，实已重外而轻内，且昧昌黎《知名箴》之训。总之，每日过恶，不外乎多言，不外乎要人说好。

廿六日

晏起，可恨！点诗一卷。至杜兰溪家拜寿，说话谐谑，无严肃意，中有一语谑而为虐矣。谨记大恶。拜客两处，微近巧言。未正至竹如处，谈至昏时。竹如有弟之丧，故就之谈以破寂，所言多血气用事。竹如辄范我于义理，竹如之忠于为友，固不似我之躁而浅也。归，接到艮峰前辈见示日课册，并为我批此册，读之悚然汗下，教我扫除一切，须另换一个人。安得此药石之言！细阅先生日课，无时不有戒惧意思，迥不似我疏散，漫不警畏也。不敢加批，但就其极感予心处著圈而已。夜深，点诗一卷。

廿七日

早起，读《中孚卦》，心颇入。饭后，走唐诗甫处拜其年伯冥寿，无礼之应酬，勉强从人，盖一半仍从毁誉心起，怕人说我不好也。艮峰前辈教我扫除闲应酬，殆谓此矣。张雨农邀同至厂肆买书，又说话太多。黄莆卿兄弟到京，便去看。与岱云同至小珊处，渠留晚饭。有援止而止底意思。又说话太多，且议人短。细思日日过恶。总是多言，其所以致多言者，都从毁誉心起。欲另换一个人，怕人说我假道学，此好名之根株也。尝与树堂说及，树堂已克去此心矣，我何不自克耶？记廿四、五、六、七四日事。

廿八日

早起，读《小过卦》。饭后，岱云来，示以诗。阅艮峰先生日课，见其孝弟之情，恳至流溢，钦仰之至。因遣人送还，另纸称诵此节，即牵连而别有所陈，亦撮壤崇山之意。仍读《易》，无所得。圈诗半卷。申初，竺虔来，旋小珊来，便饭。何子敬、吴子序来，总是不克寡言，以说话不迟重故也。如果语语由中，岂能开口容易乎？子序最后散，言取人最要取长录短，人有寸长，我必暴之。因有联幅不可再迟者，夜深写十余纸。

廿九日

祖母大人七十六寿辰。晏起。逢此庆节，不黎明而起，何神昏一至是耶？田敬堂来拜寿，一无预备。抱愧何已？敬诣前门神庙烧香，便拜客三家，归。饭后，读《既济》《未济》，毫无所得。未正，黄莩卿来，接次会客，朱廉甫前辈来，谈甚久。予又病多言。昌黎云："默焉而其意已传。"哓哓胡为者，况其一无真知耶？廉甫言取人，但当求其长，与子序昨夜言同。又言济世以匡主德、结人心、求贤才为要，余皆末节耳。傍晚去，饭后，冯树堂、易莲舫来，谈良久。予内有矜气，而语复浮，所见不合，仍尔自是器小，可鄙。读《既济》《未济》注疏，粗涉了事。记昨日、今日事。

卅日

早起，读《易·系词》三章，至巳正。客来，同出门拜寿。见人围棋，跃跃欲试，竟越俎而代，又何说自解耶？吃面拜客二家。归，看书三页。走邵蕙西处，受朱廉甫前辈昨日之托也。谈次，邀同至海秋处，不获辞，因与俱往。座间，晤陈小铁浙江人、王少鹤广西人，皆英年妙才。海秋苦留四人上馆，至子初方归。渠四人皆博学能文，予虽留心缄默，而犹多自文固陋之言，此等处所谓虽十缄亦不妨者也。惟其平日重内轻外，故见有才者，辄欣羡耳。是日，接耦庚先生信，浪得虚誉，愧极，丑极！

十二月

朔日

早起，读《易》数页。走会馆敬神。拜客数家。车上有游思。午正，至寄云处会课，手冷，竟不成字，久荒故也。父大人若知我不写白折，必窃忧之。便走岱云处，观渠日课册，因论二人之不如艮峰先生之密。同走子序处谈，便过子贞处，仍至寄云处。晚饭后，予复至子序处，因子贞劝做寿屏，故往求子序撰文也。听子序谈《中庸》，甚畅。复走何子贞处，求写寿屏，因论诗甚畅。又围棋一局，何以为人？归已三更，倦极。本日扰扰，几不知有所谓自新者。又席间一言犯众，疏极！每日大过，都在语言。

初二日

晏起，读《山谷集》。溺心于诗，外重极矣。饭后，开节略，求子序作寿文。海秋来，以所著《浮邱子》嘱为商订，久谈，有不忠语，有谄语。写寿屏一幅半，邵蕙西来，示以方世兄所作论，年才十五而才华如此。黄子寿来，示以所作《选将论》，真奇才也。心中艳羡，既已重外，而又有自文固陋之言数语。写屏半幅，灯后写半幅。子寿来，又写一幅半。岱云、树堂、莲舫来，谈良久。余内有矜意，又以数日仍未改过，怕树堂要看日课册。小人消沮闭藏之状，如此如此。谈次，又不能寡言。客去，记三十、初一事。

初三日

早起，记昨日事，看日课册。所记者都是空言，究竟一过未改，日日有腼面目，与人酬酢而已。阅《山谷集》。饭后写寿屏，至亥正方毕。午正会客三次，约耽阁一时余。力戒多言，已觉冷落。仅写八幅，便觉困倦，精神不养，则不裕也。记本日事。点诗二卷。

初四日

早起，翻阅诗集，昨日稍劳，便觉昏瞀，并平旦之气无之矣。一晨悠忽，可恨！饭后，拜客数家，走琉璃厂买寿屏纸，买书，日旰方归。饭后，走岱云处商事，遇海秋，久谈。归，读史十页。是日在厂肆流连太久，在岱云处说话太多。

初五日

早起，海秋以所撰《浮邱子》嘱予细阅一遍，而订是非。予向读海秋诗文，不无面谀之时，今阅全册，仍遂前失，欺友自欺，罪恶大极。无论是否，总须直陈所见。自辰初看至申正，尽二卷。出门访苗仙露河间人，精六书谐声之学，观所藏"君子馆砖"、"开元瓦"诗册，因嘱予题诗。旋走树堂处，渠自初一日起又重换一个人，对之愧死！真无地自容。归，读史十页。海秋邀余至蕙西处谈，夜深方散，言不诚。

初六日

早起，读史十页。饭后，翰城来久谈。陪客时心不一。为海秋看《浮邱子》七十页。酉初，走邵蕙西谈，背议人短，谨记大过。归，作诗二首，写信一封，复周文泉大令，记初四、初五事。乏甚，寝不寐，游思沓来。补：早间，吴莘畬来，名尚志，广东人，沉静有志者。亦欲引予共学，而予志不坚，过不改，有腼面目，真可愧也。

初七日

晏起。看《浮邱子》五十页。未初走蕙西处，谈片刻。归，剃头。申初海秋来久谈，言不诚。酉初出门拜客，饭岱云处。同走子贞处，商寿文。与子敬谈，多言。岱云之勤，子贞之直，对之有愧。归，读史十页。寝不寐，有游思，殆夜气不足以存矣。何以遂至于是！不圣则狂，不上达则下达，危矣哉！自十月朔立志自新以来，两月余渐渐疏散，不严肃，不谨言，不改过，仍故我矣。树堂于昨初一重立功课，新换一个人，何我遂甘堕落耶？从此谨立课程，新换为人，毋为禽兽。

课程

敬 整齐严肃。无时不惧。无事时心在腔子里，应事时专一不杂。如日之升。

静坐 每日不拘何时，静坐半时。体验来复之仁心。正位凝命，如鼎之镇。

早起 黎明即起，醒后勿粘恋。

读书不二 一书未点完，断不看他书。东翻西阅，徒徇外为人。每日以十页为率。

读史 丙申购廿三史。大人曰："尔借钱买书，吾不惮极力为尔弥缝。尔能圈点一遍，则不负我矣。"嗣后每日点十页，间断不孝。

谨言 刻刻留心，是功夫第一。

养气 气藏丹田，无不可对人言之事。

保身 十月廿二奉大人手谕曰："节劳、节欲、节饮食。"时时当作养病。

日知所亡 每日记《茶余偶谈》二则。有求深意是徇人。

月无忘所能 每月作诗文数首，以验积理之多寡，养气之盛否。不可一味耽着，最易溺心丧志。

作字 早饭后作字半时，凡笔墨应酬，当作自己课程。凡事不可待明日，愈积愈难清。

夜不出门 旷功疲神，切戒切戒。

初八日

晏起。客来，旋王少鬻锡振来，广西人。声气日广，学问不进，过尤不改，真无地自容矣。饭后，记初六、初七事。谨立课程如右。写信与李花潭。出门拜客三家。至湖广馆，公请李石梧中丞，揖让太周到，满腔俗意。座间应酬语太多，无戒惧意。归，与岱云同至樾乔、树堂、莲舫三处，以乏甚，故少说话。归，看史十页。

初九日

早起，约岱云同至琉璃厂买纸，便至书铺。见好物与人争，若争名争利，如此则为无所不至之小人矣，倘所谓喻利者乎？巳正拜客一处。赴海秋、王少鹤饮约，申正散。赴黄莩卿兄弟饮约，说话仍失之多。归，便过竺虔，因渠明日引见，夜深归。违夜不出门之戒，都是空言欺人。归，读史十页。

初十日

又晏起。何以自解？看史数页，饭后始毕。整齐书册，摒挡琐事半时，陪客一次。旋竹如来，深谈良久，如饮醇醪，不能改过，实辜良友契许之情矣。负负然安得竹如一日受特达之知，遂尔痛偿斯愿耶？去巳日旴。晏起，则一无所作，又虚度一日，浩叹而已。饭后，拜客三处，至蕙西处，备闻卓识之言。蕙西学识过我十倍，而见许甚厚。如竹如之所以许我者，良友远期，何以克赴，终身抱惭而已。记初八、初九、初十事。记《茶余偶谈》三则。

十一日

早起，读《易·系》二章。饭后出，拜客一天，日旰方归。友人纳姬，欲强之见，狎亵大不敬。在岱云处，言太谐戏。车中有游思。晚饭后，静坐半时，读史十页，记《茶余偶谈》二则，记本日事。

十二日

早起，与岱云同至艮峰先生处，谈至学臣之难称职，余言有徇外为人意。同至唐先生处，先生命吃便饭。不终席，出城赴吴莘畲饮约。座间，晤姜樟圃曾、崔芋堂乃犟及朱廉甫前辈。姜长于形势，足迹遍天下，口如悬河；崔长于词赋。予力戒多言，恐毫无实学，而声闻日广也。归，拜客一家，至蕙西处略谈。归，心浮而神疲，静坐片刻。读史五页。树堂来，邀同至岱云处，强与同行，久谈，多谐语。树堂较默。夜深方归。仍读史五页，记《茶余偶谈》二则。是日闻樟圃言，镇篁总兵长春，字松心，将材也。虚衷下士，爱士卒，又娴文事。廉甫闻而舞蹈，好贤之诚不可及。

十三日

晏起，可恨。读史。恐本夜有事耽搁，至午初方毕。何子贞作祖父母寿文，读之甚惬心。而以后半叙次，不甚似祖大人气象，意欲自加润色，良久，乃修饰妥当。持稿示蕙西，蕙西责予曰："子孙孝思，曾不系乎此，此世俗所谓尊其亲者也。君不宜以此逐逐，徒浪费耳。且君只拟作一付寿屏，既请子序撰文，不宜复商之子贞；子贞作文，君亦不得赞一词，节次差缪，总为俗见所蔽，遂致小事都迷。"闻言悚然，回看子序文，良深远绝俗，益信闻誉言则气易骄，闻箴言则心易虚，良友夹持可少乎哉？因定计办屏两架，以文吾过。饭后，走琉璃厂买纸，与岱云同至海秋处，因渠不得京察代，故往慰籍。语太激厉，又议人短，每日总是口过多，何以不改？归，岱云在寓，久谈，三更始散。留客贪谈，心不静也。记《茶余偶谈》二则。

十四日

晏起，算两寿屏字数，排写。午刻陪客二次。何子敬送字来，索诗，因作诗二首，一谢作字，一贺留须。晚饭后，读史十页。仍请李碧峰来代写屏底稿。灯后，记十二、三、四三日事。记《茶余偶谈》一则。

十五日

早起，读《易·系》十页。饭后，午初至会馆，便拜客半日。至岱云处，留晚饭。同至萧汉溪前辈寓。座间，劝予写折子，实忠告之言，而我听之藐藐，意谓我别有所谓功夫也。细思我何尝用功夫，每日悠悠忽忽，一事未作，既不能从身心上切实致力，则当作考差工夫，冀博堂上之一欢，两不自力，而犹内有矜气，可愧可丑！与汉溪、可亭、岱云同至江小帆同年处，江服阕，初至也。二更尽，归。寒月清极，好光阴荡过，可惜！读史十页。记《茶余偶谈》一则。

十六日

晏起，直不成人。日高三丈，客已来矣。翰城来，留吃早饭。讹言是日某武臣部拟斩立决，人邀同往西市观，欣然乐从，仁心丧尽，比时悔之而不速返，徘徊良久，始归。旷日荒缪至此，尚得为人乎？读海秋《浮邱子》一篇，读史十页。蕙西来久谈。料理公事二三端，已晚矣。又断送一日。夜，走雨三处，求写寿屏，渠不得闲。谈次，闻色而心艳羡，真禽兽矣。复走子贞处，无事夜行，心贪嬉游，尚说甚学！又围棋一局，要日课册何用？归记《茶余偶谈》一则。是日，奉到家信。

十七日

早起，涉猎数页。至钟子宾处，求写寿屏。渠以手痛不能写，便至树堂处。归，看子序古文。旋以写屏求人太促，恐难，因自写。树堂来，子序来，久谈。仅写屏一幅，已晚。如此悠忽，奈何？夜，读史十页。记《茶余偶谈》一则。记十五、十六日事。

十八日

早起，记昨日事。旋写寿屏，至晚方毕，共七幅。申刻，海秋来，谈一时，言不诚，有一语斡旋无痕迹，是奸人伎俩，若不从此等处严为警戒，将来机变愈孰矣。夜，觉心火上炎，不静故也。神颇困，读史十页，全不入。记《茶余偶谈》一则。

十九日

晏起，绝无警惧之意矣！一早悠忽。饭后，读史十页。房闼又不敬。前誓有三戒，今忘之耶？既写日课册，于此等大过，尚不改，其他更复何说？甘心为禽兽，尚敢厚颜与正人君子往还耶？竺虔来，略谈，与同至子贞处看寿屏。旋同走岱云处，久谈。余语多失之谐，又背议人短，亦见豕负涂之象，不能惩忿，生出多少毛病来。岱云留晚饭。饭后，三人同走竺虔处。归，写家信禀堂上，楷信二页，寄弟信五页，恨自己无实学，教弟虽多，言总不得要领也。记《茶余偶谈》一则。

廿日

早起，又写信与弟四页，共三千六百字。午初始发。艮峰先生来，一见惶愧之至，真所谓厌然者矣！向使时时慎独，何至见人而惭沮若是？陪客，陆续四次。写应酬字至晚。散步至恽浚生处，略坐，语不诚。归，记十八、九及本日事。记《茶余偶谈》一则。

廿一日

晏起。昨夜寝不成寐，思又虚度一岁。一事未作，志不立，过不改。精神易乏，如五十岁人，良可恨也。何以为人？何以为子？又思有应了事数件，一诺愆期许久，思之悚然汗下，展转不寐。起，看昨日《茶余偶谈》，有未安，因易之。巳刻，读史十页。唐先生来，道真儒贵有心得。旋围棋一局。写应酬字二纸。料理公私数目至晚。至蕙西处，同看张文端《南巡扈从日记》。归，记本日事。记《茶余偶谈》一则。

廿二日

早起，作题画兰诗，应人嘱。午初，出门拜客，至晚方归。朱廉甫处闻莘畬道洛园先生之功德，令人神往。夜，周韩臣来，岱云亦来，久谈。客去，看史十页。记《茶余偶谈》一则。又作画兰诗一首。

廿三日

晏起。改诗三句。写绢。饭后，携交田敬堂。走雨三处，为云陔托销假事。旋至子序处，不晤。便过子贞，见其作字，真学养兼到。天下事皆须沉潜为己，乃有所成，道艺一也。子敬留围棋一局。嬉戏游荡，漫不知惧，适成为无忌惮之小人而已矣。便过岱云，久谈，语多不怍。归，留客晚饭。树堂来，谈及日来功夫甚疏，待明年元旦荡涤更新。渠深自惭，予则更无地自容矣。邵蕙西来，三人畅谈。祭灶后，因共小酌。予言有夸诞处，一日间总是屡犯欺字耳！客去，读史十页。记《茶余偶谈》一则，勉强凑，无心得。

廿四日

晏起，料理数目。巳初读史十余页。午正写年对、应酬字。申初出门，拜客一家。至杜兰溪家赴饮约。席间多戏言，无论乱德，即取尤招怨，岂可不察？与岱云同至周韩城处，谈次，心不在。归，敬神。记廿二、三、四日事。记《茶余偶谈》一则。

廿五日

早起，至会馆为代云阶消假事，云阶已到矣。饭周华甫处，语不诚，且心已他适。拜客至申初。归，走蕙西处，谈及疚心之事，久抱之愧，与人提起，惭沮无地。归，竹如来，久谈。西垣来，并留便饭。饭后，海秋、岱云来，语多不诚，又谑浪无节。围棋一局。闻子序丁内忧，不胜感愕，恨素与子序未甚畅谈，今则益友当别矣。读史十页，记《茶余偶谈》一则，记本日事，

廿六日

晏起，料理各项帐目，兼平公私银两，约耽阁一时许。巳至与蕙西同至子序处唁吊，便至寄云处略谈。归，读史五页。心摇摇如悬旌，又惶惶如有所失，不解何故？盖以夙诺久不偿，甚疚于心，又以今年空度，一事无成，一过未改，不胜愤恨。又以九弟之归，心常耿耿。及他负疚于师友者，百念丛集，故昨两夜不能寐。下半天，蕙西来。夜，树堂来，又雨三、岱云、少平三同年来，留树堂久坐，畅谈，四更方归。树堂谓予有周旋语，相待不诚。诚伪最不可掩，则何益矣！予闻之，毛骨悚然。然比时周旋语已不自记忆，疏而无忌，一至是耶？与树

堂吃酒后，心略安帖。

廿七日

早起。读史至午初止，共廿余页，补昨日之程，以后切戒。旋看下人收拾房屋，约半时。剃头、写对联约一时。欲作诗，不成。下半日，因俗事走岱云处。归，因下人侵蚀钱项，忿怒不能释。日来以尤悔百端，心忡忡无主，又添一番懊恼，更不安矣。勉强围棋，亦复视而不见。行有不慊则气馁，今我则悔吝丛集，气固馁，心尤愧恨，奈何！记昨日、今日事。记《茶余偶谈》二则，以补昨日之程。

廿八日

晏起。料理银钱一时许。至仓少平家拜寿。巳正至各老师处拜节，便拜客数处，日旴归。夜作诗四首，题曰《岁暮杂感》。

廿九日

岁除。早起，料理琐事，又作诗二首。午正出门拜客。归，李笔峰来。晚饭后，俗事相仍。夜作四首，共诗十首。四更方睡。

日記

道光二十三年

正 月

元日

未明起，敬神，北向朝贺。静坐半时，心有忿念，即克去假寐。磨墨试笔，谨书"孝"字、"敬"字，写课程单。饭后，记昨两日事。出门贺年，酉刻方归。车中倦甚。于与人往还，最小处计较，意欲俟人先施，纯是私意萦绕。克去一念，旋生一念。饭后静坐，即已成寐。神昏不振，一至于此！记本日事。

初二日

早起，心多游思。因算去年共用银数，抛却一早，可惜。读史十页，与内人围棋一局，连会客三次。晚饭后，静坐，不得力。写信。请树堂来寓，畅谈至五更。本日会客时，有一语极失检，由"忿"字伏根甚深，故有触即发耳。树堂至情动人，惜不得使舍弟见之兴感，又惜不得使霞仙见之也。说到家庭，诚有味乎！言之深夜，留树堂下榻。

初三日

晏起。留树堂早饭。午正，客去。坐车出彰义门，拜黄兰坡，久坐。留者虽坚实，自己沾恋，有以启之。与人围棋一局。归，记初二日事。曹西垣、金竺虔同年来，久谈，索饭。饭后，语及小故，予大发忿不可遏，有忘身及亲之忿。虽经友人理谕，犹复肆口谩骂，比时绝无忌惮。树堂昨夜云，心中根子未尽，久必一发，发则救之无及矣。我自蓄此忿，仅自反数次，余则但知尤人。本年立志重新换一个人。才过两天，便决裂至此。虽痛哭而悔，岂有及乎！真所谓与禽兽奚择者矣。客去已二更。厘清拜客单，乏甚。

初四日

早起，拜客，至日盱毕。城外俱已拜完。车中无戒惧，意为下人不得力，屡动气。每日间总是"忿"字、"欲"字往复，知而不克去，总是此志颓放耳！可恨可耻。车中看义山诗，似有所得。夜翻《樊川集》证之，亦然，知何大复《明月篇》之有心得也。记初三、四日事。

初五日

早起。昨日蕙西来，言台湾镇达洪阿道姚莹有动摇之意，由英夷设计倾陷故也。蕙西极为忧愤，几于坐不安席。约今日走渠处谈，早去，因留余便饭。归，岱云来，久谈。旋约蕙西三人同走越乔前辈处。蕙西忠爱之忧形于词色，而予付之谐谑，蕙西比即面责，真直谅之友。归，邀岱云、楠皆便饭。恰树堂亦来，畅谈至夜深。是日，与蕙西有作伪之言，夜多戏言。

初六日

晏起。料理客单。出门拜客，饭邹芸陔同年处，至晚方归。仍未拜完，出门大晏故也。归，步至岱云处、何子贞处。早归，夜悠忽。是日坐车中频生气，虽下人不甚能干，实由惩忿绝无功夫，遂至琐细足以累其心。

初七日

早起。是日，张设寿堂，周章一日，心中不甚安详。西垣在寓便饭。申正，岱云来，留吃酒，二更方散。自去年十二月廿后，心常忡忡不自持，若有所失亡者，至今如故。盖志不能立时易放倒，故心无定向。无定向则不能静，不静则不能安，其根只在志之不立耳。又有鄙陋之见，检点细事，不忍小忿，故一毫之细，竟夕踌躇，一端之忤，终日粘恋，坐是所以忡忡也。志不立，识又鄙，欲求心之安定，不可得矣。是夜，竟不成寐，展转千思，俱是鄙夫之见。于应酬小处计较，遂以小故引伸成忿，惩之不暇，而更引之，是引盗入室矣。

初八日

敬逢祖大人七十寿辰，早起，率家人行礼。陪客至更初方散。共拜寿客四十人。早面四席，晚饭三席，全无严肃的意思，和乐而流。客去后，仍有昨夜鄙俗不堪之见，可耻已极。

初九日

晏起。饭后清账，又清戊戌公账付梓，屏当一切，约两时。记初五以后事。所以须日课册者，以时时省过，立即克去耳。今五日一记，则所谓省察者安在？所谓自新者安在？吾谁欺乎！真甘为小人，而绝无羞恶之心者矣。复左青士信。

初十日

早起，吐血数口。不能静养，遂以斫丧父母之遗体，一至于此；再不保养，是将限入大不孝矣！将尽之膏，岂可速之以风？萌蘖之木，岂可牧之以牛羊？苟失其养，无物不消，况我之气血素亏者乎！今惟有日日静养，节嗜欲、慎饮食、寡思虑而已。是日出门谢寿，补拜年，酉正方归。树堂来。夜，岱云来问病。

十一日

早起。岱云来，旋树堂来，可感。着人请竹如来，留三人便饭。竹如言病不要紧，但须好养，说"养"字甚详，言之津津有味。饭后久谈，至申正方散。张楠皆来，与语交友之道。旋走小珊家赴饮约，座间无静底意思。夜归已倦，尚围棋一局。意欲消遣，实则用心耗散精神。竹如教我曰"耐"，予尝言竹如："贞足干事，予所缺者，贞耳。"竹如以一"耐"字教我，盖欲我镇躁，以归于静，以渐几于能贞也。此一字足以医心病矣。谨记，谨记。

十二日

晏起。饭后走蕙西、岱云两处，旋拜客数家。归，海秋来久谈，言围棋最耗心血，当戒。酉刻仍走蕙西处略谈。夜，记初十、十一、二日事。写字时，心稍定，便觉安恬些。可知平日不能耐，不能静，所以致病也。写字可以验精力之注否，以后即以此养心。

十三日

晏起。饭后，蕙西来邀，同至廉甫前辈处，久谈。三人同车至琉璃厂买书，至晚仍归廉甫处晚饭。灯后还寓，料理俗事数件，记本日事。自初十早失惊之后，万事付之空寂，此心转觉安定，可知往时只在得失场中过日子，何尝能稍自立志哉！

十四日

早起。饭后，至西便门外看吴莘畬别业，失意怏怏而返。借书二种，有占夺之心。下园子，至穆师处下公请帖。归已晚，仅能进内城，因借宿何丹畦寓。口无择言，遂有不怍之弊。

十五日

早起，由丹溪处至会馆敬神。归，困甚，又不能寐。接家信，三弟各有信。六弟文笔颇似王半山，心甚欢慰，展转读看，不能自已。至湖广馆，同乡团拜，未正归。下半天写寄弟信，至二更尚未成，倦甚。

十六日

早起，仍写寄弟信，至巳正。赴郭雨三饮约。未正，归，仍写弟信，计三千字。倦极，心神恍惚，若不自持。树堂、蕙西、莲舫三人先后来。陪客，坐不安席，若舌比平时较短者，屈伸转旋俱不适。黄莁卿约饮，竟不能去，不知身体何以亏乏若此，不敬身之罪大矣。高景逸先生云："接教言。连日精神不畅，此不可放过。凡天理自然通畅和乐；不通畅处，皆私欲也，当时刻唤醒，不令放倒。"然则我之精神短弱，皆自己有以致之也。

十七日

晏起。饭后写信，禀堂上三页。人总不爽快。是日请客，至亥正方散。倦甚，勉强支持，仅乃了事。向使以重大之任见属，何以胜任？《记》云："君子庄敬日强。"我日日安肆，日日衰苶，欲其强，得乎？譬诸树木，志之不立，本则拨矣。是知千言万语，莫先于立志也。

十八日

早起。是日，戊戌同年团拜。予为值年，承办诸事，早至文昌馆，至四更方归。凡办公事，须视如己事。将来为国为民，亦宜处处视如一家一身之图，方能亲切。予今日愧无此见，致用费稍浮，又办事有要誉的意思。此两者，皆他日大病根，当时时猛省。

十九日

晏起。饭后，仍至文昌馆，本省甲午团拜。酉正归，陪客，意不属，全无肃敬之意。应酬有必不可已者，而或缺焉，则尤悔并生。本日见许世叔，自觉惭沮，职是故也。夜倦，眼蒙，早睡。

廿日

眼蒙，晏起。饭后赴龙翰臣饮约，未正归。是日，家中请客，至亥初方散。又无严肃气象，席间代人作讥讽语，犹自谓为持平，真所谓认贼作子矣。早席中，孤零零别作一人，非处己处人之道。吕新吾先生云："淡而无味，冷而可厌，亦不足取。"殆如此乎！

廿一日

晏起，眼蒙。饭后，人不甚爽快。至蕙西、龙翰臣处，旋至吴子序处陪吊。未正便至岱云处谈，观其小楷甚长进，非工夫继续者不能。旋同赴张雨农饮约，更初方归。席间，面谀人，有要誉的意思，语多谐谑，便涉轻佻，所谓君子不重则不威也。归途便至杜兰溪家商事，又至竺虔处久谈。多言不知戒，绝无所谓省察者，志安在耶？耻安在耶？归已夜深。

廿二日

眼蒙，甚晏起。内人亦卧病不能起。饭后，至蕙西处少谈。归，将至才盛馆，遇竹如来，折回久谈。竹如无不近里之言，真益友也。申初出门，赴恽浚生饮约，兼甲午团拜，酉正归。是日，目屡邪视，直不是人，耻心丧尽，更问其他？夜，心情不畅，又厌闻呻吟声。仍出门至竺虔、西垣处谈，亦不耐静坐之咎也，更初归。因下人小不如意致忿，何其一无所养至此！可耻之至。

廿三日

晏起，眼犹蒙。饭后，至吴莘畲处送行，久谈。归，便过蕙西，略坐。内人病颇增重，中无所养，一有所怫，便不安恬，只觉烦恼。晚饭后不能耐坐，步至田敬堂、何子贞、陈岱云三处，更初归。

廿四日

早起。西垣来，留早饭，言有不忠语。旋拜客三家，季仙九师招饮，面辞归。请竹如来诊内人病，久谈至申正。樾乔及雨三、岱云来，酉正散。至寄云家吃寿酒，二更归。是日，与竹如言有不忠语，记之。

廿五日

晏起。至何丹畦处，与诸同年会课，众人皆作诗文。余因心血亏，不可用，乃勉作七古一首。不作诗尽可，作此一首，反长矜气，可耻之至。旋走镜海先生处，久谈，酉正归。内人病如故。守坐室内，一书不读，悠忽如此，何以自立！

廿六日

晏起，雪雨交作，而不甚寒。内人病不愈，余亦体不舒畅，闷甚不适。高景逸云，凡天理自然通畅。余今闷损至此，盖周身皆私意私欲缠拢矣，尚何以自拔哉！立志今年自新，重起炉冶，痛与血战一番。而半月以来，暴弃一至于此，何以为人！何以为子！

廿七日

晏起。饭后，翻阅杜诗。请吴竹如来诊内人病，久谈。日来居敬穷理，并无工夫，故闻人说理，听来都是隔膜，都不真切，愧此孰甚！申初，拜客二家，至海秋家赴喜筵，更初方归。同见海秋两姬人，谐谑为虐，绝无闲检，放荡至此，与禽兽何异！

廿八日

早起。内人病稍愈。饭后，岱云来，略谈。走竺虔处谈。竺虔约同至何家，子敬少谈，即出子愚处，观宋高宗书《豳风》，字画雅洁，图画亦工雅绝伦。又同至岱云处少坐，归已晚矣。

廿九日

晏起。饭后看杜诗，翻阅，一无所得。旋走黎月乔前辈处，闻刘觉香先生言渠作外官景况之苦，愈知我辈舍节俭，别无可以自立。若冀幸得一外官，以弥缝罅漏，缺瘠则无以自存，缺肥则不堪问矣，可不惧哉！与月乔前辈同至金可亭寓，为博塞之欢，嬉戏竟日，二更初散。写日课册，至今已四阅月，不能日新，乃反日趋下流，有何面目复与良友相酬对耶！

卅日

早起。饭后，看《山谷集》。何子敬来，久谈。剃头。易念园来谈诗，至酉初去。走蕙西处。自正月以来，日日颓放，遂已一月，志之不立，一至于此。每观此册，不知何谓，可以为人乎！聊存为告朔之饩羊尔。

二 月

初一日

早起,至会馆敬神,便拜客五家。申初到家,倦甚,不能看书,眼蒙如老人。盖安肆日偷积偷之至,腠理都极懈弛,不复足以固肌肤、束筋骸。于是,风寒易侵,日见疲软,此不能居敬者之不能养小体也。又心不专一,则杂而无主。积之既久,必且忮求迭至,忿欲纷来。其究也,则摇摇如悬旌,惶惶如有所失。总之,曰无主而已。而乃酿为心病,此不能居敬者之不能养大体也。是故吾人行父母之遗体,舍居敬更无他法。内则专静纯一,以养大体;外则整齐严肃,以养小体。如是而不日强,吾不信也。呜呼!言出汝口,而汝背之,是何肺肠?

初二日

晏起。饭后,黄子寿来邀。同至蕙西处久谈,未正方散。晚饭后,岱云来略谈,邀同至吴子序处,又至子贞处久谈,至三更初方归。看子贞所批圈古文及《史记》,信乎其能自立者。杨子云云:"其为人也,多暇日者,其过人也不远矣。"自念如此悠忽,何以自立!若子贞者,名不苟立,可敬也。

初三日

晏起。饭后,会客一次。旋拜客三家。至会馆恭祀文昌诞辰。座间,心有忮求。酉正散归,汤海秋、陈岱云同至寓,共为试帖诗一首,言多谐谑,又不出自中心之诚。每日言语之失,直是鬼蜮情状,遑问其他?

初四日

晏起。饭后,蕙西来。旋濂甫来邀,同进城谒唐镜海先生,拜倭艮峰前辈、吴竹如兄三处，谈至日入始归。唐先生言，国朝诸大儒，推张扬园、陆稼书两先生最为正大笃实，虽汤文正犹或少逊，李厚庵、方望溪文章究优于德行。竹如兄与人交，虽人极浓厚，渠常冷淡，使人穆然与之俱深，真是可敬。

初五日

早起，读《张杨园先生集》十余页。至汤海秋处，公请镜海先生，申初散席。至易念园处，观其所为诗，宗法晚唐，颇有法度。余性好言诗，蕙西谓予于诗太自主张，不免自是，细思良然。夜，仍读《杨园先生集》，中有数条，破我忮求之私，不啻当头棒喝。

初六日

晏起，读《杨园集》。饭后，算戊戌值年公帐，自出换公银。走吴和父同年处议公事。晚饭后，走蕙西处谈。归，仍围棋一局。寝后，神不得安，缘本日算帐、围棋，用心太过，实由心不敬。一早，自不安帖，偶一用之，尤浮动而神不安耳。

初七日

晏起。饭后，因心不舒畅，出门游荡。至何子贞处，观渠作字，不能尽会悟，知平日所得者浅也。与汤海秋围棋一局，至申初始归。海秋来寓，蕙西亦来。观人作应制诗，面谀之，不忠不信，何以为友！圣人所谓善柔便佞之损友，我之谓矣。申正，赴易问斋饮约。戌正，同王翰臣、杜兰溪、何子贞小饮黎月乔处，不节饮食。夜深方归。

初八日

早起，读《杨园集》。饭后，走蕙西处，谈不甚久。归，算明公帐，走交吴和父。旋至濂父处久谈。座间遇陈艺叔，治《春秋》学者，论俱不俗，谈至申正归。岱云约晚饭，灯后归。读《杨园集》数页。

初九日

早起，读杨园《近古录》，真能使鄙夫宽，薄夫敦。巳刻，赴蒋申甫饮约，申初散，便至琉璃厂买书。傍晚归，眼蒙特甚。年在壮岁，而惰情称病，可耻孰甚！今年瞥已四十日矣，一事未成，晏安自甘，再不惩戒，天其殃汝！惕之惕之。岱云来。谈至二更方散。

初十日

晏起。饭后，走蕙西处，旋走田敬堂处。归，蕙西来，谈未久。剃头。韩世兄来，将所收赙银交付与他，另写一清单。下半天，仍至蕙西处，蕙亦仍来寓夜谈，更初方散。予对客有怠慢之容，对此良友，不能生严惮之心，何以取人之益？是将拒人于千里之外矣。况见宾如此，遑问闲居？火灭修容之谓何？小人哉！

十一日

早起。诸同年至寓斋会课，自辰至戌方散。予以心血亏，不作诗文，乃并不写字，何颓散至此！考试之有得失，犹岁之有丰歉也。有耕而即期大有，是贪天也。然绝不施耕耨之功，不已弃天乎！我则身为惰农，而翻笑穗穟䆿为多事，慎孰甚焉！至月乔处，二更归。

十二日

蕙西已来，始唤起，论连夜天象。西南方有苍白气，广如一匹布，长数十丈，斜指天狼星。不知主何祥也。因留蕙西早饭。蕙西面责予数事：一曰慢，谓交友不能久而敬也；二曰自是，谓看诗文多执己见也；三曰伪，谓对人能作几副面孔也。直哉，吾友！吾日蹈大恶而不知矣！是日，作小楷千余字。下半天，蕙西来，招同至陈艺叔处，灯后归。王翰城来，久谈。

十三日

晏起。饭后，至翰城处，惑于风水之说。至厂肆买书，未初归。作字百余。下半天，拜客五家，灯后归。昨日，因作字思用功所以无恒者，皆助长之念害之也。本日，因闻竹如言，知此事万非疲软人所能胜，须是刚猛，用血战工夫，断不可弱，二者不易之理也。时时谨记《朱子语类》"鸡伏卵"及"猛火煮"二条，刻刻莫忘。

十四日

早起，作字。饭后，至岱云处。因翰臣在，彼谈及移居之事。归，看书数页。竹如来，旋曹西垣、冯树堂来。树堂有信，约今日出城，故邀客一桌来陪。因留西垣、树堂二人，在寓下榻。本欲与树堂畅谈一切，因客太多，反不能一言。不知树堂一月之别，精进何如也。对之，但有内疚而已。

十五日

早起，与树堂、西垣同至岱云处。早饭食贪。午正至文昌馆赴黄矩卿师饮约，酉正归。邹芸陔同年来，围棋二局，意气扬扬自得，可鄙可丑。何子贞来，谈及渠在国史馆，每去，手钞书十页，录《东华录》所不载而事有关系者，约钞五千字。闻之，服其敏而好学。予前冬入史馆而绝不供职，对之愧杀。

十六日

晏起。饭后，至竺虔处，贺拣发福建知县之喜，久谈。旋至海秋、念园处，不遇。未初，走湖广馆，爱其清静异常，因思为养静之所，朝出暮归。在馆读杜诗一卷，详加批点，有自以为是之病。

十七日

早起。饭后到馆，王翰城邀吃早饭，至申初乃散。仍至湖广馆，批点杜诗半卷。凡读书有为己为人之分。为人者，纵有心得，亦已的然日亡。予于杜诗，不无一隙之见，而批点之时，自省良有为人之念，虽欲蕴蓄而有味，得乎？夜，至蕙西处久谈。

十八日

晏起。饭后，到湖广馆看杜诗一卷，纯是矜气。杜诗韩文所以能百世不朽者，彼自有知言、养气工夫。惟其知言，故常有一二见道语，谈及时事，亦甚识当世要务。惟其养气，故无纤薄之响。而我乃以矜气读之，是客气用事矣，何能与古人投入哉！岱云来馆，久谈。夜，在家看小说。

十九日

晏起。饭后，走湖广馆。写家信禀大人，计五页。因前信遣诸弟出门读书，恐大人不欢，故详明禀告。又写信与外舅，申正始完。女儿不好，在家惟闻呻吟之声，甚为难耐。曹谔庭作《君子疾殁世章》，文云："有用之岁月，半消磨于妻子，仕宦之胸良然。"

廿日

晏起。饭后看小说。巳初，至龙爪槐公请房师季仙九先生，言有诳语，酉初归。女儿尚未好。季师意欲予致力于考试工夫，而予以身弱为辞，岂欺人哉？自欺而已！暴弃至此，尚可救药乎？

廿一日

早起，请竹如来诊小女。巳正来，久谈。竹如言及渠生平交道，而以知己许予，且曰："凡阁下所以期许下走之言，信之则足以长自是之私，辞之又恐相负相知之真，吾惟有惧以终始而已"云云。予闻此数语，悚然汗下。竹如之敬我，直乃神明内敛，我何德以当之乎！日来安肆如此，何以为竹如知己？是讦竹如也！未初，至雨三处会课，写折二开，灯后归。岱云偕易莲舫来，谈至二更去。

廿二日

早起。饭后，王翰城、易问斋来，略谈。去拜客半天，至酉初归。夜至岱云处畅谈，至二更归。接李劭青信，欣佩之旨溢于行间，吾何以堪之，所谓欺世盗名者耶！是日，全未观书。

廿三日

早起。饭后，到蕙西处，谈不久。旋到湖广馆批杜诗半卷。海秋寻至馆中，久谈。论诗相合，言七律须讲究藻采、声调，不可专言上乘证果，反昧初阶，切中余病。又盛赞余五律。谈至酉末，同至月乔前辈处索饭。饭后，各作试帖诗一首，题《杂英满芳甸》。

廿四日

早起。饭后，至湖广馆读杜诗半卷。未正，至戴莲溪同年处，公请黄矩卿师，至二更方散。处众人中，孤另另若无所许可者，自以为人莫予知，不知在己本一无足知也，何尤人为！

廿五日

早起。女儿昨夜彻宵不眠，请竹如来诊治，谈之良久。又同至蕙西处。竹如言交情有天有人，凡事皆然。然人定亦可胜天，不可以适然者，委之于数，如知人之哲，友朋之投契，君臣之遇合，本有定分，然亦可以积诚而致之。故曰命也，有性焉，君子不谓命也。下半日，悠忽不事事。至岱云、少平处。作诗一首。

廿六日

晏起。饭后，至湖广馆读杜诗。张雨农与竺虔至馆，久谈。下半天，至诗甫处道喜。诗甫邀予与竺虔同至酒楼，比时不斩绝，后虽悔之，无及矣。座中，心甚不乐，而强颜为欢。知天下小人之始其失足，亦如此也。

廿七日

早起。饭后，至月乔前辈处。同乡会课，予以不能深思，故不作文，仅作诗二首。题《宦途最重是文衡》。何子贞、汤海秋二君最为捷敏。与海秋围棋一局。自以精神不强，不敢构思，而乃凝神对奕，是何意耶？饭时，观人奕，嗜之若渴，真下品矣。

廿八日

早起，请竺虔来吃饭，座有岱云、小珊，午正散。日来读杜诗，颇有小得。无事则心头口头不离杜诗，虽细加咀嚼，而究有为人的意思。申正，出门拜客二家。至翰城处赴饮约，席间放言，以取人悦，毫无忌惮，直不是人。二更归，岱云来寓略谈。

廿九日

早起，读书数页。出门拜客三家。至海秋家拜寿。巳正至文昌馆请廖钰夫师。未正仍出，至内城谒镜海丈，久谈。旋拜窦兰泉，谈至晚始归。镜丈言读书贵有心得，不必轻言著述；注经者依经求义，不敢支蔓；说经者置身经外，与经相附丽，不背可也，不必说此句，即解此句也。夜，至岱云寓，作试帖诗二首。

卅日

早起，读杜诗。饭后，为蕙西写序一首，计六百字。旋走蕙西处谈。申初，何子贞来，略谈。旋朱莲甫来，邵蕙西来，久谈，至晚方散。莲甫言，莫要于君德，君心不正，万机胥坏矣。予谓人君之心，当时时知惧，不惧则骄，乱本成矣。夜，至雨三寓，作试帖诗一首。

三 月

初一日

早起，至会课馆敬神。与邹云阶围棋一局。午初，至杜兰溪处拜寿。未初，至湖广馆读杜诗半卷。今年忽忽已过两月，自新之志，日以不振，愈昏愈颓，以致不如禽兽。昨夜痛自猛省，以为自今日始，当斩然更新，不终小人之归，不谓今日云阶招与对奕，仍不克力却。日日如此，奈何？

初二日

早起。饭后写小楷千余字。日中，闺房之内不敬。去岁誓戒此恶，今又犯之，可耻，可恨！竹如来，久谈。久不克治，对此良友，但觉厚颜。庞作人来。言渠近来每日记所知，多或数十条，少亦一、二条，因问余课册。予但有日记，而无课，闻之，不觉汗下。酉初，赴岱云便饭之约，座间失言。

初三日

早起，读史。饭后共读十页，写小楷二百余。未初，至敬堂处会课。写白折两开。作试帖诗，未成。何丹畦请予为是正文字，予俨然自任，盖矜心之内伏者深矣。夜至蕙西处久谈，至二更尽，所言皆慷慨激烈。又与蕙西步访王少鹊，不遇，归。今早，友人见示一文稿，读之，使人忠义之气勃然而生，鄙私之萌斩焉而灭。甚矣，人之不可无良友也。

初四日

早起，至湖广馆作试帖诗一首。至翰城家早饭。巳正，与岱云同至张雨农家。张与黄莆卿订婚，是日纳征，予二人为媒。在张寓久坐，因与张楠阶围棋一局。席间，因谑言太多，为人所辱，是自取也。人能充无受尔汝之实，无所往而不为义也，尚不知戒乎！夜，至海秋处，略谈。

初五日

晏起。明知体气羸弱，而不知节，不孝孰甚焉！饭后读史七页，写小楷数百。窦兰泉来，久谈。语及今世贤士大夫，渠甚推钟云亭先生，以为可当大任。申初至岱云家赴饮约，语次屡有谐谑之言。夜归，与竺虔同车。眼蒙甚。

初六日

早起。饭后作小楷，陪客二次。未正，姚子箴来，语次，接季世兄信，知本月初十日大考，闻之甚觉惊皇。盖久不作赋，写折子绝少，近又眼蒙，恐进场难完卷也。忙收拾笔墨，出门拜客二家。至郭雨三处，公请外官同年三人。亥正归，试笔。

初七日

早起，至琉璃厂买笔砚之类，巳初归。饭后，收拾行李。午正与岱云同至圆明园，寓大树庵。至，收拾墨合，写折二开半。夜看赋，早睡。

初八日

早起，磨墨，写折六开，作论两篇，题《班超通西域论》《与人不求备论》。平日不用功，至此皇皇如弗及，所谓临渴而掘井者也。虽十驾而追，岂有及哉！

初九日

早起，写半开。饭后磨墨一晌。旋出门，拜客二家。收拾进场之具。阅陈秋舫、吴伟卿所作应制赋，气势流利，古不乖时，今不同弊，心赏其能，而自愧弗如也。夜不安寝，盖矜持之过。

初十日

寅初起。卯初，至出入贤良门外听点。旋入"正大光明"殿应试。卯正，得题《如石投水赋》，以"陈善闭邪谓之敬"为韵；《烹阿封即墨论》；《赋得

"半窗残月有莺啼"》,得"莺"字,五言八韵。三艺至未初末刻作就,未正写起,至酉正,止补一字。出场,出赋稿与同人看,始悟有一大错,已悔无及矣。粗心至此,何以忝厕词垣哉!是日进场,百廿四人,监试为定郡王载诠,逻守甚严,搜出怀挟之赞善如山,比交刑部治罪,可惨也,余俱整齐完场。

十一日

早起,在园子早饭。辰正归,午初到家。因场屋有大错乱,心甚不安帖,与内人兀坐相对,患得患失之心,幢幢靡已,强为制之,尚觉扰扰,夜不成寐。平日所谓知命者,至是何有,真可羞已。未正,赴何子敬饮约。

十二日

晏起。宴闲之私,几使婢妪皆知,何以克修齐乎!巳初,出门拜客。旋至东麟堂赴文小南饮约。座间,失得之念形于颜色,人之视己,肺肝如见,耻孰甚焉!申初归,仍不得信,中心焦急,四处打探,行坐不安,丑极。

十三日

卯正得信,名次二等第一。一等五人:万青藜、殷寿彭、张芾、萧良城、罗惇衍。二等五十五人。三等五十六人。四等七人。予以有大错谬而忝列高等,抱愧殊极。客来,屡次会客。剃头。旋至季师处。申初赴园子,仍住大树庵。闻有赞予场中诗赋者,愧甚!

十四日

五鼓起。卯正,排班引见。仰蒙天恩以翰林院侍讲升用。一等第一、第二俱以编修升学士,第三以庶子升少詹,第四以中允升侍读,第五以编修升侍讲。二等第二以编修升侍读,第三、四、五、六俱以编修升赞善。下半天见鹤舫师。丁诵生求予代写谢折,故留园未归。

十五日

早起。饭后自园归,便拜客数家,午初到家,设香案望南叩头。何子贞来,张雨农来,接次陪客。申正出门拜客数处。傍晚,黎月乔、金可亭、岱云、翰城来,小饮,至三更方散。

十六日

早起，料理零事。旋出门拜客。至会馆敬神，补昨日之不逮。巳初赴曹西垣约，至东兴居小酌，未初方散。候下人不至，大怒，不可遏抑。惩忿无功，溃决至此。申初归，拜客一家。旋赴园，微雨，灯后到。

十七日

五更起，至宫门桥南谢恩。归寓，同人索喜酒，因具酒食。未正归，便拜客数家。晚饭后至岱云处，约同至小山处，久谈。旋同至易念园寓，以渠本日不得御史，故往慰之，二更归。

十八日

晏起。读《黄山谷集》。巳刻为唐诗甫、金竺虔饯行，请客共七位，未正方散。吴竹如来，畅谈至酉初。所以期许之者良厚，识浅气弱，何以副之？夜，预备东西，送竺虔南归。

十九日

早起，至东小市买衣，巳正归。写家信甚短，又料理寄家补服晶顶、阿胶、鹿胶等件，托竺虔带交。申初，赴王翰臣饮约。席间，次海秋韵，送竺虔南旋，即之官闽中。闻人一言，足以快睚眦之怨，口虽不言，心窃欣之，可鄙孰甚。雨农、岱云来寓，谈至二更。

廿日

晏起。桂丹盟来，尚未起，平日习焉不觉，今早乃愧悚无地。久谈。虚名欺人，可耻孰甚！饭后，易问斋来，陈石山来，围棋二局，未初去。写挽联寄彭棣楼之母。至岱云处，同至何子贞处，又同走送竺虔，不遇。至海秋处小饮，子初归。

廿一日

早起。巳初至金竺虔处送行，久谈。本思送渠上车，因是日至苇洲处会课，故不果。席间，与人争，逞胜。未初，走苇洲处。写折子二开。同人谈良久，酉正归。旋至寄云谢阿胶之惠，谈至二更归。

廿二日

早起。饭后回拜诸道喜客，自辰至酉，约五、六十家，归来倦甚。走邵蕙西处一谈。归，写家信一页。

廿三日

晏起。饭后接写家信四页，又写信与叔父，寄银十两，求叔父假他事为名，馈送族戚之最苦者。申初封好。大考等第单及升降上谕，一并封入。冯树堂来，留吃早饭，亦在予寓写信。申正出门，拜客二家。至海秋家赴饮约，二更尽散。

廿四日

早起，会客两次。家中搭凉棚。饭后至湖广馆看杜诗半卷。夜作诗，苦索不得。邹云阶来，略谈。

廿五日

早起，会客两次。饭后出门，至季师处。又拜客数家，至竹如处，久谈。言近日心事，觉不爽快，我辈益宜敛德修行，以自保重云云，甚有深意。未正归，作感事诗一首。蕙西来，畅谈。

廿六日

早起。饭后拜客。进城至东四牌楼等处，又拜东头各家。至熊秋白处赴饮约。是日，暴热侵人，困甚。座间，人尚谨饬，我独脱袍帽自放，未免失之野。二更尽方归。闻子贞、海秋过寓，犹跃跃思出门夜谈，何好动也。

廿七日

桂丹盟来，久谈。在寓抑郁不自得。连日大风，黄尘四塞，天久不雨，气若闭塞。又日无常课工夫，时时深杞人之忧。出门入门，冈冈寡营。是日作诗二首，小珊来久谈。夜，蕙西来久谈。

廿八日

早起，仍哦诗。曹西垣来，留吃早饭。饭后，誊写大考诗赋，送穆师处。因渠十四日面索故也。便过海秋，因留晚饭，灯初归。至蕙西处，同访龙翰臣、姚子箴四人，共步至朱廉甫处索酒纵谈，二更尽散。

廿九日

晏起。饭后，李卓甫、张楠皆来。李与人口角，来诉冤抑，久谈不休。何子敬来，桂丹盟来。仍作七古一首。日内心沾滞于诗，明知诗文以积久勃发为佳，无取乎强索，乃思之不得，百事俱废，是所谓溺心者也，戒之。

卅日

早起，读《山谷集》。饭后海秋来，王麓屏来，诉事苦久，未初始去。仍作七古一首。晚饭后，步至丹盟处略谈。旋至帽店买帽。傍晚，至何子贞处索酒，饮酣。闻子贞言，渠在国史馆尽心办事，真可敬也。三更归。

四 月

初一日

早起，至会馆敬神，便拜客数家，饭黄鹤汀处。与邹云阶对奕两局，明知旷工疲神，而屡蹈之，何以为人！拜客又数家，至吕鹤田处，久谈。彼此倾想已久，故一见即投契良深。酉初归，乏极。会客共三次，觉疲于应接。精神如此，不极力保养，不孝孰大焉。

初二日

晏起。饭后仍不爽快。天久不雨，亢阳初热，甚觉困人。写应酬字二纸。申初，出门拜客。赴黄琴坞便饭约。与云阶奕一局，又旁观一局。观黄子寿所为论著，良可畏也。至小珊处久谈，二更归。

初三日

早起。饭后，罗椒生久谈。有志之士，暗然日章，不胜钦服。午初走岱云处。渠自园子回，如久别乍遇。旋同步走数家。岱云至余家便饭，蕙西亦在寓，论当代人物，意见不合。下半天，读黄诗。夜不克静坐，仍走岱云处小饮，二更尽归。

初四日

早起。饭后至祁幼章处会课，写折一开。巳正，至才盛馆赴曹提塘饮约。未正，至湖广馆公请劳辛阶观察，唐镜海丈在座。与素不钦服之人谈论，未免有芒角，慎之。酉正，与易念园同至月乔处，话至更初归。

初五日

前日起用琦善、奕经、文蔚。昨陈侍御庆镛谏正，皇上从谏如流，立收回数月前之成命，真大圣虚怀，非汉唐以下人主所可拟矣。天久不雨，昨夜大沛甘霖，直至今日午刻始歇。天人感应之际，何其神也。写泥金屏八幅，申正始毕。酉刻出门，拜客二家，赴黄莲溪饮约。座间，看人白折甚多，更初归。

初六日

早，大雨如注。晏起。写应酬小楷条三纸。晚饭后，走蕙西处，谈不甚久。

初七日

晏起。饭后写小楷千余字。午正蕙西来，旋丹盟来，杜兰溪来，谈良久。留蕙西便饭，同步至朱廉甫处。渠于本日得福建道御史，有志献纳，得居言路，可喜也。读廉甫诗数首，知其用力已深，其心血亦足可以力战不衰，余所不及。更初归。日来，灯后眼蒙，不能看字，每夜早睡。

初八日

早起，至东小市买衣，巳正末归。饭后，吴子序来，久谈，言圣人言保国保天下，老氏言取国取天下，吾道只自守，老氏有杀机云云。其义甚精，好学深思，子序不愧。又会客二次，至城内拜客二家。归，写小楷千余字。灯初即睡。

初九日

早起，磨墨。饭后写小楷五百字，人倦甚。仍看《黄山谷集》。申正出门拜客二家。赴杜兰溪饮约。座间，劳辛皆、黎月乔、何子贞诸人，皆同里之彦也，谈至二更尽始归。日来，喉下如有鲠，略用心则尤盛甚。

六 月

初一日

早起,至会神敬神。旋与黄鹤汀、邹云皆围棋三局。拜客五家。归,闻放云贵试差信,心中有得失之念,胶辖萦扰,几不克自持。随接家信,为之一喜,始将妄念消去。辗转久看,自悔不应将弟书发还,使弟受堂上之责。晚饭后,去看岱云病,见其势甚沉重,为之惊惶忧惧者久之。归,曹西垣来,言其百端挫折,实难为情。夜拜斗,早睡。

初二日

卯初起。闻岱云昨夜下血甚多,病势甚重,即刻去看,见其面如纸色,手足冰冷,汗出不止,焦虑之至。早间,赶服药一帖。已正,症愈虚,因服参附。至下半天,脉息回阳,心始安帖。夜归,拜斗,睡。

初三日

早,至岱云处看病,较昨日已好些。午正,至郭雨三家拜寿,围棋一局。归,会客一次,清理书案。酉初,雨三处赴晚饭约。更初仍至岱云处看病,归,已晏。昨日接霞仙书,恳恳千余言,识见博大而平实,其文气深稳,多养到之言。一别四年,其所造遽已臻此,对之惭愧无地,再不努力,他日何面目见故人耶!

初四日

早起。饭后,走岱云处看病,已正归。写致友朋书五封。申正晚饭后,出门拜客五家。至岱云家看病。夜，至何子贞处围棋二局，归。

初五日

早起，至岱云处看病。午初归，围棋一局。写《心经》一付，记右四日事。下半天，作寄弟诗一首。至岱云处看病。夜归，作诗一首。拜斗。睡。

初六日

早起，至岱云处看病。午初至寄云处，围棋二局。归，写家信一封、六弟信一封，又另纸写为学之方示六弟。蕙西来。头昏目眩，几不克自主。身体疲弱如此，何以自立！因送蕙西归，与之闲谈，稍觉自怡。

初七日

早起，至岱云处看病，巳初归。写四弟信，发家信。小睡。闻岱云未服药，仍去看病。渠因闻人言，不敢服大黄。观其病势，仍似危疑，极力怂恿。至傍晚服药，候至二更平安，归。

初八日

早起，至岱云处看病。巳正，仍请竹如至寓诊内子病。午正小睡。梁俪裳来，与同至仙九师道喜。旋同看岱云病。遇雨久坐，申正归。记右三日事。写《心经》一本。傍晚，至杨昆峰处围棋三局。归，写扇一柄。

初九日

早起。饭后拜客二家。旋至岱云处看病。归，写小条子二张、册页二张。晚饭后，蕙西来，旋同至渠寓久谈。归，围棋一局。

初十日

早起，至岱云处看病，总不见愈，心颇焦急。归，写小条子二张、《心经》一册。夜仍至岱云处看。

十一日

早，蕙西来邀，同至王少鹤处。旋同至朱廉甫处早饭，观渠二人围棋四局。

旋同至岱云处看病，势日加。晚始归，早睡。

十二日

早起，至岱云处看病。午正归，写应酬字二纸。仍去岱云处问病，日见其重，奈何！夜归。

十三日

早，至岱云处看病，巳初归。方欲出门，又闻岱云下血甚多，心惶急失措，立遣人寻竹如，别请魏西亭诊脉，乃反闻骇愕之言，幸竹如来，片言镇定，心为稍安。是日，服犀角、生地汤。留竹如在城外住，恐岱云有变症也。予二更归。

十四日

早，至岱云处。是日全未离身。夜住陈寓。观其症险，极惶急无计，一夜不寐。

十五日

早起，候竹如来开方，吃参附。午正觉大有转机。未正予归寓少睡。酉初，仍至陈寓。灯后归。

十六日

早，至岱云处问病。日中归一时许，仍去，夜间始归。至是，可保无虞矣。

十七日

早，至岱云寓。闻其臀上有疮，竹如云，未易收口，又深焦虑。在彼坐守一日，更初始归。

十八日

早，至岱云处问病。归，饭后拜客一日，戌初方归。蕙西来少谈。

十九日

早，至朱廉甫处，陪竹如饭。旋至岱云处问病。旋至耿寿亭处吊唁，雨大如注，久坐。归，罗椒生来久谈，言多道气，真畏友也。

廿日

早，至岱云处看病。归，围棋二局，写应酬字数纸，会客二次。酉正仍至岱云处看病。更初归，写应酬字二纸。睡略晚，目力即疲。

廿一日

早，至岱云处看病。饭后拜寿二处，拜客二处，未正归。

七 月

初八日

卯初起,收拾行李。巳初起行。午初至长新店尖。申初至良乡县住宿。县令沈元文浙湖州人,差人请安。将至良乡时,飘风骤雨,其势甚急。幸大雨时已到店矣。

初九日

卯初起行。雨后朝旭,清气可飧。西山在望,万尖如笋。巳初至窦店早尖。杯拌罗列,颇复可食。未初过白沟河,慨然思明成祖与李景隆之战,得句云:"长兴老将废不用,赵括小儿轻用兵。"上句谓耿炳文,下句即景隆也。思作长歌而不成。申初到涿州驿馆,雅洁可爱。夜,身体不爽快。

初十日

行五十里,尖高碑店。又廿五里,住定兴县。伤暑不能食。

十一日

行七十里,尖安肃县。又五十里,住保定府。头面发热,不能食。请刘午峰来开方,夜服一帖,明早又服一帖。

十二日

行四十五里,尖泾阳驿。又四十五里,住望都县。身子甚不爽快。

十三日

行六十里，尖定州。又五十里，住新乐县。夜，病较甚。

十四日

出新乐县，过河，水涨，三里许，多人煞费力始过。五十里住伏城驿。天晚，不及赶正定府矣。

十五日

行四十里，尖正定府。前途水涨，不可渡。是日，即住此。借方书自看。

十六日

过滹沱河，水才退，泥深没骭，用夫数十人，始过渡。身子甚不好，愁甚。行六十里，住获鹿县。

十七日

行四十里，至微水村，自备茶尖。又三十里，宿井陉县。是日，已入太行山。山峡间，暑气尤盛，甚不爽快。

十八日

行廿五里，尖核桃园。又四十五里，住百井驿。

十九日

行五十里，尖平定州。又五十里，住测石驿。两日路极难走，沙石甚多，热气逼人，病势又加。夜，作书与劳辛皆，乞代求医。

廿日

行五十里，尖寿阳县。又五十里，住太安驿。丑初始到。

九 月

廿一日

由省城起行，行四十里，住新都县。县令张宜亭招游桂湖，徘徊观眺，极饶野趣。

廿二日

早，在桂湖饮酒。为明杨升庵旧址，约广三百亩，皆荷花绿堤，皆桂树。张君修葺，楼阁不俗。酒罢，行五十里，住汉州。州牧刘君邀饮署中，二更散。

廿三日

早起，行五十里，尖德阳县。再行五十里，住罗江县。在途中作《游桂湖五章》。夜，书寄张宜亭大令。

廿四日

早起，行六十里，尖卑角铺。又三十里，宿绵州。夜，大雨，四更始歇。

廿五日

早起，行六十五里，尖魏城驿。又六十里，住梓潼县。在途中作诗一首。

廿六日

早，行四十里，尖上亭铺。又四十里，宿武连驿。作《怀树堂岱云》诗。

廿七日

早，行四十里，尖柳池沟。又四十里，住剑州，作《忆弟》诗。

廿八日

早，行六十里，尖剑关。又四十五里，住大木树。在剑阁看碑，皆唐宋人诗。前明及近人刻石，无可观者。

廿九日

早，行四十里，尖昭化县。旋过松柏渡，又四十里，住广元县数日，精神不甚振作。早，过天雄关，下视群山，空濛一气，嘉陵江如带，田如屋瓦塘如豆。

卅日

早，行四十七里，尖沙河驿。又四十三里，住朝天镇。中间过朝天关，甚高，千盘百折，望对山瀑布，尤可爱。南栈惟此与七盘岭最险峻。

十 月

初一日

早,行卅里,尖辰宜驿。又四十里,住较场坝。

初二日

早,行廿里,尖黄坝驿,陕西境也。又五十里,住宁羌州,作七绝六首。

初三日

早,行卅三里,尖滴水铺。又六十里,宿大安驿。夜,作《西征》诗。

初四日

行四十六里,尖蔡坝。又四十四里,住沔县。县令陆君华封要至署晚饭。

初五日

行四十里,尖黄沙驿。又五十里,住褒城县。

初六日

行五十五里,尖青桥驿。又四十里,住马道驿。

初七日

行五十五里,尖武关驿。又四十里,住留坝厅。夜,与贺美恒畅谈。

初八日

行五十里,尖庙台子。又五十五里,住南星。途中,作《留侯庙》诗,又作《柴关岭雪》诗。

初九日

行三十五里,尖三岔驿。又五十里,住凤县。途中,作《废邱关》诗,又改诗六句。过凤岭,见万山晴雪,琼楼插天,真奇绝也。

初十日

行七十里,尖草凉驿。又四十五里,住黄牛铺,作七律一首。

十一日

卅三生日,作七律二首。行五十里,尖观音堂。又五十里,住宝鸡县驿。馆后有平台,俯临渭水,对岸为南山。六日由褒城至宝鸡山之东西也。南北则绵亘万里,不可穷极矣。夜月如画。独立台上,看南山积雪与渭水寒流、雪月沙水,并皆皓白,真清绝也。琼楼玉宇,何以过此?恨不得李太白、苏长公来此一吐奇句耳!辜负,辜负!

十二日

行九十里,住凤翔府。太守汤琢斋八兄,敦甫相国师之子也,邀至署音尊,三更方散。

十三日

凤翔令黎健庵招饮。东湖古树数抱,云是苏公手植。展公遗像,慨慕无穷。下半天,住岐山县。

十四日

行六十里,尖扶风县。又六十里,宿武功县。

十五日

行四十五里,尖扶风镇。又四十五里,宿兴平县。道过马嵬坡,登杨妃墓,访碑诗，无佳者。刻唐人诗，自不可及。

十六日

行四十五里，尖咸阳县。又五十里，宿西安府。

十七日

住。李石梧邀早饮，同席为王西伯前辈，及蔡麟洲、赵子舟两前辈。

十八日

住。早，仍饭石梧中丞处。余前卧病长安，中丞之太夫人嘱仲云世兄代祷抚署两神。是日，余在署拈香。下半天拜客。

十九日

住。早，仍饭中丞处。下半天，看下人收行李。

廿日

发西安。行五十里，宿临潼县驿馆，即骊山温泉，古华清宫地也。

廿一日

行四十里，尖零口镇。又四十里，宿渭南县。

廿二日

行五十里，住华州。

廿三日

行七十五里，住华阴庙。县令姜海珊申璠，甲午同年也，来同登万寿阁，望华岳三峰，如在睫前。积雪皓白，暮云一碧，北风劲甚，檐铃丁丁相和，真胜地也。

廿四日

行四十里，住潼关。潼商道刘监泉前辈邀吃晚饭，二更尽散。

廿五日

早，渡黄河。行七十里，宿坡底，山西蒲州府永济县地，去府城才五里，望中条山如在睫底。

廿六日

行七十里，住樊桥驿。馆后有小亭，望中条山，苍然如画。独立亭上，看落日西下，红霞半天，快甚。

廿七日

行七十里，宿柏桐镇。剃头。

廿八日

行五十里，尖水头，即古涑水，属夏县。又四十里，住闻喜县。

廿九日

行卅里，尖东镇。又五十里，住侯马驿，属曲沃县。

十一月

初一日

行七十里,尖史村驿。又六十里,宿平阳府。

初二日

行六十里,尖洪洞县。又三十里,宿赵城县。

初三日

母亲寿辰。行六十里,尖霍州。又六十里,宿仁义镇。

初四日

行四十里,尖灵石县。又七十五里,宿介休县。作《至日》诗二首。

初五日

行四十里,尖张兰镇。又三十五里,宿平遥县。

初六日

行五十里,尖祁县。又六十里,宿徐沟县。

初七日

行三十里,尖永康镇。骑马四十里,宿王胡。祁渔庄先生来会,春浦先生之兄也。

初八日

行七十里，尖太安驿。又五十里，宿寿阳县。

初九日

行五十里，尖测石驿。又五十里。宿半定州。

初十日

行五十里，尖柏井驿。又八十里，宿井陉县。

十一日

行卅里，尖微水村，自备。又四十里，宿获鹿县。

十二日

行六十里，住正定府。至大佛寺看大观音，又见北齐碑、宋碑各一通。

十三日

行四十里，尖伏城驿。又五十里，住新乐县。

十四日

行五十里，尖定州。又六十里。住望都县。

十五日

行卅里，尖方顺桥。又六十里，住保定府。未初到，拜客六家。

日记

道光二十四年

正 月

初一日

寅初起，寅正趋朝庆贺，辰初退朝。至会馆敬神，旋归寓。饭后拜客，至酉初方散，归。是日为车夫忿怒二次。

初二日

早起，读书廿页。饭后习字一百，至岱云家问病。归，会客一次。未初起，写信稿十余件，戌正止。记《茶余偶谈》一则。

初三日

早起，读书五页。树堂来，旋同至岱云处看嫂夫人病，未正始归。写信稿十余件，戌正止。

初四日

早起，读书廿页。饭后习字百个。午正假寐片刻。写信稿十余件。清理拜客单。记《茶余偶谈》二则。写信一件。

初五日

早起，读书十页。饭后出门拜客，至戌正归。晚饭后，仍至岱云处问嫂夫人病。

初六日

早起，读书五页。接次会客。至未初，书始读毕。写字一百，旋作《五箴》。酉正至岱云家问病。归，便至心斋处。

初七日

早起，岱云夫人病革，以信来告，即去。竹如、小珊诊脉，俱云不可救。去年，岱云大病，尊嫂曾到股疗夫，衣不解带者四十余日。兹不半载而遽如此，真可哀也。酉正，至何子贞家赴饮约。旋仍至岱云处，二更归。

初八日

早起，至岱云家问病，辰初归。是日为家祖七十一寿辰，款客至未初散。即走岱云处，而尊嫂已于午刻仙逝矣！为之料理一切，至酉正，粗有头绪，仍归。

初九日

早，至陈宅料理诸事，巳刻归。谢寿数处。至邹云陔处赴饮。未正仍至陈宅，看小敛亭当，归。

初十日

早，至陈宅料理诸事。巳刻拜客数家。至琉璃厂观庙市，买书二部。申刻，至陈宅襄成服礼，更初归。

十一日

早起，读书廿页。午正至厂肆，观庙市，归。酉正，至陈宅，二更归。是日写挽联送陈宅。

十二日

早起，读书二十页。午初至陈宅陪客，酉正归。

十三日

写四川、陕西各信，共四十五封。封好，请张芝山来帮办，至二更始完。

十四日

早，发川、陕信。巳初进城拜年，酉正始归。至陈宅，久坐至二更尽。百计劝岱云释忧减业，竟不能解。

十五日

早，读书廿页。巳初与蕙西同观厂肆，酉初归。夜至心斋处少谈。

十六日

早，读书廿页。午初树堂移至寓内同住，将为儿子延师，三月上学，兹先请来住。是日请客三人小饮，戌初散。至陈宅少谈。

十七日

早，读书廿页。请吴竹如来为内子看病。午初散，又会各客。申初，剃头。旋赴易问斋之宴。旋至陈宅，又至何子贞处谈，子正归。

十八日

早，读书廿页，会客二起。午正至湖广馆团拜，酉正归。至陈宅略坐。归，写请帖。

十九日

早，读书廿页。饭后假寐。未初，至罗椒生处赴宴，戌初散。至朱伯韩处谈，亥正归。

廿日

早，读书廿页。饭后拜客二家。至湖广馆请客，灯后归。至岱云处谈，三更初归。

廿一日

早，读书廿页。饭后出门，送奠分二处。至陈石珊家赴宴。旋至会馆，又至他处拜客。归，假寐。请客一席，二更散。

廿二日

早，读书廿页。饭后习字一百，写扇二柄。旋与树堂谈。申正请客，至二更尽散。

廿三日

早,读书五页,习字一百。至岱云处陪吊,亥初归。

廿四日

早,读书廿页。至毛寄云处拜寿,未初归。写家信,至夜未完。

廿五日

早,读书十五页。至才盛馆团拜,酉正归。旋至季世兄处、岱云处,戌正归。写家信。

廿六日

早,读书五页。写四弟信。至才盛馆请同年,酉正归。夜作字二百余。

廿七日

早起,读书廿页。饭后写字百余。旋至湖广馆请裕余山制军。拜客至东四牌楼,酉正归。接王少鹤信。

廿八日

早起欲看书,而看少鹤信,不能无动,遂为书达之。至未刻,书成。杨杏农来,畅谈至夜。誊少鹤信送去,又发山西信一包。

廿九日

早,至岱云处,为其尊嫂发引,申正归。夜,与树堂畅谈。酉刻至蕙西处谈。

卅日

早起,请裁缝做衣。小事不如意,心绪烦恼,竟日未尝为一事,胸怀浅鄙之极。

二 月

初一

四更起,至社稷坛陪祀。旋至文渊阁衍礼。归,拜客一家。归,小睡。写字,会客。夜,看王荆国文。

初二

四更起,至文渊阁侍班,观经筵大典。归,写联幅。酉刻至寄云处饭。戌刻,至岱云处,亥正归。

初三

晏起。读书十页,会客一次。饭后读书五页,清帐。至会馆敬神,便拜客数处。夜与树堂久谈。

初四

早起,读书廿页。拜客数处。夜与树堂久谈。

初五

早起,读书廿页。饭后出门,拜客数家。至黄矩卿师处赴饮。

初六日

早起,读书十页。会客数次。作陈君之室《易安人墓志铭》,未成。

初七日

早起，作墓志铭成。会客数次。夜与树堂谈。

初八日

早起，同年八人集余斋，会余诗文课。余写字三开而已。

初九日

早起，读书十页。至城内拜客。暮归，与树堂谈良久。

初十日

早起，读书十页。会客甚多。未正至湖广馆公请常南陔前辈。申正，至会馆拜朱啸山及他友。夜归，作《五箴》成。

十一日

早起，读书数页。会客甚多。杨杏农来，久谈至晚。请客一席，二更散。

十二日

早起，读书数页。会客数次。未初出门，至赵子舟处赴宴。复至郑小山处，二更归。

十三日

早起，至举场送冯树堂考学正。旋至国史馆，钞乾隆三十一年起河渠水利事。旋拜客数家。归，饭。至陈岱云处畅谈，归。

十四日

早起，读书十页。杨杏农来，谈至未初去。小睡。起，陪客二次。夜写家信一封。

十五日

早起，读书十页，习字一百。饭后，屡会客。写信一封。拜客数家。夜有客。写应酬字数纸。

十六日

早起，读书十页。习字一百。会客六、七次，至申正散。闻欧阳小岑来。夜与树堂谈。

十七日

早起，闻筠仙来，即去觅他。因在东头拜客，至未初归。会客二次。拜钱崙仙，谈至夜分。

十八日

早，习字一百。饭后拜客二处。至郭雨三处会课。午初，至财神馆甲午团拜。申正，仍至雨三处。饭后，拜李楠生，谈至二更归。

十九日

早，习字一百。与内人有责言。会客五、六次。未初至会文堂赴宴，拜客三家，归。夜睡最早。

廿日

早，习字一百。会客甚多，未作一事。夜，与筠仙、树堂谈，兼批阅筠仙文一首。

廿一日

早，习字一百。饭后拜客数家。下半天，至会馆，饭赵玉斑处，晚归。夜，杏农来，久谈。

廿二日

早，习字一百。饭后看书十页，写对联、条幅。未初，欧小岑来。请客一席，戌初方散。

廿三日

早，习字一百。旋出门拜客。归，剃头。至文昌馆公请黄矩卿师。未正至会文堂赴李玉川席,申正归。请客一席,二更散。

廿四日

早,习字一百。旋会客数起。出门送分资二起。拜客数家,归。酉正至庙,与筠仙久谈。杏农来,复畅谈,二更尽散。

廿五日

早,习字一百。会客五起。出门送分资,便拜客数处。归,为杨石汸作寿文。送去。陈岱云、张芸阁来。

廿六日

早,习字一百。拜客数家。至何丹畦家会课,申正散。与树堂、筠仙久谈。旋与筠对棋二局。

廿七日

早,习字一百。饭后会客二次。出门拜仓少平之母寿,又会客数家,申正归。杏农来,谈至初更而散。写册页一纸。

廿八日

早,习字一百。旋会客二次。出门拜客四家。至邓宅听戏、赴宴,申正归。会客二次。至王麓屏处晚饭。归,寻啸山谈。

廿九日

早,习字一百,会客数次。出门拜客二家。未初写对联、条幅,至申正止。酉正与树堂、筠仙同至岱云,谈至三更归。

卅日

早起,习字一百。拟作诗,仅八句。早饭。饭后,与树堂闲谈。午初客来。旋邀客晚饭,申正方坐席,更初散。留晓岑宿。

三 月

初一日

早，习字一百。陪客至午正。拜客至酉初归。饭后，又陪客。

初二日

早，习字一百。陪客数起。吴竹如午正来，至申初去。与筠仙畅谈。至龙翰臣处晚饭，归，与筠仙论文。

初三日

早，习字一百，会客一次。饭后至庙内坐，作诗不成。晚饭后，来陈岱云、杨杏农。夜至萧史楼处谈。

初四日

早，习字一百。会客二次。饭后久谈。出门拜客，酉正归。夜仍与筠、树二君谈。

初五日

早，写寿屏一架，至申初毕。中会客五次。酉正，与树、筠同至报国寺慰陈岱云。

初六日

早，至庙与筠仙谈。喜岱云得差。饭后，性农来。旋会客数起。作诗至下半天。夜，李笏生来。

初七日

早，作诗完，写好送树堂、筠仙。至城内小寓。出门送考，申正归。夜大雨。早睡。

初八日

晏起。拟送考，因雨泥不果。饭后，阅黄山谷诗。至心斋寓谈。接家书。下半天，仍阅山谷诗。夜，早睡。

初九日

早起，习字一百。饭后小睡，未初起。写寄六弟、九弟信，共十一页，尚未完。

初十日

早，习字一百。旋与凌十一信，巳正完。至李笏生处看会试文。归，写弟信完。又至性农处、蕙西处看文。夜看书十页，记《茶余偶谈》一则。

十一日

早，至举场送考，午正归。围棋一局。写家信，申正毕。晚饭，至心斋处谈。夜看书十页，记《茶余偶谈》一则。

十二日

早，习字百个，读书十五页。饭后至钱崙仙处会课。旋至小帆处拜寿，即在小帆处一日。夜归，看书十页，记《茶余偶谈》一则。

十三日

早，习字一百，读书十五页。饭后，写应酬字，至酉初完。会客二次，至灯时。夜，看书十页，记《茶余偶谈》一则。

十四日

早，习字一百，读书十页。日中，写信二封。未正，拜客三家，饭春皆处。

晡时归，读书十页，记《茶余偶谈》一则，会客一次。

十五日

早，习字一百，读书十页。饭后至晏同甫处会课。作诗一首，写折二开，批何年伯文数首。夜归，至小帆处商事。读书十五页。记《茶余偶谈》一则。

十六日

早，习字一百，读书十页。饭后剃头。树堂、筠仙归，谈不久。出门拜客，晡时归。灯后，家有客，久谈。更初看书十页，记《茶余偶谈》一则。

十七日

早，习字一百。李笋生来，接次客来，巳正散。与筠仙畅谈。写对联条幅。会客数次，至晚。夜，人不爽快，走啸山处，畅谈，更初归。

十八日

早，习字一百，会客二次。饭后，出门拜客，至更初归。在新馆晚饭。归，会客，二更初散。

十九日

早，习字一百，是日，在家写对联、条幅。午正，至外换银。屡次会客。夜杏农、笋生二人来。

廿日

早，习字一百。饭后拜客，至戌初归。夜，有客。旋书扇二柄。与树堂久谈。

廿一日

早，习字一百，写小条子一张，旋写对联。小岑日中来，留宿。杏农晡时亦来。

廿二日

早，习字一百。饭后，杂理移寓诸事。下午，请同县客，共十六位。夜，荇农来，谈至二更。

廿三日

早，习字一百。饭后，收拾诸物。送树堂、筠仙先移新寓。予亦至新居部署一切，戌初归。杏农来寓畅谈。

廿四日

是日，移居前门内碾儿胡同西头路北。辰起，整理一切。饭后，至廖师、穆师两处。带儿小、门生即至新寓部署。晚饭后至竹如处，谈一时许。至新居时，小儿上学。

廿五日

早起，部署诸务。饭后会客三次。未正小睡。晚饭后，人甚不清爽。夜与筠仙畅谈。有侠客道学白描《汉书》二语，蕴之已久，兹始与筠仙发之。

廿六日

早起，仍部署诸务。饭后剃头。与筠仙同出城，至汇元堂赴新科团拜之请，申正归。收拾书案。夜检理钱账。

廿七日

早起，悠忽。饭后写折数行，会客数次。出城拜客，酉正归。饭后，与筠仙、树堂谈至深夜。

廿八日

未明起，送筠仙至午门外赴大挑。旋还家，写字一百，写折数行。至会馆新科题名，戌初方归。筠仙大挑未得，不无抑郁，力劝之，共酌酒数杯。

廿九日

早起，习字一百，会客一次。饭后，写应酬字，至戌正止。夜作试帖一首。

四 月

初一日

早起，习字五十，朗吟《楚辞》。饭后小睡。旋写应酬字至晚。夜至竹如处谈。

初二日

五鼓起，至乾清宫，引见讲官，归来倦甚，心有不怿。终日无所事事。下半天与树堂谈。夜作试帖一首。

初三日

晓岑早来，与共围棋。旋大雨。未正，晓岑去。与内人议家事甚久。夜作试帖一首。

初四日

至文昌馆赴李笏生师弟之约。旋至宴寿堂，赴四川团拜公请，酉正归。与树堂、筠仙谈。夜作试帖一首。

初五日

早，请客一席，至申正散。陈季牧来，戌初复去。夜作试帖一首。

初六日

晏起。饭后至城北拜客一家。旋至湖广馆请四川门生。复拜数家，归。夜为西垣阅文一首。旋料理琐事。

初七日

晏起。至财盛馆,甲午乡榜同年团拜,酉正始归。夜与树堂、筠仙久谈。

初八日

听榜。遣人到处查访,不得的信,与筠仙下棋。夜,竹如来谈。

初九日

早起。树堂、筠仙落第,心殊不怿。上半天,在家会客。下半天,出门道喜。夜与树堂、筠仙谈。

初十日

早,入内,磨勘朱卷。旋至宝庆馆、湘潭馆老馆、新馆各处送行,夜。

十一日

早,请客,至未正散。申初下园子海甸,住清梵寺曾心斋处。

十二日

早起。写白折一天。写《彭王姑墓志铭》一首。

十三日

写白折三开。岱云亦到园子。酉初移寓河道厂,与毛寄云同寓。

十四日

早起,磨墨写字。客来数次。申初出门拜客,戌正归,饭。夜仍至岱云处。

十五日

早起,磨墨写字。是日写三开半。下半天,收拾笔墨。早睡。

十六日

至正大光明殿考差。寅正进场。《四书》题"其未得之也"至"无所不至矣"。经题《谦也者致恭，以存其位者也》。诗题《赋得"君臣一气中"》，得"公"字。未正三刻，三艺作完，写至戌初始毕。是日，场屋搜出李汝峤、佟元，交刑部治罪。李则曾在上书房行走，且曾任山东学政者也，尤为可惜。

十七日

早饭，拜客三处。入城，会客甚多。至戌初，客始退尽。早睡。

十八日

早，至陈岱云处早饭，未正散。拜客数处，戌初归。与筠仙围棋。

十九日

至湘潭馆送小岑行，送至彰义门外。酉初归寓，倦甚。晚饭后，何丹畦来，因与同至竹如处，久谈。得见散馆单：江国霖，馆元；同乡曾心斋，一等十二；陈竹伯，二等第三；徐云渠，三等第二。

廿日

在寓写寿屏，屡为客耽阁，且天气甚热，仅写二幅。酉正，至萃英堂送周默庵、韩臣、吴西桥殿试。夜与筠仙围棋。

廿一日

晏起。写寿屏六幅。会客三次，酉正完。戌初，写纨扇二柄。夜读文。

廿二日

晏起。饭后，出门拜客，酉正归。夜与筠仙围棋。

廿三日

晏起。拜客，至会馆早饭。旋拜数家，申正归，吃点心。复至镜海丈处，久谈，戌初归。夜，与筠仙围棋二局，头昏眼花，以后永戒不下棋也。

廿四日

晏起。饭后写小字。下雨。写至未刻止。雨甚。闻三鼎甲信。申初，与筠仙围棋，复蹈昨日之辙。

廿五日

黎明起，至太和殿下谢恩。归寓，黄正斋来，早饭。旋与黄鹤汀围棋，午正散。睡二时。申正下园，预备明日引见。

廿六日

黎明起，入内随班，至勤政殿引见，巳初下。直至郭观亭寓早饭，未正归寓。少息，至城外拜客，晡时归。夜早睡。

廿七日

晏起。饭后与筠仙对奕。旋写应酬字，甚少。下半天，因热甚，人不爽快，灯后早睡。

廿八日

早起，读书廿页。旋房闼不敬。饭后小睡。未初起，写应酬字甚多，至灯后毕。早睡。

廿九日

晏起。饭后至城外请客，晡时归寓。夜书扇一柄。

卅日

晏起。饭后，客来数起，未正散。写小字。晚饭后，天阴，会客一次。

五 月

初一日

早起，阴雨。习字一百。饭后，与树堂议裱地舆图，因看渠手为裁翦熨贴。下人因事口角，余亦动气，因并遣去，心不快者一日。夜，何丹畦来，畅谈。

初二日

早起，尚为昨事心绪烦乱。饭后出门拜客。旋至易念园处晚饭，戌正归。夜，与筠仙、树堂谈。

初三日

早起。饭后习字一百。会客一次。写小楷、条幅、扇子甚多，至戌正完。夜早睡。

初四日

早起，习字一百。饭后会客五次。出门拜节，至戌初归。夜与树、筠两君谈。

初五日

早起，写李石梧道喜信一件。饭后，无所事，心如悬而不降者，知其不能定且静也久矣。未正，徐石泉来，与同围棋数局。石泉去而余头昏眼花，因戒永不下棋。誓曰：如再下棋，永绝书香也。夜与树、筠二君谈。写扇一柄。

初六日

早起,屏当琐事。剃头。旋至廖师处赴饮。申初,至湖广馆请乔见斋方伯,戌正归。夜,与树、筠谈。

初七日

早起,会客二次。旋请客一席,至申正散。小睡一时,起,写联幅。旋会客二次。夜写扇二柄。

初八日

早起,习字一百。旋邓云爻来,至戌初方去。竹如继来,亥初方去。

初九日

早起,习字一百。饭后遣人送信至会馆并曹星槎处。会客二次。下半天,送信一件,料理琐事。夜写字。

初十日

早出门,至首班臣处早饭。东头拜客数家。午正,至观音院请客,戌初归。与树堂、筠仙谈。

十一日

早,接家信。是日在家写信回家,自辰至酉尚未完。竹如来,谈至子初。客去,复写信。

十二日

早,仍写家信,至戌初毕。中间会客二次。夜写应酬字。

十三日

早,习字一百。会客数起。午正至会馆祭关帝,戌正归。夜与树、筠谈。

十四日

早,出门拜客,饭陈岱云处。旋又拜客。至文昌馆赴曾心斋饮约,戌正归。

夜与树堂谈。

十五日

晏起。饭后剃头。旋下园子拜客数家，戌正归。夜，写二柄。饭后写扇三柄。

十六日

早起，习字一百。饭后，看黄山谷诗一本。下雨。酣睡。夜读杜诗。

十七日

早起，习字一百。饭后，为人圈批文字，至申正毕。小睡起，读杜诗。夜与树、筠谈。

十八日

早起，至翰林院教习到任，辰正归。饭后会客三次。旋出门拜客，戌正归。夜，早睡。

十九日

早起，习字一百。读《张杨园先生集》，圈卅余页。小睡。下园预备召见，宿河道厂。夜，大雨。

廿日

早起。寅初一刻，入宫门递奏折。卯正召见。大雨湿衣。午正，到家早饭。饭后小睡。会客三次。看《杨园先生集》卅余页。

廿一日

晏起。饭后，作公主府门对四付。会客数次。旋写对十付。夜留啸山在寓。

廿二日

早起陪客，连次有客。早写对五付。客至，申初始毕。作对联五付。

廿三日

早起，写字。饭后，看书。王待聘妹夫来，又偕其从弟仕四同来。是日，与谈家事一日，知祖父近来衰老矣，何日得抽身去堂上问安数句为慰也？

廿四日

早起，待聘微不快。饭后，李劭青来、钱崙仙之弟来，商酌一切。下午办菜，为妹夫接风。下半天看书数十页。

廿五日

早起，出门拜客数家。至观音院请甲午同年，戌初归。夜与妹夫谈。

廿六日

早起，为崙仙批《星轺便览》，至辰正毕。巳正，周荇农来，留谈竟日。夜，下榻寓斋。是日陪客而已，无所事事。

廿七日

早起，读《杨园集》卅页。饭后，仍陪客，申初方归。下半天写字。夜与树、筠谈。

廿八日

早、读《杨园集》卅页。岱云来商酌周荇农对良久，申初始归。旋写字。夜与妹夫谈。

廿九日

早，读《杨园集》。午初小睡。会客二次。旋作诗二首。

六 月

初一日

早,读《杨园集》。岱云来,与同至竹如处谈。归来,早饭。旋出城至文昌馆公宴,酉正归。夜与筠仙谈乾坤礼乐,体验身心之端。

初二日

晏起。旋出城至观音院赴宴,酉正归。夜请妹夫来,久谈家事。

初三日

早起读书。饭后出门,至陈岱云处。旋拜客数家,酉正归,饭晚。夜与筠仙谈。

初四日

早起,会客。饭后,午初小睡。旋会客二次。未正写对联,戌初至竹如处畅谈。

初五日

早起,写字。请客,未正客散。小睡,起,晚饭。夜,读《杨园集》卅页。

初六日

早起,会客。旋读《杨园集》五十页,习字一百。

初七日

早起,读《杨园集》。饭后会客。旋写字,读《杨园集》。写耦庚丈信,计六百字，夜深毕。

初八日

早起，至楞仙处送行。旋拜客数家。午初，至才盛馆，赴钟子宾席，酉初散。拜客三家，戌正归，倦甚。夜无所事。

初九日

早起，读书。饭后，写字。会客三次。岱云来久坐，留晚饭。去后，与树、筠二君畅谈，夜谈艺甚畅。

初十日

早起，读《杨园先生集》。饭后，写悬肘行书，未正毕。小睡。会客三次。夜写信四件。

十一日

早起，观金鳌玉蝀及十汊海荷花。旋拜客数家，申正归。身子不爽快，早卧。

十二日

晏起，不甚爽快。饭后在筠仙房内坐。旋闻本日放差信。未初读《杨园集》。夜写字。

十三日

早起，读《杨园集》。饭后，写字。旋会客三次。复读《杨园集》。下半天，朱笑山来。夜为笑山看诗。

十四日

早起，为笑山看诗。饭后，竹如来，与谈吴子序兄弟王学之蔽。旋出门拜客，晚归。夜热，无所事事。

十五日

早起，为仓少平批《星轺便览》。旋会客三次。旋读《王荆公文集》第一本毕。

十六日

早起，读《荆公诗集》。上半天，会客三次。下半天，写对联。仓少平求代笔也。

十七日

早起，读《荆公集》。饭后续少平对联，会客二次，与筠仙谈。下半天会客一次，写扇一柄。

十八日

早起，读《荆公集》。饭后会客三次。旋写对联颇多。为李笏生看诗廿余首。

十九日

早起，读《荆公集》五十页。小睡。周杏农来，久陪。旋写扇一柄。下半天，筠仙归。留杏农宿，谈至二更。

廿日

早起，读《荆公集》。饭后，杏农去。仍读《荆公集》。小睡。起，写对联十余对。下半天写家书一页，未完。

廿一日

早起，出门拜客。旋至文昌馆，请仓少平、恽浚生至琉璃厂买书。遇雨，申正归。夜与树、筠谈。作诗二首。

廿二日

早起，至筠仙房谈。旋闻放差信，岱云仍不与焉，为嗟歔者久之。写对联、条幅颇多。读《荆公集》卅页。作诗一首。是日写家书，至夜方完。

廿三日

早起，剃头。饭后拟上国史馆，途遇岱云而还。与岱云谈一时许，仍出门拜客，酉正归。读《荆公集》卅页。

廿四日

早起,读《荆公集》卅页。旋写小条子一张、楷书扇二柄,写对数付。周默庵来寓,谈一天。

廿五日

早起,写信一付与少平。读《荆公集》卅页。写楷书长条一幅。小睡。写条幅六页。夜写册页一开。

廿六日

早起,上国史馆。拜客数家,申正归。写楷书条一幅。小睡。饭后,与树、筠长谈。夜,写册页一。

廿七日

早起,送树堂、筠仙考教习。归来,读《荆公集》四十页。旋写帐,因钱数不对,记忆一时许。旋写对联、条幅甚多,酉正毕。夜,作诗十余句。早睡。

廿八日

早起,作诗,巳正始毕。读《荆公集》五十页。黄鹤汀来,接次客来,陪至二更。树、筠考教习归,俱妥当。西垣在寓宿,久谈。

廿九日

早起,读《荆公集》卅页。旋会客数次。下半天写字。夜仍读《荆公集》。未正出门,至岱云处晚饭,戌正归。

卅日

早起,读《荆公集》卅页。饭后,朱啸山来,与久谈一切。旋会客数次。夜写家信,并正定县梁信。

七 月

初一日

早起,陪啸山话。读《荆公集》廿页。饭后遣人看教习榜。旋客来甚多。午正,闻树堂、啸山取,而筠仙不与,甚忧虑。旋闻皆取,甚喜。申初出门拜客,至雨三处吊唁,酉正归。夜作诗一首。

初二日

早起,读《荆公集》数页。闲谈。饭后屡次会客,至酉正方散。啸山仍宿寓中。是日仅写对联五首。

初三日

早起,至庶常馆,系潘中堂大课。余以分教庶吉士,故亦早到。是日赋题《熟精文选理赋》,诗题《风定池莲自在香》。未正始散。城外拜客数家。热甚,早归,不能事事。

初四日

早起。饭后出门,拜客数家。季世兄到。是日,为张雨农之世兄完姻,故出门道喜,申正方归。热甚,不能事事。

初五日

早起。饭后出门,至张雨农家晚饭。因去得太早,在贺石农处久谈,戌初归寓。夜太热,仍不事事。

初六日

晏起。饭后热甚。三日在外应酬，本日仍昏倦之至。会客数次。日中小睡一次。绝无事事，耗废光阴，可惜也。

初七日

早起，读《王荆公集》卅页，会客一次。未正，树堂、筠仙、啸山在金寓请客，客至晚方散。西垣在寓宿，丹畦二更方去。

初八日

早起，读《荆公集》卅页。岱云来，相对欷歔，渠境甚窘，竟不得差，殊难为情，久谈，至午正去。旋小睡。写楷条一张。读《荆公集》。申初出门，拜客二家。夜归，写字数纸。

初九日

早起，读《荆公集》卅页。习字一百。小睡。会客三次。晚饭后，筠仙归，与谈。夜改文二首。是日闻海秋病甚剧。

初十日

早起，读《荆公集》。闻海秋死，即至渠家吊唁。又拜客二家，申正归。与树堂、筠仙久谈。

十一日

早起，读《荆公集》。饭后出门拜客。下半天，饭陈紫翁处，戌正归。夜作字。

十二日

早起，习字一百。是日公请季世兄。余因微病不能去，在家为田敬堂作《策问》二首。会客二次。

十三日

早起，习字一百。敬堂来，又作《策问》一首。会客一次。写扇二。岱云久坐一天，巳正来，酉正去。

十四日

早，习字一百。巳初，与竹如出城，至伍生处看病。旋至周华甫家拜寿。又拜客数家，申正归。写挽联一，又写应酬字。

十五日

早，习字一百。饭后为敬堂将《策问》誊真，至申正誊完。写扇一。夜改文二首。

十六日

早，习字。饭后写扇一柄。李笏生来，久谈一天，又他客来甚多，始遇王子寿。酉正客方散。旋竹如、石泉来，更初方散。

十七日

早，习字一百。旋与竹如同去看伍生病。至雨三处陪吊。送岱云至渠寓，渠因留吃饭，戌初归。夜与树、筠谈。

十八日

早，习字一百。饭后小睡。徐石泉、贺石农来，因留晚饭，余陪客，仍写应酬字。酉正去。日来余耳鸣殊甚，不耐看书。

十九日

早，习字一百。饭后在筠仙房坐谈，写应酬字，看韩文。下半天，与筠仙同至竹如处谈。夜作祭海秋文八句。

廿日

早，习字一百。饭后，写家信，申初毕。复作祭文数句。竹如来邀，同至窦兰泉处。归，仍作祭文，至三更毕，尚未成。

廿一日

早，与竹如同至伍生处看病。旋至心斋处，渠丁内艰，为渠料理诸事。旋拜客数处。酉初归，足成祭文，算字画格。早睡。

廿二日

早，习字一百。饭后小睡。旋陈岱云来，久谈，申正方去。夜，筠仙归来，久谈。

廿三日

早，习字一百。与竹如同去看伍生病。旋至小珊处道喜。复至心斋处。拜客数处，酉初归。夜看诗。

廿四日

早，习字一百。旋写海秋祭文，未正毕。会客一次，甚久。复写对二付。夜，张楠皆来，久谈。

廿五日

早，至竹如处，与同至伍生寓看病。旋同至位西处，又至心斋处早饭。拜客数家，至段果山处晚饭，戌初归。习字一百。早睡。

廿六日

丑正起，下园，讲官引见，系骆吁门前辈得之，渠邀吃饭，申初归。下半天习字一百。夜早睡。

廿七日

早起，习字一百。辰刻出门，至才盛馆赴教习同年之请，申正散。拜客数家，酉正归。戌刻看书。

廿八日

早起，习字一百。辰刻，看《王荆公集》廿页。旋会客数次。是日为冯树堂之尊人生日，请陈岱云、徐石泉来吃饭。夜与石泉同走竹如处，看文数篇。

廿九日

早起，习字一百。旋看书卅页。写挂屏二幅，楷书。夜因筠仙在外归，共饮酒畅谈。

八 月

初一日

早起，习字一百，旋看书廿页。陈岱云来，又他客来，久谈。旋至竟海丈处道喜，归。晚饭后，与树、筠谈。夜写信一封与谢吉人。早睡。写挂屏二幅。

初二日

早，陈季牧来，旋客来不止。作字一百。客至，未初方毕。看书廿页。申初写挂屏四幅、草屏四幅。饭后，吴竹如来，谈至戌正去。

初三日

四更起，至国子监陪祀。卯初上祭，太晏。旋至周荇农处，久谈。又拜客二家，归早饭。复出门拜客，酉正归。夜作字一百，睡。

初四日

早起，竟海先生来。辰正出门，至心斋处陪吊。旋拜客三家，至岱云处晚饭，渠为夫人成主，晡时归。至竹如处久谈。归，临帖一百。

初五日

早起，临帖一百。饭后应酬数事。旋为果山作寿文，酉正方成。旋买《淳化阁帖》一部。夜写对联、条幅。

初六日

早起，遣人听宣。旋写字一百。饭后写帐。陈岱云来，久谈。至申正始去。

下半天细思家训条例。夜钞家训百字，自誓以后非有大故，每日皆钞百字；倘有不钞，永绝书香。

初七日

早起，习字一百。读《王荆公集》廿页。饭后，出门拜客，申初归。小睡。晚饭后至竹如处。夜钞家训百余字。

初八日

早起，习字一百。客来。饭后读《荆公集》廿八页。会二客，谈良久。晚饭后写扇一，约小楷四百。徐石泉来久谈。旋钞家训二百余字。

初九日

早起，读《荆公集》卅页。日中临帖百字。旋写应酬字。下半天至竹如处。夜钞百余字。

初十日

早起，读《荆公集》廿页。旋临帖百字。至文昌馆赴小山饮约，申正散。拜客三家，晚归。夜钞书百字。

十一日

早起，读《荆公集》卅页。旋临帖百字，陈岱云来久谈。下半天无所事。夜钞书百余字。

十二日

早起，读《荆公集》廿余页。旋临帖百字，写应酬字不少。夜钞书百余字。

十三日

早起，读《荆公集》廿余页。旋临帖百字，邵蕙西来久谈。旋出门拜寿，拜客数家。归，何丹畦、徐石泉来，与同至竹如处。夜钞书百余字。

十四日

早起，读《荆公集》廿页。旋临帖百字。出门拜节数家。江岷樵来，留吃便饭。下半天闲谈。夜钞书百字。

十五日

早起，读《荆公集》廿页。旋写百字。朱啸山来，早饭。午正出门拜节，未正归。过节。夜钞书百字。

十六日

早起，读《荆公集》十余页。镜丈来，谈一时余。早饭后，仍读书临帖。未正，至毛寄云处赴宴，晚归。夜钞书百字。

十七日

早起。读《荆公集》卅页，是日读毕。临帖百字。旋拜客二家。是日家中请客，共六人。灯后，客始散尽，钞书百余字。

十八日

早起，读《后汉书》廿五页。临帖百字。会客五次。张楠皆在此晚饭。夜钞书百余字。

十九日

早起，读《后汉书》廿余页。会客三次。旋临帖百字，钞书百余字，作诗二首。

廿日

早起，读《后汉书》廿余页。会客二次。旋临帖百字。出门拜客数处。归，钞书百余字，作诗二首。

廿一日

早起，读《后汉书》廿余页。会客三次。旋出门拜客，至寄云处。夜归，临帖百字，钞书百余字。

廿二日

早起，读《后汉书》廿余页。会客五次。临帖百字。钞书百余字。作诗一首。共五首，命曰《秋怀》诗。

廿三日

早起，读《后汉书》廿余页。会客一次。写应酬字数件。临帖百字，钞书百余字。将诗写寄位西。

廿四日

早起，读《后汉书》廿余页。临帖百字。是日，请吴子朴兄弟便饭，又有何丹畦、易莲舫在坐。丹畦更初方散。钞书百余字。

廿五日

早起，读《后汉书》，仅数页。即出门至岱云处早饭，饭后归。周荇农来此作竟日谈。又会他客三次。夜补读本日书廿余页，临帖百字，钞书百余字。

廿六日

早起，读《后汉书》。荇农早去。陈季牧来，便饭，巳刻去。旋会客三次。读书廿余页。临帖百字。钞书百余字。申刻与率五至岱云处晚饭，酉正归。夜与率五妹夫在上房置酒，痛谈家事，二更尽毕。

廿七日

早起，接家信甚多，祖父母、父母、叔父、诸弟、岳父、丹阁叔、陈本七各有信。读《后汉书》廿页。临帖百字。钞书百余字，巳刻毕。开率五回南诸物单，代为收拾行李、衣服，检点一切，至晡时方完。夜仍置酒与率五饮，渠明日即南归也。

廿八日

黎明起，早饭。至岱云处，送伊妻灵柩回南。卯正起行，送至东便门外。余妹夫率五亦同此粮船回南，会于东便门外。妹夫执手悲咽，有泪无言。渠本意为来考供事，将来图发迹。余以其才不足以仕宦，故不劝成之。渠以远来，一无所得，恐归无面见江东，又与我处久，不忍离，故不觉泣之悲也。未正归家，读《后汉书》廿页，临帖百字。申正生一女儿，内人母子俱平安。旋钞书百余字。

廿九日

早起,读《后汉书》廿余页,临帖百字。教儿子读书。日中,内人血气痛颇甚。旋钞书百余字。晡时,至竹如处畅谈。未正至艮峰、竟海两先生谈。夜在竹如处,二更方归。

卅日

早起,读《后汉书》廿页。教儿子读书。临帖百字。会客一次。旋内人血气痛弥甚,请竹如来开方。钞书百余字。

九 月

初一日

早起,树堂自外归,略谈。读《后汉书》廿余页。会客五次。习字一百。钞书百余字。下半天作诗一首。旋至石泉处,谈至二更。

初二日

早起,至庶常馆大课,余以分教与焉。大教习文孔修,题《秋菊有佳色赋》,"大法小廉",得"廉"字诗。日中归,读《后汉书》廿余页。习字百个,钞书百余字。旋作诗二首。

初三日

早起,读《后汉书》廿余页。旋出门拜客六、七家,晡时归。夜习字百,钞书百余字,作诗一首。

初四日

早起,读《后汉书》廿余页。日中会客三次。旋临帖百字,钞书百余字。下半天与徐石泉、树堂同至竹如处。

初五日

早起,读《后汉书》廿页。旋会客三次。临帖百字,钞书百余字。申正至会馆拜客二处,归。夜与树堂小酌。

初六日

早起,至城外送汤海秋之灵柩南归,则已无及矣!早饭朱啸山处。旋拜客二家。归，读《后汉书》廿页。会客一次。临帖百字，钞书百余字。夜看赋四篇，教习门生之作。

初七日

早起，读《后汉书》廿页。习字一百，钞书百字。清理数目。会客一次，艮峰先生。夜作字不少。

初八日

早起，读《汉书》廿页。是日，请教习门生吃饭，申正饭毕。旋临字一百。钞书百余字。夜与树、筠谈。

初九日

早起，读《后汉书》十余页。朱啸山来。在余寓请客，即留啸山、云松宿。夜，客睡后，补看书，兼临帖、钞书。

初十日

早起，读《后汉书》，并陪客。饭后，啸山与树、筠出城听榜。西垣来，岱云来。读书廿页毕。会客二次。临帖百字。钞书百字。丹畦来，久谈。

十一日

辰起，看榜，喜周荇农中南元。旋读书廿页。出门各处道喜，酉初归。夜习字一百，钞书百字。

十二日

早起，看《后汉书》廿页。会客六次。旋习字百个，钞书百余字。夜与树、筠谈。

十三日

早起，看《后汉书》廿页。会客六次。习字百个，钞书百余字。

十四日

早起，读《后汉书》廿页。会客一次。出门拜客。归，习字百个，钞书百余字。

十五日

早起，读《后汉书》廿页。邓七来辞行。万里远行，一无所得，颇为悯之，作五律三首送行。书二扇，一赠邓七，一寄香海也。酉初脱稿。夜习字百个，钞书百字。

十六日

早起，读《后汉书》廿页。西垣来。旋出门拜邓七。归，临帖百字，钞书百字。

十七日

早起，读《后汉书》廿页。会客四次。竹如来，谈甚久。夜临帖百字，钞书百余字。

十八日

早起，读《后汉书》十余页。旋出门拜客数家。至陈石山处道喜。归，复读《后汉》数页，是日读毕。习字百个。钞书百余字。

十九日

早起，看苏诗。因往时看有未过笔者数本，因续看数页。即至段果山处拜寿。归，看书十余页，习字百个，钞书百余字。

廿日

早起，看苏诗廿页。出门至刘佩泉处吊唁。归，会客五次，习字百个，钞书百余字。

廿一日

早起，看苏诗，午正毕。邓小耘来，久谈。渠明日出寓，留吃点心。晚习字百个，钞书百余字。

廿二日

早，看苏诗。周荇农来寓早饭。旋徐石泉来。读苏诗又十余页。习字百个，钞书百余字。

廿三日

早，看苏诗，未毕。出门拜客十余家。归，仍看诗十余页，习字百个，钞书百余字。

廿四日

早，看苏诗，未毕。巳正至会馆，武公车题名。酉正，进城。夜看十余页，习字百个，钞书百余字。

廿五日

早，看书数页。岱云来，因同早饭，旋同至易念园处。公请客，晚归。夜看书毕。习字百个，钞书百余字。

廿六日

早，看书。饭后出门拜客，至寄云处赴饮约。晚归，读诗十余页，习字百个，钞书百余字。

廿七日

早，看书廿余页。未初出门，至杜兰溪家晚饭，晚归。夜习字百个，钞书百余字。

廿八日

早起，看书廿余页。未初写挽联一对，送刘佩泉处。申正归，习字百个，钞书百余字。

廿九日

早起，看书廿余页。午正出门。同年中有得御史记名者，道喜数处。晚归，习字百个，钞书百余字。

十 月

初一日

早起。三更,至太庙陪祀。黎明归,仍睡。晏起。会客五起。看书廿页。习字百个,钞书百余字。

初二日

早起,看书数页。至湘潭馆刘佩泉处陪吊。申初归,看书十余页,习字百个,钞书百余字。

初三日

早起,看书数页。唐竟丈来,余顷送古文二首,请竟丈批看。自送来也,老辈拙下不可及如此。是日会客甚多,白昼仅看书数页。夜看十余页,习字百个,钞书百余字。

初四日

早起,读书十数页,饭后又读十页。陈岱云来,因同至渠家。又至何家拜寿。又至吴兰如家吊丧。归,习字百个,钞书百余字。

初五日

早起,武殿试传胪,本去谢恩,至午门,未赶上,归。朱伯韩来久谈。旋赴周荇农饮约。酉初归,读书廿页,习字百个,钞书百余字。

初六日

早起，读书十余页。巳正出门拜客，酉正归。又看数页。夜习字百个，钞书百余字。是日写寿联一对，送杨年伯。

初七日

早起，读书十余页。饭后又读数页。至杨朴庵之年伯处拜寿。旋至刘月槎九爷处晚饭。习字百个，钞书百余字。夜作信三件。

初八日

早起，读书廿页。苏诗，是日看完。旋出门至钱颖兰处送行。又买物送左青士。归，习字百个，钞书百余字。

初九日

早起，读书二页。是日为父亲大人五十五寿辰，客来甚早。早面二席，晚饭一席。夜，西垣在寓宿。是夜始读《诗经大全》廿页，习字百个，钞书百余字。

初十日

早起，读《诗经》十余页。是日，出门谢寿，至晚方归。夜再看书十页，习字百个，钞书百余字。夜置酒。

十一日

早起。生日，树、筠二君衣冠相贺，不胜愧感。读书数页，即吃早面。旋又读十数页，习字百个，钞书百余字。

十二日

早起，读《诗经》十数页。是日拜客，又至史楼处久坐。晚归，习字百个，钞书百余字。

十三日

早起，读《诗经》十数页。出门拜客数家。下半天又读书数页，习字百个，钞书百余字。

十四日

早起，读《诗经》十数页。饭后又读数页。出门至东头谢寿数家。夜归，习字百个，钞书百余字。

十五日

早起。因树、筠去考金台书院，特办早去。陈岱云来，谈颇久。读《诗经》廿页。习字百个，钞书百余字。

十六日

早起，看《诗经》。饭后，子寿来约。下半天仍来，晚饭。饭后已晚，不能出城矣，因留宿，畅谈至夜分。仍临帖百字，钞书百字。

十七日

早起，陪子寿早饭。饭后，客去。看《诗经》廿页，临帖百字，钞书百字。看朱伯韩诗，其诗所诣，在韩、白之间。

十八日

早起，读《诗经》廿页。至才盛馆赴段果山饮约，酉初归。夜临帖百字，钞书百字。

十九日

早起，读《诗经》廿页，临帖百字，钞书百字。作《题朱伯韩诗集后》诗五首。

廿日

早起，读《诗经》廿页。临帖百字，钞书百字。作诗五首，即题《朱伯韩集》者。

廿一日

早起，读《诗经》廿页。饭后，子寿使来，即将朱伯韩诗附去。又写家信寄去。又陪客甚多。下半天，竹如在寓饭。夜，王孝凤来，久谈。临帖百字，钞书百字。

廿二日

早起，读《诗经》廿页。饭后王子寿来，久谈。旋会客数次。临帖百字，钞书百字。

廿三日

早起，读《诗经》廿页。饭后会客。临帖百字，钞书百字。下半天为筠仙作山西寿文一首。

廿四日

早起，读《诗经》廿页。饭后，写寿屏四幅，至二更方毕。临帖百字，钞书百字。

廿五日

早起，遣人送寿屏至裱店。看《诗经》廿页。临帖百字。钞书百字。是日会客二次。

廿六日

早起，读《诗经》廿页，至申刻毕。早间，许信臣、江小帆来，谈甚久。夜临帖百字，钞书百字。

廿七日

早起，读《诗经》数页。出门拜客，至朱伯韩处，与论诗颇畅。又拜客数家。晚归，接读《诗经》廿页，临帖百字，钞书百字。

廿八日

早起，读书数页。朱伯韩来久谈。是日会客共八次，至酉方散。接读《诗》廿页。临帖百字。钞书百字。

廿九日

早起,读书十页,至未正读完。出门,在城内拜客数家。归,已晚。夜临帖百字,钞书百字。

卅日

早起,读书十页,至未正读完。会客一次。临帖百字,钞书百字。

十一月

初一日

早起,读书十页。旋至倭艮峰先生处拜寿,又至田敬堂处拜寿。至岱云处久坐,晚归。夜再读十页,临帖百字,钞书百字。

初二日

早起,读书廿页。会客五次。在家写挂屏二付,至灯上方毕。临帖百字,钞书百字。

初三日

恭逢母亲大人六十寿辰。早起,焚香,率妇子跪祝。旋客来,至晚方散。是日风大异常,夜去尽。读书廿页,临帖百字,钞书百字。

初四日

早起,读《诗经》廿页。旋会客三次。黄正斋在寓晚饭,晚方去。夜临帖百字,钞书百字。

初五日

早起,读《诗经》廿页。拜客谢寿,共十九家,晚归。夜临帖百字,钞书百字。

初六日

早起,读《诗经》廿页。会客数次。临帖百字,钞家训百字。

初七日

早起，读《诗经》廿页。仓少平来，久谈。临帖百字，钞书百字。

初八日

早起，读《诗经》廿页。拜客数家，晚归。临帖百字，钞书百字。

初九日

早起，读《诗经大全》廿页。饭后至岱云处拜寿，不在家。又拜客数家。至朱啸山处，晚饭归。夜临帖百字，钞书百字。

初十日

早起，读《诗经大全》廿页。饭后，写条幅及他字。下半天写字百个，钞书百字。

十一日

早起，读《诗经》廿页，饭后至巳正毕。出门拜客五家，申正归。习字百个，钞书百字。

十二日

早起，读《诗经》廿页，饭后至巳正毕。邵蕙西来，久谈。邹墨林来。下半天习字一百，钞书百字。

十三日

早起，读《诗经》廿页。饭后至善化馆请夏七兄，同去看钱老太太病。归，会客三次。夜习字一百，钞书百字。

十四日

早起，读《诗经》廿页。饭后会客二次。午正，写应酬字。下半天习字一百，钞书百字。

十五日

早起,读《诗经》廿页。饭后会客二次,习字百个,钞书百字。

十六日

早起。是日,始批《归震川文集》廿页。饭后会客二次。拜客五家。夜钞书百字,习帖百字。

十七日

早起,批《震川集》三页。镜海丈来。又会客二次。旋再批《归集》廿页,习字百个。钞书百字。

十八日

早起,读《震川集》廿余页。会客三次。汤桂生来。钱振伦崙仙、汤鹤书二君自四川差旋,在余家下轿,明早复命。故桂生在家谈一天。钱、汤二君傍晚始到。夜,送客睡后,复习字百个,钞书百字。三更客入内,余始睡。

十九日

早起,读《震川集》廿余页。会客五次,俱久谈者。夜客去尽,习字百个,钞书百字。

廿日

早起,读《震川集》廿余页。会客一次。拜客三家,归已晚。夜习字百个,钞书百字。

廿一日

早起,读《震川集》廿页,至午初毕。会客二次。下半天习字百个,钞书百字。

廿二日

早起,读《震川集》廿余页。拜客二家,下半天归已晚。习字百个,钞书百字。

廿三日

早起，读《震川集》廿余页，午初毕。会客三次，甚久。习字百个，钞书百字。

廿四日

早起，读《震川集》六页。饭后，会客四次，谈良久。下半日复看十五页，二更毕。习字百个，钞书百字。

廿五日

早起，读《震川集》七页。饭后出城，拜客五家。归，看十五页，更初毕。习字百个，钞书百字。

廿六日

早起，读《震川集》数页。旋至城外赴熊秋白饮约，申正归。夜复看书十余页，习字百个，钞家训百字。

廿七日

早起，读《震川集》十页。饭后，又读十余页。会客二次。习字百个，钞书百字。

廿八日

早起，读《震川集》十页。会客一次。饭后出门，至孙志铭、李笏生处。归，曹西垣来，江岷樵来。夜读书十页，习字百个，钞书百字。

廿九日

为祖母大人七十八寿辰。早起，客来。是日风大异常。罗椒生来，久谈二时许。下半天客散，读《震川集》廿页，习字百个，钞书百字。

日記

道光二十五年

正 月

初一日

黎明后起，因眼痛不可风，故不入内朝贺，亦不敢早起。敬神后，即与树、筠两君行礼。儿子即于是日上学。吴世兄来，旋早饭。巳刻出门至各老师处拜年，申正归。略翻杜诗看。夜饭后发笔，记《茶余偶谈》一则。

初二日

辰刻起，因眼痛不敢早起。记《茶余偶谈》一则。早饭后，不敢出门，会客四次。作五古一首，略明用功之所以然。下半天，树堂、筠仙归。夜与二君同饮酒。

初三日

辰刻起，眼痛少愈。陈岱云来此早饭。旋作《茶余偶谈》一则。会客三次。批韩诗廿页。夜，早睡。

初四日

辰刻起，眼痛少愈。记日记，看韩诗。饭后，出门拜客，至傍晚归。夜，与树堂言志，更初始睡。记《茶余偶谈》一则。

初五日

辰刻起，眼痛大愈。看韩诗。邵蕙西来，早饭，久谈。筠仙、树堂归，又与之谈。又会客二次。江岷樵来，留与晚饭。客去后，记《茶余偶谈》一则。是日早作诗一首。

初六日

早起，读韩诗，清理拜客单。饭后出门。因下人糊涂，生气，自笑七情之易动也。拜客，至酉初归。夜记《茶余偶谈》一则。

初七日

早起，读韩诗数页。徐石泉来舍早饭。饭后，同赴竹如处。晚席在坐有唐镜丈、何丹畦，申正归。仍读韩诗。夜记《茶余偶谈》一则。石泉来寓宿。

初八日

辰起，恭逢祖大人寿诞。寓中来客数十位，至夜方歇。早面三席，晚饭一席。曹西垣、王少庚在寓歇宿。

初九日

早起，陪少庚谈。饭后，出门谢寿，共拜卅余家，酉正方归。夜看韩诗数页，记《茶余偶谈》一则。

初十日

早起，读韩诗。饭后，出门谢寿，兼至琉璃厂东门观庙市，申正归。夜，与筠仙久谈。

十一日

辰起，读韩诗。饭后出门拜年，至曹西垣处赴饮约。夜归，记《茶余偶谈》一则。

十二日

早起，读韩诗。饭后会客三次。又读诗数页。晚饭后，石泉来。夜，与树、筠久谈。

十三日

早起，读韩诗。饭后仍读。是日共读卅页。古诗读毕，仅律诗、联句未毕耳。晚饭后，黄麓西来，坐略久。旋同树、筠两弟至石泉兄处小饮，更初归。记《偶谈》一则。

十四日

早起，拜客。巳正至湖广馆团拜。早饭后，未正至文昌馆赴诸同年饮约，夜归。江岷樵来，久谈。接谢果堂先生信。记《偶谈》一则。

十五日

早起，读韩诗联句十六页。至文昌馆团拜。申初后，至琉璃厂买书。归，江岷樵、徐石泉、邹柳溪在寓过灯节，吃酒行令。记《茶余偶谈》一则。

十六日

早起，读韩诗廿页。会客，买高丽参，共耽阁二时许。记《茶余偶谈》一则。习字百个，钞书百字。写季世兄信一件。

十七日

早起，读韩诗廿页，记《茶余偶谈》一则，习字五十。赴陈岱云饮约，未正散。拜客三家，归已夜。习字五十，钞书百余字。写季仙九师信一件。

十八日

早起，读韩诗廿页毕，习字十余。饭后习百字毕，钞书百字，记《茶余偶谈》一则。申正出门拜客。归晚饭。写家信二封。

十九日

早起，读《史记》廿页。饭后，习字百个，钞书百字。写金字扇楷一柄。记《茶余偶谈》一则。写对联五付、条幅四付。晚饭后，客来久坐。夜写李石梧信一件。

廿日

早起，读书二页。朱伯韩来，久谈。饭后，读十七页。曹西垣来，徐石泉来。未正，至何子贞家赴饮约，灯后归，读书三页，习字百个，钞书百字。记

《茶余偶谈》一则。写吴甄甫师信一件。

廿一日

早起，习字百个，钞书百字，记《茶余偶谈》一则。饭后写谢果堂先生信，读《史记》十余页。因谱五帝三王世系，旋查地舆图东三省及西北、新疆诸境。晚饭后会客一次，写挂屏三幅。夜读《史记》。

廿二日

早起，写字百个，钞书百字，记《茶余偶谈》一则。饭后，写左士青信，未毕。严仙舫来，久谈二时许。客去，写左信毕。读《史记·周本纪》廿页。晚饭后与树、筠谈。

廿三日

早起，习字百个，钞书百字。饭后记《茶余偶谈》一则。黄麓西来，久坐。仍写信许吉师一件、对联二付、屏页六幅。陪麓西晚饭。夜因劳乏，懒看书，写金竺虔、何子敬信二件。

廿四日

早起，习字百个，记《茶余偶谈》一则。饭后，至毛寄云处拜寿。旋拜客四、五家，晚归。写常南陔信。二日内，心向作字，本日始知单钩之法；兼好读地图，无心看书。两日不读书，而精神疲乏如故。

廿五日

早起，读书十页，习字一百。饭后，记《茶余偶谈》一则，记《过隙影》。写谢山益信一封、曾兴仁信一封。会客一次。下半天会客二次，杨砥皆及吴世兄。夜与树、筠同吃夜酒。

廿六日

早起。袁子潭来久谈。旋接耦庚先生信。饭后客来，络绎不绝，直陪至晚。旋至萃英堂拜客。归，习字百个，写周默庵信一件，记《茶余偶谈》一则。

廿七日

早起,写字百个,钞书百字,记《过隙影》,记《茶余偶谈》。饭后写复耦庚先生信。未正至湘潭馆赴李笏生饮约。夜写字一小幅,与树、筠久谈。

廿八日

早起,习字百个,钞书百字,记《茶余偶谈》,记《过隙影》。饭后,邵蕙西、朱伯韩来,久谈。又会客三次,至申正方散。写屏大楷二张。又写江岷樵寿屏一架,至更初毕。复徐世兄信一件。

廿九日

早起,习字百个,钞书百字。饭后记《茶余偶谈》,记《过隙影》。陈岱云来,江岷樵来。写金字楷扇二柄。客去,写挂屏四幅。黄矩吾二人来。夜至竹如处一谈,更初归。阅《四书》文,圈批二首。又久谈。写周介夫信一件。四更睡。

二 月

初一日

早起,习字百个,钞书字。饭后客来三次。剃头。未初出门拜客。回家晚归。夜批改朋友文三首,写诗寄偶庚先生,记《茶余偶谈》一则。

初二日

早起,读《史记·秦本纪》廿四页。饭后,巳初毕。写字百个,钞书百字。写复郭雨三信一件。记《茶余偶谈》一则。会客三次。申正课毕。下半天无事。夜,何丹畦来,久谈。

初三日

早起,习字一百,记《过隙影》,记《茶余偶谈》。饭后钞书百字,写复李花潭信一件,圈《史记·周本纪》廿四页。至会馆拜文昌生日。归至愿学堂。夜看宋生赋四首。

初四日

早起,习字百个,记《茶余偶谈》。饭后,至东邻愿学堂义塾。因家中客来太密,故至彼看书,习静。看《史记》卅页,钞书百字。写复黄实甫一件。作五律诗一首。归,与树堂谈。下半天至镜海丈久谈,至灯后归。又作五律一首。

初五日

早起,至庶常馆。是日为庶吉士大课,题《廿四番花信风赋》。未正归。至愿学堂，习字百个，钞书百字。看《史记》八页。夜，看《史记》十二页。陪江岷樵吃酒，久谈。记《茶余偶谈》一则，记《过隙影》。

初六日

早起，习字一百，记《茶余偶谈》，记《过隙影》。饭后，竹如来久谈。旋同看邹柳溪病。未初至愿学堂，看《始皇本纪》廿页。夜，眼痛，早睡。

初七日

早起，至愿学堂，读《项羽（本）纪》廿页。饭后，唐镜丈来久谈。又他客来，至下半天始去。习字百个。记《茶余偶谈》一则。

初八日

晏起，至愿学堂读《史》四页，归。早饭后又看七页。会客一次。出门拜客五家。至戴莲溪处公请黄矩卿夫子，晚归。郭翙臣来，夜小谈，至更初睡。

初九日

早起，至愿学堂读《高祖本纪》《吕后本纪》，共廿二页。饭后会客一次。出门拜客七、八家，晚归。记《茶余偶谈》一则。

初十日

早起，至愿学堂读《孝文本纪》《孝景本纪》，共廿页。饭后，会岱云来，久谈。客去，又习字百个，记《茶余偶谈》一则，看江岷樵文一首，加圈批。下半天又读《孝武本纪》十三页。夜，写正月以来账目。

十一日

早起，至愿学堂读《年表》五十页。饭后，郑小山来，久谈。又彭筱房来。旋再至愿学堂。下半天，在城内拜客三家。夜早睡。

十二日

早起，刻复试规条千三百张。为举人复试者起见，找各朋友分散各省举人，至未初归。早饭朱啸山处。未正，至愿学堂读《高祖功臣侯表》，申酉正毕。夜集《离雄记》字，作《句曲洞铭》。

十三日

早起，至愿学堂读《史记》廿页。饭后记《茶余偶谈》，记《过隙影》。旋至彭筱房处，久谈，晚饭，酉正归。夜再集《离雄记》字，作《诸葛武侯赞》。

十四日

晏起。是日请客一席，辰正陪客，至未正止。读《史记》。又会客二次。又读《史》《礼》、《乐书》，共十页。灯下，写对联共数付。

十五日

晏起。写对联数付。饭后客来。旋至愿学堂读《乐书》《律书》。又作王荫之之母七十五寿序一首，酉正归。夜，翊臣复试出场，幸无错乱。更初，写对二付。

十六日

晏起。岱云来，久谈。饭后，有客耽阁。午正至愿学堂读《历书》《律书》《天官书》十页，申正归。黄恕皆、徐石泉在寓，留石泉夜饭。酉正，江岷樵来。夜未作事。

十七日

晏起。写字，楷书一幅。剃头。饭后至城外拜客五家，申初归。读《天官书》廿页，毕。

十八日

早起，读《史·封禅书》廿页。饭后至城外拜客。旋至会文堂赴饮约，申正归。又在内城拜客。彭筱房来寓，畅谈至四更。

十九日

早起，读《封禅书》八页。饭后，至江小帆处赴饮约，申正归。石泉在寓。请筱房吃饭，更初散。

廿日

早起，读《河渠书》《平准书》，又读《吴太伯世家》。酉初散，夜早归。至萃英堂，与人闲谈，更初归睡。

廿一日

早起，至愿学堂读《齐太公世家》《鲁世家》五页。饭后，至城外拜客七家，更初归。江岷樵在寓，谈。

廿二日

早起，至愿学堂读《鲁世家》《燕世家》《管蔡世家》《陈杞世家》，午初归家。会客三次，位西来久谈，至日昳始去。夜为李笏生圈文七首、诗十余首。

廿三日

早起，至愿学堂读《晋世家》。饭后至会馆湘潭馆。旋至曹颖生处赴席。下半天进城，又拜客二家。夜因眼痛，早睡。

廿四日

早起，在家读《史记》廿页。请同乡一席，酉刻散。夜有客来谈。

廿五日

早起，至愿学堂，读《史记》廿余页，饭后归。在家为江小帆作寿文一首，更初始毕。是日会客三次。

廿六日

早起，至愿学堂读《史记》十六页。饭后剃头。午正送同乡补复试者至园子，共四人，代为部署一切。

廿七日

寅正起。卯初，送复试者四人至宫门考试。于巳正归家，睡一会，起读《史》十余页。至萃英堂看邹柳溪病。

廿八日

早起,读《史记》十页。饭后至城外拜客数家。旋至朱伯韩处赴饮约,酉正至家。眼痛甚,吃药。

廿九日

早起,读《魏世家》。旋请客一席,申正散。下半天会客,与筠仙弟久谈。

日记

咸丰八年

三月至四月

端庄厚重是贵相　　谦卑含容是贵相
事有归着是富相　　心存济物是富相
读书二卷_{卯初至午初}
习字一、二百_{午初至未初}
料理杂事_{未初至酉正}
诵诗、古文_{酉正至亥正}
作诗文扎记_{三八日}
巧召杀，忮召杀，吝召杀。
孝致祥，勤致祥，恕至祥。
大病初愈，戕树重生，将息培养，勿忘勿助。
朝闻道，夕死可矣。
三月廿二日，作扎记立誓。
四月廿三日，戒棋立誓。
廿六日，窒欲立誓。
矫激近名，扬人之恶；有始无终，怠慢简脱。
平易近人，乐道人善；慎终如始，修饰庄敬。
威仪有定，字态有定，文气有定。

六　月

初六夜记

调李筱泉　　　　　　带吴祥子
调邓弥之_{与王壬秋言}　带白人虎之子　葛梧树之子
至璞山家　　　　　　带伍宏鉴之子
调彭山屺　　　　　　送银百两与李鹤龄家
调　喻吉三　罗逢元　送银与林家_{三百}
送芝房奠金卅两　　　杏农廿两
送银与褚家_{三百}　　送吴月溪廿两
送洪秋浦廿两
忠义祠记　　　　　　节孝祠记
复邓伯昭信　　　　　成忍斋书序
复_{冯树堂姚涤夫}信　　罗忠节墓志
复杨杏农信　　　　　刘笔庄文序
复_{唐镜丈吴竹如}信　　小岑之母墓志
复成世兄信　　　　　马悔初欧伯子集序
谢母传　　　　　　　欧氏两世节孝传
三代墓表　　　　　　邓湘皋表
县城拜各客
湘潭拜左家
送奠分　　欧家袁家　邹家　公局　壬秋家十八总永安钱店

初七日

自家起程，行七十里，至歇马宿。王、陈二祠绅耆送至贺家坳。邹至堂、王冠珪来花桥一会。

初八日

自歇马起行，未刻至县。至洙津渡，访王人瑞家，晤其尊人，留吃中饭。至县城，拜赖明府，罗家养暇处纳凉。是日酷热，余在县寓宾兴堂。

初九日记

带葛梧村之子
送刘为章银卅两璧还
传郭鸿焘托岳屏
写信与萧可卿

初九日

早，会客。饭后至各处拜客，两学及德斋叔拜会，余飞行。未正，至黄膏如家，即赴涞溪之宴。涞溪，温甫之亲家也。傍夕回城。王人瑞、心牧、许蓉浦、舒临风来谈。周润之、孙阆青自省城来接。是日酷热，在黄家差凉。请意城代作起程日期折稿一件。

初十日记

成名标事　　臆家被水
三营告奋勇兵丁 左营十一人，右营七人，长沙协六人。单存匣。李大雄带来。
胡定魁　　黎志彪　　张占鳌
史兆翔　　佘星焕

初十日

黎明，自县城起行。同行者刘孟容、郭意城及儿子纪泽。辰刻至新染铺茶尖，湘乡汛把总王运普所备也。巳刻至云胡桥中饭，湘潭孙大令所备也。午正，至江车，邹岳屏来接。酷热，因留葛氏祠堂小憩，约两时许。傍夕坐舢板船至湘潭。二更至城，寓行台公馆。旧部熊传彪、李大雄等自省来接。

十一日

早起，见客十余人。三营兵丁来投效者，亦见十余人。巳刻，拜客。县署邹岳屏、欧阳小岑、吴太史增逵、郭斋庵五处拜会，余亲拜，申正归。付家信，令长夫回家，留八人在身边。灯时登舟，更初开行，三更泊暮云司宿。是日，见刘文清公所书小幅，罗碧泉先生所求，系用《永乐大典》副页纸，文清谓其纸有古色而无火气。余在翰林院敬一亭所见《永乐大典》，其纸较此色更白，不知何故。是日王壬秋来会，语及入浙宜从皖南徽宁进兵，不宜从玉山入。

十二早记

省城要劈山炮　　　　要带刻字匠、裁缝

十二日

是曰，先妣家忌。辰起，独坐默祝，凄然怆怀。开船至包爷庙早饭。饭后开行，至建家河小泊。以家忌故，不敢午前见客也。未正入长沙城，住抚署又一村，拜骆中丞。旋晤司道、府厅诸君及三营各武弁。夜与左季高兄谈。二更未睡。因是日应酬较多，通夕不寐。未刻在骆中丞处见廷寄，胡煦堂方伯兴仁办理浙江军务，与余会办也。

十三夜记

送孙阆青五十两　　　芝房之母墓表
送史久立之子百两　　带陈宝善

十三日

早起，见客数起。饭后又见数起。山门拜客，藩臬粮道、孙芝房、贺桂龄、首府仓少平、黄南坡等处拜会，余皆亲拜，申正归。会客五起。夜至骆中丞处一谈。旋与左季高、刘霞仙、王人瑞、郭意城诸公商定，调各支兵勇开单，又开各项分职及应用船只单。

十四夜记

十五早缄告中丞，言吴翔冈事，扬名声事，调营兵事，雇船，办旗
写信至迪庵处分兵　　胡中丞处言分兵事
许家捐事批禀

送杨沅银四两

十四日

早起，会客数起。饭后拜客。黄子春、贺少庚、金竺虔、周荇农、黄恕皆、夏憩亭等处拜会，余均亲拜。申正归，会客二次。至骆中丞处赴宴，更初归。

十五日

早起，会客。巳刻至李仲云宅赴宴，同乡公请，主人为丁伊甫、陈尧农两前辈、孙芝房、黄恕皆、周荇农、黄南坡、李仲云、唐树森七君，巳正散。拜客数家。申刻至贺少庚家赴宴，灯后归。骆中丞、左季高来此一谈，定吴国佐翔冈湘营同赴浙也。并定萧启江准假二月，令其回籍之局。是日，小岑自潭来，代买地一所。

十六日

早起，会客数起。至季高家赴宴，午刻归。小岑代请曹镜初来诊病。未刻小睡。申刻会客，南坡、季高诸君来。是日发起程日期折，由骆中丞处代写、代封、代发。中丞又有夹片，报萧启江请假两月及吴国佐赴浙事，系会余后衔。

十六夜记

戈什哈现有卅三人_{另有单}

书启 黄兆炳
　　　郭笙陔

张六琴处送奠分

少平处送礼

十七日记

船上办碗盏各具

中丞处要奏折_{三分}

买酱菜

买药

自与刘、郭同船一

戈什哈二船

巡捕亲兵二船

文案一船

内银钱所一船

各少爷一船

火食船一

长夫船一

每船派一人管驾

咨抚台发银一万

发官、胡、李、李信

发张、萧札信

调刘锡麟

十七日

早,写澄侯弟信。昨夕写九弟信,至四更乃毕。本日写两信,并钞各件,巳初发。旋写萧、张信加片、胡中丞信、李迪庵信。会客四起。将五日来文清理:一、待上船更办,一、归卷,一、不存。申刻核各咨稿、札稿。会客二起。夜至骆中丞处谈。归,与季高谈,至二更尽。

十八日

早,会客数起。巳刻出门辞行,会裕时卿、仓少平、周荇农等,申正归。会客数起。戌初至骆中丞处,夜归。与小岑、季高诸君鬯谈。是日清理各行李下河。发李小泉及官、胡二帅并迪庵信。

十九日

卯刻起。饭毕,起行登舟,中丞、学使及司道诸公来送。同乡孙、周、黄、李诸公来送。未刻开船。行九十里,夜宿青油望。黄南坡太守来送。夜于岸上支帐房歇宿。

廿日

卯初开行。巳初至湘阴县城。天气酷热,有流金铄石之象,至洞庭宫避署,旋至学宫避署。学官邹孔播,新化人,陪侍甚久,即至其署内晚饭,酉正归船。夜坐舢板上,下江中乘凉,亥初归。月出后开船,行六十里,至土星港宿。本日太热,身体极倦。前黄恕皆谓宜服鹿茸,因于是夜试服之。

廿一日

黎明开行。巳正,至万岁湖早饭。南风太大,少停。酉初至岳州,泊南津港。旋登岳阳楼，晤郭直城、曹识山、吴南屏，王初田太守来见。与刘、郭、吴、曹诸公宴于楼下。三更，回南津港。

廿二日记

江西发信

廿二日

早，因南风太大，未开船。午刻始开行，百廿里，至新堤宿。酉刻转北风，逆风行廿余里，幸不甚大耳。是日辰刻清理丁义方自江西带回之书籍，《明史》及《毕鉴》留营，注疏等书寄回家中。吴南屏来船久谈。午正别去。

廿三日

早，因北风未开船。巳初开行。行百廿里，至嘉鱼夹下十里湾泊。是日在新堤发骆中丞、左季高及沅甫信。夜发胡中丞信。晤嘉鱼知县武镇西，陕西人，曾师事唐诗甫。是夜四更大风雨，连日盛暑，固虑有风暴将作也。

廿四日记

至九江，祭刘盛槐，李子成文。

廿四日

早起开船，东北风，逆难行。幸水师布以舢板，扯水纤。是日，行二百四十里。二更尽，至武昌。胡宫保率司道出迎，至抚署居住，与中丞鬯谈，至五更睡。是日，沿途多水师营舢板船只。嘉鱼武令送至牌州归去。

廿五日

早，官制军文来会，司道、府、厅、州、县，分作五次相见，毕。巳正，吃饭，午正出外拜会，晤官制军、罗淡村、廉访、厅伯苻、刘冰如，余俱亲拜。酉刻回寓。见客二次。夜，与胡中丞鬯谈。是日发李迪庵信，约至巴河一会。

廿六日记

夏鸣之恤银二百	刘彤皆家寄银
王雁汀寄信	周荇农寄银
定转运局发文书	

定月额饷起支日期_{湖南始拔营之日，湖北始到鄂之日}
寄银彭子文家_{并方子白信}
寄家信_{纪泽一封，澄、洪一封}　　　寄吉安信
札厉伯苻转运　　　照会胡莲舫住湖口
纪以凤事_{出奏王家瓒}

廿六日

早，会客数起。饭后写家信三封，骆、左信各一封，与中丞叙谈，会客三次。申初至官制军处赴宴，二更归。

廿七日

早，会客数起。饭后，写扇一柄，对联十余付。发长沙信，发江西信。申刻至制军署内赴宴，主人为官制军，胡中丞、罗淡村廉访、张仲远粮使、顾子山观察、厉伯苻、栗仲然、严渭春观察，凡七人，二更散。与中丞谈约一时许。

廿八日记

雇船

廿八日

早，写贡院扁，至午刻毕。写对数付。申刻，至厉伯苻处赴宴，更初归。作对二付送督抚，写四付。

廿九日

早，写对，司道诸公共十余付，挂屏四张，会客二次。申刻，中丞请吃饭，同宴为官制军、罗廉访、张仲远、顾子山两观察。席散后，人倦甚。

七 月

初一日

早,会客三次。饭后写贡院扁十余块,午正毕。会客数次。写对联、条幅数纸,灯后毕。与中丞谈至三更尽。

初二日记

与李迪庵会奏筱泉_{俟报销事毕,即归李营}

与胡中丞会奏_{李春甫、窦蔗泉}

黄州打发制台戈什哈　　刻邮封

刻日行签批　　　　　　阅张廉卿文

写张镜澜信

初二日

早,写扇一柄,会客四次。至制军处早饭。午正出城起行,省城文武送至汉阳门。未正开船,行卅里至青山湾泊。初出顺风,十余里即逆风,盖江水曲折也。

初三日记

蒋照_{字文差,庚子江南二名,湖北粮台}

会同迪庵奏塔公祠、昭忠祠

李宗焘_{字午册,陕西翰林}

李荫荣_{字雪香,四川举人}

严树森_{字渭春，陕西人，新授荆宜施道}

刘齐衔_{字冰如，福建，林文忠之婿}

初三日

早，因风不顺，换坐麦春泉长龙小船，雪琴所遣来接者也。行廿余里，至阳逻镇下，遇雪琴驾小舟来接，因同坐一船，叙述别情。行至黄州上卅里，雪琴自归小舟。余舟酉刻到巴河，晤孙筱石、王槐轩。温甫弟棹小舟迎我，中途错过，晡时始晤，夜谈至三更。昨日，自鄂来送我者，厉伯苻、方子白，今早归去。

初四日记

王家瓒_{曾祖如茂，祖养恕，父子奇。湖北副榜，八年胡中丞于牙厘案内，保以复设训导，不论双单月选用}_{四年在行营缴银六百一十七两六钱，又部饭银二两八钱，请保加内阁中书衔。以训导遇缺先用，并分发试用。}

益阳捐输于咸丰三年十二月、四年二月，两次共解钱一万四千六百廿八千，咨湖南汇奏。

盛四管衣服一手折
何得管笔墨一手折
收发文书簿，每日一阅
营哨什长名单一折
各项差事名单一折
各名单三、六、九日一查阅
银钱等簿二、五、八日一查阅
内银钱所收发簿二、人情簿一

初四日

早，手记数事。饭后，胡莲舫、罗又村等船到。昨夜因风，未能赶到也。会客数次，旋小睡。未正，迪庵中丞自蕲水来会，谈至酉正。莘田叔自家来。中饭后会客一次。旋与迪庵及诸客谈至更初。归，坐船，又与温甫叙谈。阅张廉卿古文。三更二点睡。是日写胡中丞信、张镜澜信、官制军信。打发其送来之巡捕一人、戈什哈八人回鄂，恐此去不能给以好处也。

初五日记

定另修湘乡忠义祠。余出银千两,迪庵出二千。

初五日

早,清理文案。饭后写对联、条幅。未刻,与迪庵商浙军扎营出队等事。写胡中丞信。申刻,接奉朱批云:"汝此次奉命即出,足征关心大局,忠勇可尚。俟到营日,迅将如何布署进剿机宜,由驲具奏可也。"未刻,由巴河开船,行卅里,至南溪,在迪庵船上赴宴,共二席。酉刻,登岸一行,南溪风景绝佳。夜批廉卿古文毕。

初六日

早,办理文件。饭后与客叙谈。写对联十付。小睡片时。希庵自蕲水来会。唐义渠自张家塝来见。未刻办订庚事,以第四女许郭云仙之子。男庚,己酉正月初四申时。女庚,丙午九月十八未时。此女曾奉先大夫命,出继与季洪弟为女,故拜帖用两分:一用本生父母名,一用继父名。郭家亦以两帖来也。又为长子纪泽聘刘霞仙之女为室。男庚,己亥十一月初二日寅时。女庚,辛丑正月初九戌时。郭家姻事请李希庵、孙筱石为媒。刘家姻事请彭雪琴、唐义渠为媒。申正,请客二席,四媒人之外,有莲舫、王孝凤、张廉卿、王槐轩、李察庵、曾玉樵诸公在座。傍夕写匾一幅。与希庵谈营中事。

初七日记

有能统领各营者,便专责成
亲兵营须轮流择派　　二条希庵
驻扎宜择要地各将领征剿,以神速为贵,故变动不居;大帅以镇定为贵,故宜以静制动,斯得主有常。
统领之权宜略重
官场照例之事不宜忽略
营员不可经手捐项厘金
应咨应札应批之件均宜神速及应酬之信
　　　右五条温甫
营外不可有茶馆、烟馆

出六成队不可有七成争军

右二条迪庵

初七日

早，清理文件。饭后写家信五封叔父、澄、洪、沅、夫人，左季高信一封。与迪庵议扎营等事。午后，复与迪、希、霞诸君卷谈至三更。是日傍夕时，盛四之兄因洗澡落水身死。

初八日

早，清理文件。饭后写湖北信。夜与希庵谈。是日酷热。日中睡二时许，余时与诸客杂谈，未尝事事。未刻写对二付。

初九日记

前走六成队三营，后走四成队二营，或偶然前多，中间辎重。每营以六成另走，以四成护辎重。

初九日

早，清理杂事。饭后至外拜客。与迪、希告别，送霞仙归湘。巳正开船，行百廿里。酉正抵蕲州宿，知州彭应鲤来见。彭号禹门，广东人，由监生随父任，在罗田以军功保升今职。是日，王孝凤兄弟、张廉卿在兰溪别去。孙筱石本欲调之入浙，已发文书矣，因迪庵处无人，不果。迪、希、孙、王槐轩别我后，即至蕲水营次。余别后，即东下也。夜在蕲州，唐义渠来告别。渠从蕲州赴张家塝防地。

初九日记

咨湖南发潘敬暹部照，当日并未发给实收。折内误写敬昶，部照误写宏昶，曾经咨部缴照更正。潘在本地方据实呈明。

初十日

早，在蕲州开船。辰正，至富池口，等候陈秋门前辈，未至。因作一书，寄丽参半斤，专便人送兴国。午正自富池口放舟。至武穴，唐鹤九、李师实及局员张□□来见，本街绅耆来见。申刻往回拜。酉正复开船，至隆平宿。是日，江西耆中丞专弁持缄来至富池口，都直夫将军兴阿专协领持缄来至武穴相迓，均请意城作械答之，吴竹庄专弁来武穴，送万篴轩奠金。

十一日记

粮台　银钱所二员　　随身　文巡捕一
军械所一员　　　　　武巡捕一
总理大员一　　　　　文营务处二人
总理州县一　　　　　武营务处二人
闲散无差各员　　　　总理书启一人
　　　　　　　　　　总理文案一人

十一日

早，开船。辰刻至卢家嘴后营，各哨来接。巳初，至二套口小泊。见后营各哨。向导营、左营来接。巳正至九江，泊龙开河。见客六、七次。未刻至塔公祠一祭，行一献礼。至大东门，观官军所轰缺口。旋拜署九江道邓双波太守庭楠、程太守元瑞，申正归。会客数次，困甚。夜，与唐义渠言招勇事。

十二日

早，见客二次。开船，辰正至泉湖北小泊，以东北风太大故也。午刻，杨军门自湖口来迎、会晤。近日气色不甚旺。酉正风稍息，仍开行，到湖口将二更矣。夜，彭雪琴方伯请小宴。旋登岸散步，约行四里许，三更四点归船。

十三早记

札调张、王至河口

十三日

早，会客数起。写左季高、胡中丞信，写家信一件。午刻，身若有病者，在竹床久睡，至灯时稍愈。请焦听堂诊脉，以为先受暑后伤风之所致也。夜服药一帖。是日雪琴请吃中饭，共三桌，余小坐即归船，不能吃各物。是夜闻胡中丞丁母忧姓汤之信。

十四日

早，因病晏起。旋开船至石钟山，至水师昭忠祠侧浣香别墅住。见客数起，余皆困卧，未能强坐。未刻写喑胡中丞信一件，写吉安家信一件。服药一帖，半夏、桔梗等类，稍愈。夜不能成寐。

十五日记

水师昭忠祠对一

扁三　　塔门一、厅一、水厅一

塔公祠对一

胡中丞之母联一、幛

开陆营人单　　定江西前此差事人留、撤单

发湖南各信　　发湖北各信

希庵扇一　　甘子大处帐银

又记

保举人员，守备以下分标，酌量人与标地相去近者。

凡阵亡请恤之员，奉有谕旨及部文，须即时咨明本省，并札原籍地方官及该员亲属。

右二条温甫

福建军中各员

枭司保

革员张从龙 令固守建宁郡城

浦城令张□□

把总许玉隆 五月九日，在浦城不知下落

陈振金 带兵弁月，五月九日，在浦城不知下落

江捷福

护镇林奎游击禀请赴浦城

守备董连辉、委员刘其钟、陈庆云 三人并于五月十四在政和失利，并有阵亡之信

道员赵□□ 五月十八日在麻沙阵亡

护游击曾□□带水提兵六百名

署将普□□带陆提兵六百名

王华、许忠标 带诏勇五百名

游击赵□□

护游击叶□□

守备邱□□

千总林□□四人均令驻守建阳

道员袁□□办顺昌县军务

游击连由建阳麻沙进剿

延平守区接延平篆

又记

存炮廿八尊七百斤至一百斤

存生铁子九万二千四百斤

存熟铁群子二万二千六百斤

存铅子六千九百四十斤

存铁沙子一千六百五十斤

存药二万四千二百四十斤，又二万五千斤

存火箭二百四十支

存喷筒四百五十杆

存火球一万三千六百五十个

存烘子喷筒一千杆

存净硝十四万斤

存毛硝十五万斤

以上楚师三局存物，冯检递

十五日

早，见客十余起。巳刻写官制军信、迪庵信。吴城来接诸员禀见。会客数次。申刻，许仙屏来。夜，清理文件。是日石钟山做道场毕，祭水师阵亡各官，余行二跪六叩礼。

十六日

早,料理文件。饭后见客数起。天热甚。申刻,写对七付。巳、午刻,写扁字廿余。酉刻,出外拜梁湘蕃、杨军门、焦听堂、吴贞阶。月夜归来,与许仙屏谈。是日,定入江西省城一行之意,发信告耆中丞。

十七日记

湖北专人送礼
寄胡中丞信
寄厉伯苻信

十七日

早,改湖南信稿。清理文件,至午刻毕。写家信,专人至吉安送鹿茸与沅甫弟。会客数次。未刻,作胡太夫人挽联,写好,兼写别联。会客。至山上乘凉。灯下,写对联约廿付。是日,朱品隆来,知渠营已到九江,因命朱与唐义训二人十九日自九江陆行至吴城,上船至贵溪登岸。余定十九自带数舟晋省一行,其余各舟即由潴矶分路至贵溪也。

十八日记

随身各员

营务处:李次青、王人瑞、朱品隆、小委员杜光邦
翼长:左萧浚川,四千人,右张凯章,五千人
文巡捕:凌□□、刘曾撰、丁蔼士
武巡捕:杨镇南、褚景錩
银钱所:何敦五、曾席珍要往吉安,改卜春岩、彭芳禄要回家
军械所:丁蔼士、王澧、李勉亭
管公牍:郭意城
管书启:许仙屏、郭笙陔、黄训埏留江西省
发审所:李笏生
家人:韩升门印、王福签押、何得笔墨、曾盛衣服、曹荣跟班

文案：阎泰、陈鸣凤、刘嵩

   粮台各员_{去行营四十里外、八十里内皆可}

护理粮台：彭山屺、喻吉三

银钱所：邹寿璋_{未到以前，何敦五兼管}

军械所：莫祥芝、胡云衢

闲散：杨名声、戴朝议、黄光炳、卡宗铨、李兴锐

湖口报销局兼转运局

总理：李筱泉_{未到以前，雪琴兼管}

委员：魏栋、张秉钧、邓尔昌、凌荫庭 _{以上管报销转运，凌兼管文卷}闫辉

船厂：曹禹门、胡嘉垣

支应：秦豫基、廖献廷、叶宝树、曹炯_{以上留水师}

湖北转运局

厉云官

江西支应局

丁应南

胡心垾_{江西新添}

贵溪转运局

翁学本

又　记

带戈什哈晋省

高连胜　李承典　詹鸿宝　廖洪元

彭述圣　杨世俊　李照裔　张占鳌

十八日

　　早，清理文件。饭后写胡中丞信，厉伯苻信。旋写对联数付、厉伯苻挂屏，又写扇数柄。遣杨名声至胡中丞处吊丧。会客数起。夜间心闷。是日定各项差

使单。

十九日

早，清理文案。写湖南文方伯、裕盐使信、夹单，绅士丁、陈等八人信，各写夹单。日中，又若头痛有病者。未刻，雪琴请赴宴。申正搬行李诸物上船。酉刻自登舟，因风太大不能开船。夜三更，与温甫弟别。温在迪庵营，来至兰溪相会，因送至湖口，是夕别去，将由黄梅、宿松等处回迪庵营也。是日赏水师各勇共钱二千二百□□串文，每人二百文。外江勇共六千□百□十□名。内湖勇共四千六百□十□名，哨官未赏。营官各赏对一付，其丙辰冬日曾赏对者，此次不赏。

廿日记

定撤去楚师三局，其子药等存项，即为陆营之用

到省撤去冯检

丁应南留省

陈斌、张金壁不用

中洲局捐输以千六百抵银一两

廿日

四更五点，自湖口开船。辰初至南康。杨军门来送，在南康别去。旋过宫亭湖，风浪颇大，盖由火焰山斜过老爷庙，则风直浪顺，由南康横过，则风浪大也。午初至吴城，拜同知蔡芥舟 锦青、南康太守颜平州 培高、船厂曹禹门 级三。酉刻，在望湖亭赴宴。亭为雪琴方伯丁巳六月所修，较往年多两层，足揽全湖之胜。雪琴属余撰联句，余为联云："五夜楼船，曾上孤亭听鼓角；一尊浊酒，重来此地看湖山。"盖咸丰五年，余驻师于此，曾命军士夜习水战，在此亭阅看也。夜，祭江一次，行二跪六叩礼。会客四次，皆自湖口来及吴城送行者。是日写骆中丞信一件。

廿一日

黎明，自吴城开船。午正至樵舍小泊。申初至江西省城。先至耆中丞署内，次至臬署，未见。次至单学使署。旋至陶家花园公馆。见客数次。晡时，中丞

来，久谈。更初，司道来会。旋写信二片，三更息。是日在舟中写家信二件，葛睾山信一件，写望湖亭对一对。

廿二日记

高祥麟事—说未行
燕毅等千六百文作银一两
撤楚师三局　　　撤冯检
撤支应分局　　　留丁应南
鄱阳胡立孚事
水师请接济火药　　炮位解水军二百斤以下不要

廿二日

早，会客七起。午初出外拜客。联芝圃、邓绮屏、吴竹庄、徐柳臣、龙翰臣、恽浚生处均会，余亲拜，酉初归。至庄木生店，归公馆，夜，清理文件，写信与九弟。是日，专人送信至家，并送骆中丞、左季高信。又专人至德安等处。接吴国佐。

廿三日记

广丰五都逆匪，已于十七日卯刻由排山窜往玉山。玉山有沙溪、大南岭两路可窜。又闻浦城尚有一大股在，后不知窜何处上饶杨令廿日禀。李次青十七日受伤，其送信二人，一受伤死，一受伤后二日至广信沈幼丹廿寅刻信。玉山之贼十五日在塔山边扎营，武威军新武奇兵九百余人，入城助守。十六日大南桥之贼二千余，窜至水南普宁寺扎营，四面围城甚紧，与广信府城文报不通广信汪守十九日信。闻二渡关有另股伪九千岁窜扎关口，石逆尚踞浦城未动。崇安、光泽之贼窜距温林关、云集关不远弋阳胡令十七日禀。

廿三日

早，料理文件，会客六次。午刻，吴竹庄来久谈。申刻出门拜客。酉正至中丞处谈，灯后归。闻次青受伤之信。庄木生送书十余种。是日写胡中丞信。

廿四日记

邓免造册报销　　　吴事

发幼凡信、次青信

发养素信

又　记

陈缩刻李申耆图

江西全省图铅山县送

邹叔明刻图借莫祥芝的

安徽全省图借李迪庵本，郭笙皆画

安徽江防图袁西台送

金陵街道图袁西台送

广东省河图刘馨室送

江西、福建连界关隘图耆九峰送

广信府图二耆送

广丰县图耆送

廿四日

早，龙方伯来久坐。旋会客数起。清理文件。午正少睡。未初出门拜客、辞行。吴学山、龙翰臣会，余亲拜。申正至中丞处赴宴，戌正散。出城登舟，中丞、学使、司道诸公送至城外。写李次青、沈幼丹、刘养素信后各夹片。

廿五日记

盛元，号凯廷，管带水师安旅军，稽查河道，驻扎瑞洪，共炮船卅六号。东查至安仁，西至省河，东北至表望，去饶州卅里。分三营，营官一系孙恒山，一系高衔，一系钟世祺。哨官一，系萧宝俊。盛元系丙申进士，榜下分发江西。丁忧后，捐江西知府。六年六月，因奉差久不归，革职。

廿五日

黎明开船，行五十里，至滁汊，又行九十里，至瑞洪上卅里地方宿泊。一望无际，平湖中浅处生菱芦各草，盗贼之所聚也。自立安旅军，游勇不敢滋事抢劫。是日写家信二件，又写吴翔冈信二件。一交雪琴带去，一交来勇。写小行书横批一件，寄庄木生。

廿六日记

骆中丞　杨厚庵　左季高　彭雪琴
官制军　李迪庵　胡中丞　张筱浦
耆中丞　沈幼丹　龙方伯
家信　　吉安信

以上各处，来往信多，均须编号。

又　记

马步瀛_{临桂廪生，瑞洪县丞。朴实，竹友。}

王必达_{临桂举人，建昌令，霞轩。轩爽有精神。}

谭炳勋_{宾州举人，贵溪令，星若。}

廿六日

早，起晏甚。舟行卅里，至瑞洪停住。本可再行几十里，因等候朱品隆、刘养素、吴翔冈，遂拟少住二日。未申间，朱品隆、唐义训来，共船百廿余号。戌刻，养素来久谈，至二更归船。是日写次青信一件，令朱德树至广信。写吴翔冈信一件，写横披一幅，许仙屏求的。看《宣公奏议》卷余。请意城代作湖口水师昭忠祠、九江塔公祠请锡名号折稿。

廿七记

李筱泉夹片
喻吉三夹片
纪以凤夹片

又　记

文辉_{号又石，文鹭轩之弟}

邓庆恩_{号绮屏}

联福_{号芝圃，江西候补道}

颜培黼_{号及庭，长沙令}

李逢春_{号茂斋，善化令}

高梦麟号石卿，南昌令

马修良号厚田，行一，新建令

杨咏鬯号鉴秋，南昌府

元善云渠

史昌寿号□□，进贤令

王嘉麟号孚吉，前瑞州府

李作士号少山，新淦令

马永炽号仙樵，临川令

李瑞章号凤洲，甲午同年，抚州守

程元瑞号星农，九江守

邓庭楠号双波，甲午同年，九江道

岑莲乙号藕舫，湖口令

屈怀珠号星五，四川人，前新建令

许本墉号茨堂，湖北天门人，珠州守

萧晸号芝屏，四川人，高安令

田博厚号文甫，吉安守

姚体备号秋浦，山东人，卢陵令

蔡锦青号芥舟，广东人，吴城同知

张赋林号兰江，直隶人，袁州守

廿七日

早起，清理文件。饭后至养素处回拜。谢秋汀来久坐。阅湖北各信稿，略有改换。阅许仙屏所起各信稿。发耆中丞信一件。酉刻，登舟行走。与朱品隆、唐义训言拔营事。戌刻，养素来久谈，更初去。与意城、仙屏小叙。

廿八日记

陆营每日领烛二百一十六斤，油三百五十斤

米

帐房例半年一换

盐

又　记　李迪庵湘勇

湘中营（右）　迪庵自带

副中营　希庵自带

副右营　李续焘璞阶，记名总兵，图萨泰

奇右营　赵克彰国香，记名副将，挚勇

元右营　沈俊德克垣，记名副将，总兵衔

亨右营　李登梗经庠，副将尽先

利右营　李长林懋斋，副将尽先，勇号

贞右营　成大吉武臣，副将总兵衔，劲勇

元中营　王载驷呈瑞，副将尽先

亨中营　杨富友述园，参将加副将衔

利中营　李存汉代怀，副将尽先

贞中营　萧庆衍为则，副将尽先

发中营　张运馥桂卿，参将

强中营　唐义训桂生，副将

刚中营　赵友才作舟，参将

毅中营　彭祥瑞吕华，副将

前　营　朱品隆云涯，副将，尧勇，宁乡

左　营　蒋凝学芝醇，候补府道衔

副左营　胡裕发达轩，副将，标勇

后　营　周宽世厚斋，记名总兵，翼勇

新后营　黄泽远仲仁，副将衔

马　队　萧积仰高贤，同知直隶州

以上廿三营，皆湘营二李所招

凯右营　梁作楫湘帆，同知衔知县，邵阳人

凯左营　杨得武凯臣，副将，进勇，益阳人

前仁营　朱希广子明，副将，道州人

后仁营　李运络玉山，游击，永州人

正仁营　何绍彩子文，记名总兵，勇号，道州人

左仁营　黄胜日晓亭，副将，道州人

副仁营　周吉祥□□，都司，道州人
智　营　余云龙汉卿，游击，湖北人
信中营　彭星占□□，参将
信左营　谢永祐青芸，参将，湘阴人
以上十营抚标，胡中丞所招
护军左营　刘连升青云，副将，衡阳人
护军右营　彭友胜云台，参将，长沙人
护军前营　万远培原名绥之，改文职，湘阴人
护军后营归湘营张福泰松亭，都司
以上四营，杨军门护水师者
又哨官、哨长
雷峰云　副将，干勇，长沙人（湘阴）
李集贤　副将
朱品文　副将
成得升　副将
彭炳武　副将

又　记

寄薛绍彭七古二首，共八页，后有山阴徐肇显跋
《动静交相养赋》共五页
东坡次韵米芾、二王书跋尾五页
《北山移文》二页
《祝寿词》一页后有柯九思、方二壶跋
《美人为政》诗一页
《寄葛德忱书》一页
韩诗、贞娘墓诗共四页中有吴宽、王鏊跋
《树入天台》诗三首，四页
《庚子山春赋》一页
多景楼、岘山等诗二页
《游虎丘诗》三页 横石二，直石一。后有孙米澍跋
以上米书

真叟诗三页 山谷书

《草书论》 一页 君谟书

《临高台》 三页 子昂书

圣祖临米书一页

共十六种，罗淡村方伯所送

廿八日

早，清理文件。饭后会雷西垣。旋写对联八付，中有送刘养素一对，撰句云："组练三千朝踏浪，貔貅十万夜观书。"写家信一封，交谢添兴带至吉安。写信，寄庄木生一件。写一信与丁石汸，托刻地图开方格子。未刻，养素来送行，久谈。申刻开船，行卅里，至木樨湾，宿泊舟中。清米帖一套，共十六种。酉刻接沈幼丹信，知玉山于廿二日解围。次青伤痕已愈，为之忻然。夜早睡。是日派朱品隆一营先行。余因等候吴国佐，故开船甚迟。酉刻闻贼窜乐平之信，恐途次仓卒遇贼。夜二更，派人持令往前途截住朱品隆之船，嘱其等候坐船到时再行同进。

廿九日

早，开船。行卅余里，余干令莫廷蕃来见。又廿余里，至龙津地方驻泊，莫令再来见。莫号尧羹，广东南海人，甲午同年，曾在南康一见也。是日在舟中清发湖北信件。罗方伯处，自添写二页。文任吾处添三页。又写胡中丞信一件、彭雪琴信一件。打包交彭雪琴转递湖北。又写次青信一件，幼丹添二页。夜，接九弟廿四日信 张正魁、杨和贵带回，不接弟信四十一日，至是得信，极欣慰也。是日热甚，与雷西垣、意城、仙屏舟次乘凉，久谈。所坐红船，不能至余干以上，以滩干水浅之故，即在此候坐官板船，将红船开发，仍归湖口。戈什哈李绍裔不服管辖，是夕遣去。

八 月

初一日记

李熙庵在九弟处捐钱千串
咨发油烛

初一日

早,开船。未初至茶山宿泊。燥热异常,登岸至周家宗祠歇凉,酣睡二时许。夜登舟,仍极热,坐战船至江心乘风,三更归,坐船渐凉矣。是日阅段氏若膺《戴氏年谱》。

初二日

早,黎明开船。午刻至黄金埠,见安仁令范维瑸。杨凤山同年升自广信晋省,亦来一见。申刻至安仁县,遇大顺风,因未停泊。戌正至风塘宿泊,距鹰潭尚欠十里。是日,删改湖口、九江新祠一折,湘乡忠义祠一折。河浅滩多,长龙船不能上。是夕定计遣各营长龙先回湖口。

初三日记

寄季高信言邹图事
寄次青信约至河口一会
寄迪庵信、六弟信交黄金魁带
寄张小浦信河口发

初三日

早，已开船矣，因闻各长龙船尚未来，饷银未到，复又停住。命喻吉三至安仁迎提。巳初，始开船。午正，王人瑞自贵溪来迎。未刻，遇意城船去。酉正，贵溪令谭炳勋、候补同知胡盖南、候补县贺宗澜及其兄贺宗源来见。夜宿金山堂，去贵溪尚廿里。是日，水浅滩多，仅行卅余里。天气燥热，在船上酣睡，不能作一事。夜在岸上支搭帐房歇宿。

初四日

早，开船。行八里，过九牛滩。又十里，午刻至贵溪县。张凯章、萧启源、王人瑞来见二次，胡盖南、谭炳勋等来见，共见客七、八起。写家信，澄、季一件，沅弟一件，合之前在瑞洪所写二件叔父一、夫人一，并抄日记，均交老湘营勇，专送吉安，初五早起行也。又作季高信一件，合之昨写之儿子信，均由六百里递至湖南抚署。又写次青信一件、幼丹信二页、翔冈信一页。喻吉三赴下游接饷船，申刻赶到。久不雨，枯燥异常。夜以大盆洗澡，略觉清爽。

初五日

早间，因谣传新城失守，少晏起行。巳午间，大逆风，不能开船。向导营四勇，在鹰潭经过，被该处团局杀死一人，杀伤三人。巳刻来报，县令谭君亦随来，因令谭审讯。谭审后来禀，供词含糊，仅以查拿凶手一语塞责而已，因令解送局中。职员曾守文、生员黄宗发、店主桂胜生三人来营，发交李笏生再审。申刻登舟，开上三里许。戌刻，李审此案。团局于凶殴四勇之后，又复捆送县城，捏情诬禀，情殊残忍，因将曾守文正法，而带黄宗发、桂胜生二人至河口，如受伤三人中再有死者，再行议抵也。是日写六弟信一件、迪庵信三页。改李筱泉，喻吉三各夹片。夜，写耆中丞信三页，赶抄两折一片、会回各稿，专黄金魁送迪庵营次，并六弟一信。又将鹰潭团局案，械告雪琴，系意城代写。

初六日记

湘乡祠案，咨缄骆中丞，会后衔

湖口九江祠案，咨缄告杨、官、胡、耆

会耆札，撤李大雄、滕加洪营拟稿并写一信

写家信，言《刘笔庄文集》

禁骚扰告示

禁团练不许乱杀人告示

初六日

早，打发黄金魁至迪庵处。旋开船，行卅余里，至火炖铺宿。是日，滩干水浅，逆风逆水，舟行极难。申刻停舟，以待火食船之至，约一时许。细雨新凉，一洗近日烦燥。然风雨交加，难于行路。若在贵溪登陆，则较便也。在舟次写九弟信一件。夜看各信稿。

初七日　附　记

胡长芝　芸圃，行五，弋阳令，六安州人，捐班收复龙泉，保举知县

初七日

早，开船。行五十里，酉刻至弋阳，县令胡长芝来接。刘胜祥、刘芳贵、黄振成来接，均迎出十里外。刘胜祥带祥字营勇六百扎弋阳，系新化人。刘芳贵带宝后营、副后营，胜祥之兄也，驻扎铅山县。二人均在衡州时隶我麾下。黄振成带协和营，驻扎弋阳。黄系广东丙午举人，协和营系余在江西省城时所立。中队多广东人，左右队一系义宁人，一系湖南、贵州人。戌刻，徐文藻来见。徐系丙申庶吉士，改刑部主事。咸丰元年冬，余在刑部时，徐京察一等。二年秋，因案降调为府教授，到任数年。七年，捐道员。是日，郭意城、许仙屏坐船因坏柁，二更始到。午刻，改平江营守广丰、玉山一折。

初八日

早起，改由陆路行走。各委员及各物均坐船至河口。余与郭、许、巡捕、家丁起早。行廿里，打茶尖。卅里至新硚头，饭尖皆弋阳县所备也。又卅里，到河口，寓关帝庙，系山陕会馆。李次青观察、河口同知孙家铎、铅山县令黄恩浩来见，萧营各营哨弁来见。夜，请凯章、人瑞诸公宴饮。天气甚热。

初九日　附　记

与幼丹论米事

各营下扎加勇粮，均作一钱四分，夫粮均作一钱

改立粮台各事宜

初九日

早，清理各文件，至辰正毕。会客数次。夜，沈幼丹观察来，谈至三更。是夜发江西司道谢信，龙方伯信，自添三页，晏中丞信添四页。天气燥热异常，军中苦之。吴翔冈自江西赶到，为之忻然。其队伍尚在后，约初十可到也。初八日接部文，奉旨，李廷泰前帮办和春军务，现剿闽贼，归余调度等语。

初十日　附　记

一札沈道

一札刘曾撰

一札铅山黄令、委员潘光奎

一札雷西垣

一札何敦五、卜宗铨

一札胡云衢、李兴锐、王澧

一札建宁府

一札邵武府

一札延平府

一札崇安县

一札光泽县

一札保臬司

一札延建邵道

一札莫祥芝、黄光炳、杜光邦

一发闽督信咨

一发东将军信咨

一发周天受信咨

一发周天培信咨

一发饶廷选信照会

一发李定太信尚未咨

一札张腾蛟

一札□□□

又 附 记

郑元璧锡候，建溪书院山长，结实可靠

蒋　衡建宁己卯举人，在府办团

孟际元侯官人，甲午举人，在崇安多年，选莆田教官

杨春蕃邵武府属教官，长乐人，乙未举人，结实可靠

何高慰、傅方驹、杨绍梅皆光泽举人，在团局公正，与雷西垣善

顾飞熊署邵武参将，浙江诸暨人，现在杉关，勇敢善战

以上幼丹观察所开

初十日

早，清理文件。巳正，幼丹来鬯谈。闻闽贼有窜往延平之意。写家信一封，交莘田叔、彭芳六带归。申刻，改遵旨援闽并陈贼情、军势一折。夜热甚，早睡。是日共见客六次。张绍南，号伴山，前任丰城令，现丁忧，在幼丹处当营务处，与孙雪筠、黄玉坡来见，余皆各营哨也。

十一日　附　记

丁峻部下之勇号恬生，保知县

奇兵营官丁玉麟丁峻之任

彰武军前营于翎魁，帮办于宣

中营杨洪升，帮办罗鸿标

左营丁应龙丁峻之弟，帮办满发喜

又 附 记

九江各营送安禀来者

万泰铅山都司、署游击　　邵学志德安把总、戈什哈

黄逢祥后营守备　　　　　汪荣建昌把总

杨青后营千总、守备衔　　秦得荣前营把总

程廷发后营把总、守备衔　曾麟魁前营千总

虞起荣前营千总　　　　　殷维连前营外委

龚庆魁 德安把总　　　欧阳鋆 水师营外委、戈什哈

丁世昌：德安把总、戈什哈

又　附　记

戈什哈前哨佘星焕，左哨叶光岳，右哨李承典，后哨罗逢元，管带官喻吉三。

戈什哈每人六两，五人一棚，每棚给夫三名。保至都守者，另给私夫二名。保至参游者，给私夫三名。保至千把者，给私夫一名。充哨官者，给夫一名，马一匹，夫、料钱夫价三两，马料价一两。

十一日

早，清理文件。饭后写对联七付，赏水师营陈发祥等四船，并谢得胜、张定元。幼丹来久谈。巳正外出拜客，会吴翔冈、萧启源、张凯章。余未得见。未正归，倦甚，久睡。下半天见客四次。郭观亭之世兄，前来投效。夜改派粮台及营务处片稿，核各札稿。

十二日　附　记

吉左营帮办朱宽义 号步卿　　卢昳绩 号少卿

十二日

早，清理文件。饭后阅四折一片，料理发报，计遵旨援闽一折，广丰、玉山两城力战解围一折，调喻吉三一片，又派沈幼丹、雷西垣两观察办粮台，李次青、王人瑞办营务处一片，均单衔二封。又会杨厚庵、李迪庵前衔，奏湖口水师昭忠祠、九江塔公祠；会官制军、胡、耆中丞后衔一折一封；又会迪庵前衔，奏湘乡忠义祠一折，调李筱泉一片，共一封，午刻拜发。巡捕不知，误送铅山县城。申刻派喻吉三至铅山一查，派史连城至广信一查。心生忿懥，盖无养之故也。自寅至亥，倦甚，不能作事，亦未敢服霍香丸。是日添耆中丞信二页，系调丁峻之彰武、奇兵，熊应文之武威军由玉山至金溪。是夜，闻楚勇败挫，金溪、泸溪、新城失守之信，又思所变计矣。

十三日　附　记

自九月十四至廿三，共见十七人

老湘营花翎者　蓝翎者

九月十五见　侍勇亲兵正百长 何本高介臣，湘阴人，蓝翎都司
九月十七见　副百长 陈玉恒义贵，蓝翎守备
　　　　　　前壮亲兵正百长 张义贵连城，守备
　　　　　　副百长 朱仲明仁斋，守备
九月十七见　后壮亲兵正百长 文兼武召贤，守备
　　　　　　副百长 丁登云梯升，千总
九月廿二见　左壮亲兵正百长 贺国秀蔚廷，守备
九月十七见　副百长 辜胜友云如，把总
　　　　　　右壮亲兵正百长 王华国文亭，都司
　　　　　　副百长 赵仁和贵连，千总
　　　　　　第一旗旗官　黄万友杰轩，副将
九月十四见　中哨百长 陈青云立汉，都司
九月廿一见　左哨正百长 页明瑞先芃，都司
　　　　　　副百长 周定和蔼臣，千总
　　　　　　右哨正百长 谭发律玉堂，都司
　　　　　　副百长 李竟成兴家，守备
九月十九见　第二旗旗官 文恒久历山，都司
　　　　　　中哨百长 潘运璋金莲，千总
九月十九见　左哨正百长 黎以成锦绎，守备
　　　　　　副百长 方有才集轩，千总
九月廿二见　右哨正百长 熊常富启泰，千总
　　　　　　副百长 龙见田利安，守备
九月十八见　第三旗旗官　陈品南斌全，副将衔，参将
九月十五见　中哨百长 刘光明必照，都司
九月廿三见　左哨正百长 易开俊明耀，守备
九月廿四见　副百长 杨鸣岐凤翔，守备
　　　　　　右哨正百长 易荣华晓亭，都司衔，守备
　　　　　　副百长 李纯典镜堂，守备
九月十五见　第四旗旗官　刘松山寿卿，游击
九月廿四见　中哨百长 章合才寿卿，守备
　　　　　　左哨正百长 喻胜荣锦然，都司衔，守备

　　　　　　副百长 朱华清平尧，守备
九月廿三见　右哨正百长 陈世隆国芯，都司衔，守备
　　　　　　副百长 刘为政以德，守备
　　　　　　第五旗旗官　彭声发振山，参将
九月廿四见　中哨百长 喻致惟泽霖，千总
　　　　　　左哨正百长 尹松友青武，千总
　　　　　　副百长 唐玉益云宗，守备
　　　　　　右哨正百长 胡光辉亮庵，守备衔
　　　　　　副百长 赵连玉璧传，千总
九月廿一见　第六旗旗官　朱绍辉印魁，醴陵人，游击
　　　　　　中哨百长 杨桂武端章，都司衔，守备
　　　　　　左哨正百长 陈明南化行，都司衔，守备
　　　　　　副百长 谷代纬伟人，守备
　　　　　　右哨正百长 喻焕成先云，宁乡人，守备，都司衔
　　　　　　副百长 曹义胜福亭，守备，都司衔

十三日

早，闻贼窜金溪，至安仁界。张凯章禀请前往截剿，即时批准。饭后清理文件，会客数起。接九弟吉安家信。申刻又闻贼自安仁渡河，将有归并景德镇之信。夜清各当差人员夫役单。

十四日

早，张凯章、王人瑞来，言即刻拔队赴贵溪、安仁剿贼。旋定各员薪水单、夫单。幼丹来，与之商定十五日回驻弋阳之事，旋告知各营。会客四次。写九弟信三页，夜，又添二页，言捐勇中欠饷，请加学额事。写耆中丞信，告知张凯章回剿安、贵之事。夜，发晏中丞信，求以折件、油纸等物见惠。复胡恕堂中丞信二件，一系托吴子祥扶榇之事。发张小浦信，自添二页；季高信，自添一页。

十五日　附　记

营中各员及委员开一水牌名单
发报：改由云际关入闽
咨催湖南添解八、九、十月银六万　并缄

函商湖北添银一万
奏请四川协银二万

十五日

早，拔营。至弋阳，会幼丹一次。卯正起行廿里，至田里丁家祠内早尖。又四十里，至弋阳县住。是日，吴翔冈之义字营走头队，营务处走二队，朱品隆走三队，余走第四队，唐义训走五队，果字八营走六队，均于申刻前后到弋阳。夜，清理各件。江西耆中丞，三次咨请派张道一军驰剿安仁、贵溪一带。杨名声自湖北归来。接胡中丞信，九月、十月银四万已走解。王起玉等自太湖归。接六弟信，知迪庵现围攻太湖。

十六日记

营务处哨弁单　花翎者　蓝翎者
巡查四　彭麒达先发，都司衔，守备
　　　　王佑朝良臣，宁乡人，都司
　　　　陈盛世穰斋，游击衔，都司
　　　　王桐柏心斋，都司
百长三　丁长胜仙华，都司
　　　　陈达庵□□，都司衔，守备
　　　　李绳武宗贵，守备
大旗三　张良青新宁人，都同衔，守备
　　　　邹昌保新化人，守备
　　　　曾聚贤守备

又附记　庆制军奏驻延平折

建宁镇林向荣
臬司保泰
督中军副将贾开泰
邵武参将顾飞熊
参将普超
右五人堵剿建阳，以保建宁
参将黄礼铃

延建邵道袁绩懋

参将惠寿

金门游击曾涛

右四人堵剿顺昌、上洋之匪

兴化都司练青

县丞方晋德

福宁镇池建功

候补道周朴源

右四人攻剿松溪、政和

十六日

早，清理文件，旋会客三次。巳正至城外营盘一看，申正归公馆。巳刻写雪琴信一封。夜添耆中丞、龙方伯信各一页，希庵信三页。核定各稿。派杨名声察视病者、伤者。是日未接凯章之信，不知在何处。又闻其分作两支，一拦头，一尾追，恐兵单力薄，甚惦念也。接贵溪信，言贼已由安仁窜往万年。十七早，又接贵溪信，言贼尚驻安仁。

十七日 附 记

弋阳六十里至湖坊，又卅里至陈坊。有两路：左六十里，至山头关，又六十里，至火烧关；右七十五里，至云际关。

十七日

早，接浙中咨，次青记名以江西道员请旨简放。卯正早饭后，移入营盘。天雨新凉，竟日至夜五更，雨不息。夜，写九弟信一件。是日初移营，未办一事。夜看水道提纲。

十八日

早起，略清文件。饭后会客两次。派老湘营二人：
方宗照平江亲兵百长。极以黄荣贵。廿六岁
祝鸿恩平江亲兵内把总

十八日

早，清理文件。饭后见客六次。李次青荐李仁俊充书办，系一鸟枪勇，而书法甚佳，因令其充清书。蔡梦熊与其侄蔡樟元来见。樟元之父，嘉庆己未进士，任知县十年。其兄道光壬辰举人，现任教官。樟元本年欲北上，送诗一首。添李筱泉兄弟信二页，添雪琴、迪庵信各一页。夜温《滕文公》上下篇，二更后睡。竟夜大雨不止。南城十八都团局杀宝勇卅三人。营官朱步青禀请查办，因札饬张凯章讯明究办。并札南城令黄荫山随同查办。是日来报，绅团仅交出三人，碍难核办云云。余以凯章即日拔营入关，嘱其速了此案。

十九日　附　记

制鹿茸法：先用磁瓦片去毛，将鹿茸用黄酒泡湿。又用酒泡湿白布，包茸放入蒸笼内蒸发，然后用刀切成片子，再加黄酒，再蒸后，用杵冲碎。高丽参切片子，用黄酒蒸发冲碎。每茸一两，配参二两。或用黄酒，或用蜜糖，共和做成丸。

一法：鹿茸用刀去毛，酒侵，切片，炒干，研成末。高丽参切片，炒干，研末。二味和研，用黄酒洒丸。

又　附　记

建昌府东门出城三里，杨林渡过渡、七里，十里山十里，小岭上山下岭共五里；五里，洪门村房五、六十家，五里，长塘街五里，青麻村庄，民房三、四十家，十里，硝石铺店二、三百家，三、六、九日圩场，可扎营，有联局，十里，塘头街十里，严和市村屋三、四十家，有联局，十里，资福桥铺店三、四十家，可扎营，五里，路窑过渡，五里，五福街十五里，石硖铺店百余，可扎营，五里，新口十五里，飞鸢有汛、有联局，五里，蜂窠十里，杉关六里，九里桥九里，止马铺店二、卅家，有联局，可扎营，八里，京牙可扎营，右往水口，左往光泽，七里，水口铺店八九十家，有小河可通光泽、邵武，可扎一、二营。

送信至吉安。昨十七日，派吴翔冈带队至安仁等处剿贼，为凯章之接应。本日午刻闻翔冈于昨四更至贵溪，迅速可爱。是日，细雨迷濛不止，未办一事，因看《陆宣公集》三卷。夜二更一点即睡。

十九日

早，略清文件。饭后，闻吴翔冈于十八日至安仁。旋闻张凯章、王文瑞分两支之军，十八日由乐平一路抄出者，先后可至安仁。张、王督率团练分扎西北门，吴军扎东门。南门外郎河，朱德树平江营水师驻之。康国器济胜军水师，亦于是日来见，遵批赴安仁会剿。丁峻之彰武、奇兵营，前札赴金溪驻防。本日来见，谕令扎于安仁之对河南岸，恐水落滩浅，贼得涉渡南窜也。又亲书一缄，过知凯章。是日修子墙，余营局子墙，内为圆圈。营务处王人瑞、前营朱品隆、强中营唐义训，居中一层墙内：王居后，朱居左，唐居右。王营有门，与余内层通，朱、唐与内层不通也。中层之外，又有外墙子，以备守御。嗣后扎营，俱照此制。申刻，家中遣曾六来接纪泽儿，信附七古一首，颇有清致，而无声调。

廿日 附 记

专人至杨厚庵处送会回稿

  萧浚川营哨弁名单　　者花翎□者蓝翎

 果中营营官萧启江

  帮办秦华祝都司；彭忠信守备，行斋

  亲兵左百长　萧庆高都司

  亲兵右百长　萧文太守备

  　前哨百长　朱桂秋都司

  　左哨百长　王胜友把总

  　中哨百长　何胜必守备

  副中哨百长　姚美仑千总

  　右哨百长　彭称鹤千总

  　后哨百长　冯翙翔守备

 果前营营官　　李奏勋直州同，和鸣

  前哨百长　刘竹田千总，守备衔

  左哨百长　彭良作千总，守备衔

  右哨百长　梁万贵游击

  后哨百长　万龙光军功六品

 果左营营官　　胡中和游击，元庭

  前哨百长　苏国忠守备

  左哨百长　赵国泰把总

  右哨百长　彭光辉守备

  后哨百长　刘喜益守备

果右营营官	毛治祺都司，盛昌
前哨百长	胡腾芳千总
左哨百长	李翠林千总
右哨百长	唐星照守备
后哨百长	彭东岳守备衔，千总
果后营营官	刘岳昭同知，静臣
前哨百长	刘复胜守备
左哨百长	刘祥隆把总
右哨百长	李添栢把总
后哨百长	谢玉堂把总
新果营营官	萧启淮守备，桐柏
前哨百长	彭称集千总
左哨百长	王世宾把总
右哨百长	谢华桐军功
后哨百长	曹文和千总
副果营营官	萧积椿府经县丞，漆园
前哨百长	邹俊元守备，都司衔
左哨百长	彭泰和守备
右哨百长	李继东千总
后哨百长	唐凤辉千总
果勇奇胜军营官	黎得胜守备
前哨百长	陈高益把总
左哨百长	邹义沅军功
右哨百长	陈三元外委
后哨百长	王其发军功

廿日

早，清理文件。旋闻凯章于十九日辰刻大获胜仗，克复安仁县城，杀贼计三千人。吴翔军一军后到一刻，未与于战。午刻写信示纪泽儿。旋请意城写漱六信、厚庵信、骆中丞信，各自添一、二页。

廿一日 附 记

布尺二丈　　　铜尺　　布斗一　　布斛一　　咨部补武缺

　　湘前营　花翎者 蓝翎者

营官　朱品隆云岩

帮办　朱毓衡砚澜一，府经县丞

　　　张鸿运道南三，监生

　　　张熙琳碧泉三，蓝翎外委

哨官前黄惠清镜寰一　游击，拟保参将加副将衔

　　左沈宝成袖珍二　都司，拟保游击加参将衔

　　右胡辉堂芍斋十　游击

　　后成立福鹄臣四　游击

　　强中营

营官唐义训桂生

帮办　易良豹晴谷，从九

　　　禹志良汲三，从九

　　　李占鳌少莲

　　　唐福胜红俊，千总

哨官前王华云景星，外委

　　左王品高尔禄，守备衔，千总

　　右刘长春厚德，外委

　　后胡玉元其祥，守备

又 附 记

竹卓罩　　小炮二尊　　　门帘

廿一日

早，清理文件。饭后见客二次。未刻，请意城写功牌刻之。申刻，自写告示，竖旗杆，升帅旗。夜写家信二页。前遣回之蒋得胜到家后，家中遣曾象五与之同来。八月初四自家起行，初八自省起行。曾象五十九即到，蒋得胜廿一日始到，因令责之。二次接家信及湖南信数件。夜闻张凯章业已收队，本日可至贵溪，吴翔冈则追出万年等处矣。

廿二日

早，清理文件。饭后写家信三件澄季、叔父、朱建四。午正至城内拜客，看许仙屏病。接九弟信，吉安于十九日夜克复，各营来贺喜，应酬时许。夜闻吴翔冈一军追贼至万年，先胜后挫，刘隐霞殉难，李雨苍不知下落，因呼朱品隆来计事。王人树议张凯章一军，宜暂驻贵溪不动也。写信与吴翔冈，令其回营。添信二页，寄骆中丞。写信与九弟。

廿三日　附　记

弋阳县南面大河，即广信河。北面小河，北门外有桥，去城门不半里。桥内有山城，可扎营扼住桥头。城内有山，可扎营。西门外过河以北，有平冈可扎营利于攻者。西门外附城，有小山可扎营利于守者。东门外多山，可扎营，即余驻营地也。

廿三日

早，带朱品隆出看营盘。弋阳县之脉，自灵山来。灵山在上饶境，在弋阳之东北，六峰耸峙，形如笔架，与庐山之五老峰略同。县之对河南岸有龟峰，山形如龟，去县南稍西，约卅里，南临上饶，北绕弋溪。弋溪发源于灵山西，流至县之西门，注入上饶江。县北门外有桥，去城不半里。桥南有小山，可扎营。城内有山，可扎营。西门外有小平坡，可扎营。皆守城者所宜占也。西门外过弋溪河五里许，有黄土冈，可扎营，攻城者所宜占也。东门外有詹家山，最高，群山颇多，皆可扎营，守者攻者，皆宜占也。咸丰五年，罗、李扎西门外之黄土冈，余今扎詹家山之侧。见客三次。接吉安九弟信，共九页，计二千字，大致谓委任统领，责成功而略小节。阅克复安仁折稿。写营门字、对联等。夜闻李雨苍尚在。睡，点三江口闵三杰眼药。夜写三信。

廿四日

早，清理文件。旋看奏片三件，阅匡开益致次青信所陈闽事。是日定廿七日拔营入闽。余率各营从弋阳启行。凯章率各营从贵溪启行，约于陈坊、云陈关等处取齐。廿八、九日，分头帮、二帮先后长行。戌刻发报，克复安仁折一件。万年小挫。刘本杰请恤一片。胡兼善病故，请恤一片。请四川饷一片。意城写一折二片，郭笙陔写一片也。申刻，自书团练不许妄杀人告示。是日酷热，与盛夏无异，未能治事。

廿五日　附　记

平江老中营

营官　屈蟠_{知县，湖口人，见田}

帮办　钟辅朝_{守备衔，把总}

　　　李昇_{平乾州协千总，溆浦人}

　　　王春发_{把总}

　　　杨以勋_{廪生，湖口人}

前哨哨官　　彭琼英_{千总}

　哨长　　　黄菊亮_{千总}

左哨哨官　　毛全升_{把总}

　哨长　　　单恩德_{把总}

中哨哨官　　吴兰惠_{把总}

　哨长　　　杨发成_{桃源人，把总}

右哨哨官　　唐顺利_{常宁人，千总}

　哨长　　　张恒彩_{把总}

后哨哨官　　李佑厚_{守御所千总}

　哨长　　　潘光前_{把总}

得胜军　　_{自带护勇十一名，又大旗一人，先锋四人，五人各带四人}

管理　　哈必发_{守御所千总，善化人}

　潮勇　　_{共廿九人}

哨官　　　刘举_{广东普宁人}

哨长　　　刘烈_{广东普宁人}

以上老中营、得胜军、潮勇员弁、勇丁共柒百九十六员名，每月大建肆千五百九十二两七钱。

廿五日

早，清理文件。巳刻写楷字百余。旋见客三次。摹地图，略画数小水，写数十小字，已觉劳神。申刻少睡。酉刻，彭山屺到营，渠自湖南七月廿五日开行也。旋嘱莫祥芝画福建地图，用邹氏重刻李申耆图而展拓之，益以康熙图之小地名及经行之地名。夜，接张凯章禀，因宜黄有事，请暂缓起行。余批以可由泸溪分兵赴建,吉安得胜之师,亦可顾抚建也。二更开,次青之母太夫人左手膀忽痛,不能举箸。

廿六日 附 记

咨部请封

大姐五十寿礼

送刘隐霞银对

咨请浙江发火药一万斤、烛五千斤、油五千斤

又 记

福建商人由省来,廿三日至弋阳所说邵武之贼,八月十五日退往黄土冈建宁、太平、新城、南丰四县交界,十六、七与官兵战败想即刘印渠之师,附以光泽团练,退转黄土冈。十九日贼又败。廿日回窜入邵武城。唐都司扎光泽西四十里之水口。武都司扎光泽东四十里之龙斗。浦城、星村、建阳三处之贼,均由汀州至潮州。

廿六日

早,清理文件。巳午间,见客三次。小睡。张凯章禀,宜黄、崇仁被贼窜扰,意欲回援抚建。余批令,仍至陈坊入闽。申刻作挽联,挽刘隐霞云:"五载共兵戈,地下知心王壮武;万年歆俎豆,沙场归骨马文渊。"是日,次青代作四六信,复沈幼丹,余添二页。夜添张筱浦信二页。

廿七日 附 记

家中雇长夫百人

蒋魁南、杨喜贵、曾象五送茸至吉安,并功牌

廿七日

早起,发耆中丞信、龙方伯信,各添数行。是日拔营。果前营第一队,营务处第二队,湘前营第三队,余行第四队,强中营第五队,平江老中营第六队,果字左、右、后三营第七队。果前营拔营最早。余巳刻写九弟信。未刻中饭后,始行拔营。行至南门过河五里,至汤家村住宿。是夜赶印功牌五百张,送至吉安。军械委员王澧所制,帐房太贵,申饬之。

廿八日

黎明起。饭毕，拔营。行廿里至荷包塘。过半里许，小憩于野。策马登一山，名曰响石岩，其北为峭壁，南略斜，上为平顶；在龟峰之东，登此山即见龟山之背。为面东南一山亦壁立，高平如台，形与龟峰略同。又行廿里，至双港住宿。双港系一大墅。余扎营之处，各曰五鼓岭，坐西向东。后曰虎形山、月轮山，对面曰岩山。右胁有一水，从义岭来，右东南角有一水，从陈坊、吴坊来，会于双港东北，流至于黄沙港，入弋阳江。是日在舆中，倦甚。果字八营昨日拔营，至汤家山者凡四营。本日同来双港者，仅果前营，余三营明日始到。其留于弋阳者，则待萧浚川到，始启行也。

廿九日

早，略清文件。因无夫不能成行。巳刻，张凯章来见，言新城有贼万余，刘印渠一军于十五、十九、廿一、廿四、五打仗，恐贼众兵单，难以防御，请先赴建昌，改道由杉关入闽。余以十二奏由分水关入闽，廿四奏由云际关入闽，不欲屡迁其说，踌躇未决。中饭后，登山一览，并至港口街市，酉正归。夜，定改赴建昌由杉关入闽之计，写信与九弟。夜，睡不成寐。五更，作湖口石钟山水师昭忠祠联云："巨石咽江声，长鸣今古英雄恨；崇祠彰战绩，永奠湖湘子弟魂。"

卅日

早，将起行，因无夫而止，仍在双港扎一日。雷西垣、次青、人瑞至湖口雇夫。又嘱张伴山 韶南在双港雇短夫。上半日小睡。旋写湖口祠联。申刻又作塔公祠联云："大勇却慈祥，论古略同曹武惠；至诚相许与，有章曾荐郭汾阳。"戌刻写就。夜查长夫，略有头绪。弋阳刘祥胜营借来五十人，吴坊雇五十人，双港短雇五十人。派丁蔼士综理军械，计火药、油、烛，用夫四十七名，铅子、火绳，用夫廿名。添罗淡村信一页。写家信与澄季，寄廿四日折稿，日内日记。派戈什哈张定魁至吉安，约九弟来建昌。

九 月

初一日

早，自双港起行。行四十里，至港口扎营。夜，次议青假归事，派史连城带途费，自平江迎接李太夫人。派易有成迎提鄂饷。写信与雪琴。寄湖口、九江对联。

初二日

早，与次青别。次青由弋阳回玉山一行，清理数日，即归平江迎养。余率师至建昌入闽也。行四十里，至塘陂湾扎营。营盘坐西南向东北。遥望东南外山，为天华山，最高。西南为云台山，东隅为降真峰。北至贵溪五十里，东至光泽县一百八十里，南至耳口寨四十里，西南至上清宫五十里。是夜，天黑欲雨。倦甚，不能治事。

初三日

早，微雨。长夫不齐，拟止行二卅里，即行驻扎在塘陂湾团局内。雇夫五十名，每名给百卅文，实则局中每名已给三百文。局中首士为龚思胜等，颇有礼也。行廿里至高阳，皆山径崎岖、高岭及涧，无一处可以扎营者。又廿里，始得一大壑，中为河，左为田，右为原，宽平，可扎二万人，地名浒望。因无米可买，故未驻营。又十里，至上清宫，与郭意城同入玉皇殿一观。榜曰"大上清宫"。内有棂星门、下马亭，有正殿，有雍正九年"御碑亭"，极宏伟，皆为贼所毁，神像狼藉。宫门外有赵子昂"玄教碑"，尚完好。旁有雍正年一碑，上无覆亭，剥落尽矣。因帐房未至，在米局中饭。米局系营务处王人树太守所设，其法与地方绅耆议定米价，公设一局。绅士主之，营中派弁目监之，无得抬价抑买。是日米价，每升钱廿一文。过浮桥里余，在沙洲上扎营。是日，因早间微雨，有廿里、卅里即行安扎之说。各勇夫无长行五十里之志，不料所过皆深山仄径，无平地可以驻扎，又无铺店可买饭食，又小车难于过岭，又夫马惮于小路碎石，又日暮雨作，遂致饥疲怨嗟，有三四更始到者，有次日尚未到者。

初四日

早起少晏。因本日不拔营，即在此停驻一日。营盘地名下桂洲。稍上里许，为上桂洲，即前明下桂溪相国故宅。营坐西向东，河水发源于泸溪，自西而东流，至安仁之上，合入广信大河也。营在河南岸洲上，去河才数丈，实非可安营之地。下游西北隅，为龙虎山，即张真人修炼之所。上游东北隅为象山，即陆子讲学之所。正东为藐姑峰，即馒头岭。正南为出云峰。正西为西华山。东北至塘陂湾五十里。北至贵溪县七十里。西北分三路，至鹰潭四十里，至安仁九十里，至邓家埠七十里。西南至金溪七十里。东南至耳口寨四十里。巳刻，派佘星焕带夫卅名去接军火。派彭山屺去查昨日来路，恐有掳夫扰民之事。未刻，喻吉三始到。是日阴雨，雨时作时止。酉刻大雨。夜，雨不息。又因雇夫不齐，军行甚滞。

初五日

早起，雨止，未有微雨。因帐房沾湿，雇夫未齐，再住一日。写官制军信，共五页，写六弟信二页，迪安信、幼丹信、各添一页，毛寄云信，添二页。中饭后至西华山顶一望。西华山之东一壑，即上清宫旷野也。西华山之西一壑，较上清宫之野略小。去西华山之半里许为狮山，葬前明一天师，故有石人、石马。狮山之北接冲天山，俯临江水，即上清宫之水口也。酉正归。雇夫尚未齐。昨日派人至贵溪，持百金雇夫百名，由上清送至建昌。令军械所暂留上清二、三日，俟夫到再行。本日因无夫可雇，又令军械所前存之夫十六名抽出，先送他物起行。银钱所应运之物，暂留上清，待贵溪夫再赶赴大营。抽出钱所夫廿名，先送他物起行。又以银万二千两，交营务处及朱、唐二营，各带四千安勇，身佩百两。亦抽出夫廿名，先送他物起行。是夜，团局亦送来夫十九名，童夫三名，略可成行矣。

初六日

早起，卯正开行。行卅五里，至旸田驻营。营盘坐东北向西南，地名鹤泉源。其东南为云林山，雄秀耸特，抚建之巨镇也。东北即龙虎山，西北为仙鹤峰，南为白马峰。东至孔坊十五里，西至青田桥廿里，北至鱼塘卅里。旸田，邓姓村最大，蔡姓次之。绅士邓义等来见。其父曾任湖南粮道，其兄即周子佩之妹夫也。金溪邓令国恩来见。吴翔冈派去百五十名来接，因以卅二名往上请，接银钱所寄存之物。其百十八名，明日道上备用。前卅日借祥字营夫百名，至是令朱云岩写信送还。每人发八日口粮，每日一钱。是日，所过孔坊、旸田，皆膏腴之区，惜久被贼扰，民多迁徙未归。

初七日

早，卯刻拔营。行廿里，至青田桥小憩。又廿余里，至金溪县。邓令迎入城，借一民居作公馆，小坐时许。金溪膏腴之区，近被贼往来蹂躏，残破不堪。城中仅有一、二民房未毁，余皆颓垣破瓦，目不忍睹。申刻至营盘，去城二里许。城北为鹧鸪岭，南为雀梅峰、三牌岭诸山。南路左至泸溪百里，右至建昌府百一十里，西南至抚州府百里，西至许湾六十里。邓令襄阳人，提督衙门稿房，咸丰四年，随杨昌泗克复武汉，案内保县丞，五年，在杨厚庵处办文案，旋保知县。申刻闻唐义训丁母忧，余至营省唁之。其兄与侄送新勇九十名来。灯后，萧浚川自鹰潭来见，畅谈至二更四点。其弟启源、其子积椿皆病甚。因令现在金溪之四营，于初九日启行赴建昌，现在鹰潭之四营，俟发饷后再赴建昌。

初八日

早，卯刻拔营。行廿里，停舆道旁，小坐。又廿里，至后车扎营。有绅士傅时亮邀至何氏宅内进酒果，小住，未刻入营。营盘地名王家岭，南有仙人岭，东有大猛山，西北有罗家山，东北有韩婆岭。申刻，闻九弟已由吉安至宜黄，因写信派李承典往迎。南城县黄令昨日派夫五十二名，至金溪县迎接；本日又派四十名，在途次迎接。

初九日

卯刻拔营。行廿里，至永安桥小憩。南城县派家丁在此办早尖。家人、巡捕、轿夫等皆吃饭。饭后，行卅里，至建昌府城。县令黄鸣珂力疾迎于十五里外。旋接见黄署守秉珍，及宝勇四营在郡之营官罗近秋等。又见建昌本营游击季超群等。在城内公馆中饭，公馆即凤冈书院也。饭后回营盘，在北门外三里许。是日，行路较远，见客稍多，颇觉倦乏。

初十日　附　记

文建昌守黄秉珍东山，宝营普钦堂之营务处

南城令黄鸣珂荫山，贵州安顺人，优贡，庚子举人，以防团保知县，加州衔，但云湖之戚

府经历张寿山宛平人，在周炎营报捐县丞，年廿六岁

武游击季超群

  袁藻华新城石硖千总，临川人

  杨锦斌存城千总，上饶人

  杨怀玉泸溪把总，高安人

  韩步高南城把总，临川人

  刘兴杨新城把总，临川人

  李步青泸溪外委，新昌人

  吴金亮南丰额外，南坡人

  罗金魁飞莺外委，新建人

  崔思坤世袭云骑尉，南城人

绅黄家驹壬子优贡，捐输中书同知保知府，冠北，前任刑部主事黄守训之子。

又　附　记

宝前营刘光明游击，五百人，据称少八十

副中营罗近秋游击，五百人，据称在泸溪败亡八十，未补

左营朱步青游击，五百人

护卫营黄秉忠二百人

初十日

早，起略晏。见客数次。午刻，刘荫渠自新城来见，六年不见一面，即深相爱重，喜其与卅年在京相见无异，仍是朴讷书生气象，未染军营气息，亦无官场

气息也。旋接各处书牍卅余件。胡恕堂中丞奏调次青赴浙。有信寄余并次青。九弟专人送信，言撤勇事。初三日自吉安发来勇，初七日到省，初十日到建，甚迅速也。余于本日卯刻专老湘营勇送信与九弟，约其来建昌一会。是夜，又回九弟一信。作信寄许仙屏，派戈什哈往弋阳迎之。作信与次青，告以浙抚奏调之事。四弟荐安化刘星槎来营投效。七月廿四日家信，本日夜始到。夜，温《离娄篇》。是日，专人至省，带银一百两，为余与意城办寒衣。

十一日 附 记

提南城县漕五千石 札一、咨一、函一

咨省城飞解油烛 带丁处眼镜

札沈道解浙江油烛至新城，并解火药

采杉关外扎营地方 派朱长彪、彭述清

查河道运米至新城，并飞鸢熊村等处 派朱营四人

告九弟雇夫三百人为一营 营官一人、哨长三人

办十四都杀宝勇一案 派张镇湘、陈考元去查

游麻姑山

制布帐子

十一日

早，清理文件。旋请刘荫渠早饭，张凯章、王铃峰、朱云岩、王人树作陪，巳正散。派朱长彪、彭述清看沿途营盘地基，兼问米价。派朱营四人查河道，可运米否。回耆中丞信，意城写四页，自添二页，催解油烛。接家信，澄侯信系八月廿四所发，纪泽信系十九所发。遣宝后营之夫回贵溪。夫，每人赏银五钱、钱四百文，共七十九名；亲兵六名，每名赏银一两；哨长一名，赏二两也。派人查麻姑山路，挑麻姑泉水一担来。又僧送麻姑酒，殊不见佳。本日接李仲云信，有船样三图。接孙芝房信，寄近作古文一本。夜，阅《论治》六首，通达事理，文亦劲快，杰作也。温《万章》篇。

十二日

早，清理文件。巳刻，至人树处拜刘印渠。黄荫山大令来见，又见客二次。中饭后进城，拜客四家。归来，身体不甚爽快。夜接文书五十余件，逐一清核，

温《告子》至"宋牼章"止。是日又觉有病,至四更时起腹泄,甚畅快,病即愈矣。本日亥刻接到批折,共四折二片。奏朱批二道、谕旨四道。

十三日

早,因病起略晏。饭后见黄恩祥、黄麟佑,黄莲溪之胞兄弟也。莲溪名麟祥,甲午举人,庚子翰林,丁未年没于京。一子名廷赞,避乱居乡,景况甚苦。其年嫂年四十一,已生二孙矣,因赠其子卅金。印渠来见,久谈,辞归新城营中。雷西垣自陈坊来销假。定稿:提高城漕米五千石。定稿:于江西省城设立递文所,派胡蔚之、丁石汸经理。同九弟信一件。是日上午,犹觉有病,下半日全愈。夜,王人树来久谈,言萧浚川之二弟及其子病,皆渐好,甚慰。温《告子》"孟子居邹章"起至末,并《尽心》上、下篇。是日午刻,发"闽贼回窜新城,官军改由建昌杉木关入闽"一折,"纪以凤、王家瓒捐输"一片,专黄辅清、游得胜送至贵溪。

十四日 附 记

查守营门之人是否未离 自查
查各营更鼓是否分明 每夜派人查
查强掳民夫、勒买货物等事 派人查
查鸦片烟馆、查赌厂 派人查
每日传哨官来见 自开单

十四日

早,起少晏。旋见客五起,又传见老湘营百长何本高、陈青云。是日定派张凯章营先入关,出关外或北剿洋口,或南赴宁化,听凯章主之。余俟部署米粮少有头绪,即行入关。申刻,许仙屏自弋阳来营。夜温《梁惠王》上、下篇。

十五日 附 记

十四 何本高 湘阴归义人,兄弟六人,行三。咸丰三年十月入王璞山营。伕一百,壮四百,朴实。

十四 陈青云 五都萧家冲人。先充为字号勇,在金鹅山打仗。四年五月,在湘潭大官殿入璞山营。兄弟四人,居三。眼圆而动,不甚可靠,语次作呕,眼似邹圣堂。

十五 刘光明 湘潭石潭人。四年三月十一,在岳州城内战船接出,年廿七岁。父年四十六岁。母没,有二弟。明白安详。

十五　刘松山七都山枣人,曾在季洪处当长夫。四年冬,在铜钱湾入璞山营。其兄在岳州阵亡。母存、父没、嫂嫁,有二侄。据称,东安、郴州之战最苦,吉水潭、四墟之捷最伟。王枚村不言而善战。挺拔明白。

又附记　建昌绅士

蔡梦熊渔溪,万年教官

蔡樟元豫卿,庚子举人。梦熊之任

万恩辅仪唐,甲辰举人

黄士钫秀峰,丙午举人

崔煊春圃,崔斌之子

李鸿卓黄平州知州,庚午举人,己卯进士

李松龄小梧

十五日

早,各员弁贺朔衍朔字望者多,至辰正毕。饭后清理文件。专人晋省,写密信与耆中丞,言团练杀宝勇事,自添一片。幼丹信自添一片。未刻剃头。传见刘光明、刘松山二人。夜,温《公孙丑》上、下篇。

十六日

早起。卯正早饭毕,即与意城、仙屏、笙毕同游麻姑山。进城北门,出南门约十三、四里入山。山高四里许,中有半山亭。过亭后有试剑石,有双瀑泉、乌龟潭、水月潭、伏狮潭。又上为金龙潭,为龙门桥。水帘洞与庐山之栖贤三峡桥最相似。桥内有神功泉,极清冽。又进为一大壑,北为仙都观,观外为会仙桥,观内有碧莲池,壁上嵌鲁公书《麻姑坛记》,中龛麻姑神像,今毁矣。庙后为螺蚌岩,岩后为齐云峰,庙之对门为五老峰。观左有五忠祠,祠外有唐大夫松,祠侧为十贤堂,堂后为慈惠庵。仙都观之上,有碧涛庵。庵内有大士阁。南城局绅蔡梦熊叔侄二人在庵内具酒席,供张甚备。饭后,又游丹霞洞,在仙都观之西南,约里许。小溪侧有大石,中洼。相传洼内,旧为入洞之门,今为沙石所闭塞。其上为行人径路,顿足则閦然有声。土人谓其下空洞,故履之成声。然山色粗犷,绝无灵异之象。纵有小岩深洞,必非佳境,不足以宅仙灵矣。申刻归,仍至龙门桥小憩。麻姑山之胜,以此为第一,他皆傅会,不足珍也。薄暮下山,归营已亥初矣。许仙屏得家信，其父患病，促之归，来余帐叨叙家事。是日接公文廿余件。夜间，清理一过。

十七日 附 记

王华国八都人，易芝生居相近，三年入王营当伙兵。有弟为凯章亲兵。

陈玉恒二坊人，南门城外。三年入王营，廿四岁，长而清，可充戈什哈。

辜胜友三坊人，曾家冲。三年入王营，廿五岁，矮而不精，比赵子麟略瘦。

文兼武十二都人，卅岁，其兄亦有王营，拙、直、长工之才。

十七日

早，清理文件。饭后，送许仙屏回家。天雨竟日，萧然秋老。萧浚川来久谈。其弟启源、启淮及彭忠信均赴江西省城养病。九弟信来，言自吉安十二日启行，由樟树登陆至建昌来会。所部之勇撤去千余，带千余人来作我亲兵。见客七次，写六弟信六页，添迪安信一页，添雪琴信四页。夜添次青信二页，添丁石汧、胡蔚之信一页。是日写对联四付，写挽幛字，阅《骈体正宗》十余首，系借仙屏之书。

十八日 附 记

陈品南老三营湘旗旗长。挺拔，有静气。廿九岁。铜钱湾住。副将衔。

喻科癸平江亲兵百长。年廿四岁。满面堆笑，可爱。矮而精明，略似陈安南。

由硝石分路过渡，走新城县，至新口合路。

硝石十五里，界牌前十五里，八都铺店廿余家，三、五、八、日墟场，可扎营。有墟场联局。八里，白石头廿里，十里山村屋百余家，十里，新城县五里，五里亭可扎营，十里，熊家塘五里，荷花庄五里，黄竹源五里，白沙十里，新口。

又 附 记

十九黎得胜果营奇胜军营官。五年冬回楚，六年援江，旋归周凤山统。目动言肆。

十九文恒久四都高冲人。三年九月入王营，岳州城内救出。辅卿之任。有静气，有良心。二旗旗官。父没，母今年没。

十九黎以成宁乡人。四年，鲁家坝入营。神昏。

廿 莫有升长沙人，年廿九岁。南勇，刘培元营内哨官。眼圆人滑。随浚川出投效。有妻无子，无兄弟。

十九日

早，料理文件。巳刻，张凯章来久谈。又见客三次。午正请药匠伙计来作鹿茸丸。吴子序自南丰来会，老病龙钟之状，令人恻然，陪久谈。中饭后，子序入城拜客，戌刻归来。夜与共谈至二更尽。

廿日　附　记

六弟信送九弟信，送日记
迪庵信
雪琴信
雨三信添片
黄莘翁信添片

廿一日　附　记

秦华祝卅五都，洪三殿人，卅五岁，三年，在谢春池营。矮，乡间人。果营帮办。
何胜必二都城前人，廿九岁，有妻子。视下，果营百长。
冯诩翔湘潭石潭人，廿八岁。左八曾荐至余处，其父兄皆在鲍超营中阵亡。矮微麻。果营百长。

廿日

早，清理文件。与子序谈格物，"格"字颇相合。饭后，子序欲归，因雨大暂留，巳正归去，赠银二百两以为乱后茸屋补缀之费。竟日雨不止。写季高信添三页，胡中丞信添三页，骆中丞信添二页，官制军、李希庵信各添一页。黄荫生、雷西垣来谈。夜，温下《孟》至"卫灵公"止。

廿一日　附　记

卢开甲号纪年，汉军，驻系城炮厂，己亥举人。四年，部选金溪县。本年丁母忧，父先亡。五年到任，六年七月卸事。目动神很。
杨照黎号素园。
凡十五两七钱九分，每日一钱七分，浅杯汁，可供三个月零三日。廿三日又称，仅十四两一钱二分。青花瓶盛七两一钱一分。碎瓷瓶盛四两九钱一分。小花瓶盛二两一钱。

朱绍辉醴陵人，湘潭界挖煤为生，广西境内入营。四十八岁，父没，母七十一岁。朴实明白。初充侍勇，六年冬，下岳州分六旗。

□叶明瑞湘潭人，易家湾，种田为生。道州入王营，初充公长夫。面麻小样，狡诡能战，形模似三花脸。

老湘营旗长薪水九两。夫三名，七两二钱今加作九两。王加四两，张加二两廿四两。

正百长薪水九两。夫三名，七两二钱今加作九两。张加二两廿两。

副百长薪水六两。夫两名，四两八钱今加作六两。张加二两十四两。

廿一日

早，清理文件。旋见客五次，传老湘营百长二人来见。写六弟信、迪安信，添雪琴信、雨三信、莘农信各一页、二页。申刻，亲兵自省归。接丁石汸信，代办余与意城衣服皆到，至代买之书，床木生皆赠送。计《司马温公集》一匣，廿四本，《五种遗规摘抄》四本，《观象授时》六本，《观象玩占》十本，缪刻《太白集》四本，江艮庭《尚书》六本。夜，温下《论》毕。是日闻九弟可至抚州，写信派夫百廿名、戈什哈十人去接。

廿二日 附记

贺国秀五都人，兄弟六人，行二，有一兄一弟在营。四年三月廿五入王营。静而明白。壮勇百长，作田营生。

熊常富卅五都人。去朱存大甚近，三年十月入王营，曾与羊楼岗之役。

廿二日

早，清理文件。黄东山太守、罗近秋、朱步青来见，言宝勇拔营无口粮。余许以途费给之。蔡樟元来见，谢送入京程仪也。雷西垣来，谈黄莲溪同年妻子贫苦，告帮助之事。是日请客一席，萧浚川、张凯章、蔡渔溪、黄冠北四人。申初起，酉初散。日暮倦甚。夜温上《论》至"雍也"止。接沈幼丹信，扬州于初四日失守。又接匡已峰信，言顺昌、洋口贼势颇炽，请大军速入闽以保邵武。邵郡绅士举人张垣等亦有公禀，请大军入闽，救光邵生灵。查《观象授时目录》，开一清单。

廿三日 附记

署南丰县潘曜新广东人，潘祥新之弟。代理县丞陈澴、凤岐三。

代理广昌县孔广晋

石城县令张镕

易开俊城内人，草席生理。四年冬入王营，三旗百长。视下多心计。据言，小枪食药六钱零，抬枪食药二两零，劈山炮食药五两。

陈世隆四都人，四年冬入副五哨。父母俱没，一兄早没，一弟生子四人，有田卅余亩。作田营生。

廿三日

早，清理文件。饭后见客三次。添幼丹信一页。中饭后剃头。派王起玉等查各营小枪、抬枪食药若干，劈山炮食药若干。九弟寄温弟信，昨日专二人送江北，忘将迪安一信带去。旋专马二匹，至前途赶交。本日来回信，竟未赶上，须迟日另送也。夜，温上《论》"雍也"至末。又温《大学》全卷。是日，意城为我抄陈希夷《心相篇》，因熟玩数过。

廿四日 附 记

杨鸣岐湘潭十四都，莫家堨塭人，种田营生。四年正月入一三营。目不妄视。

章合才四都人，三年九月入王营，岳州战船接出。有祖母有母。挺拔诚实，父今年死。言小枪食药一两，抬枪食药一两零。

喻致惟宁乡二都人。五年正月，招副五哨入营。据言，小枪食药六钱零，食子三颗。抬枪食药二两零，食子一大三小。劈山炮食药六两、七两，食子一大、十余小者。明白有情。喻吉三之侄。

南城县解宝勇库平银叁万叁千伍百零伍两五钱九分。据宝勇称，内应除湘、宝两军犒赏壹万两正。

宝左营欠二万五千一百零五两一钱二分　每月三千九百六十六两二钱。七百名。
宝前营欠一万九千九百六十六两二钱九分每月三千四百十四两。六百名。
副中营欠一万零七百廿两零二分每月三千一百廿伍两二钱。五百五十名。
护卫军欠八千四百六十九两四钱四分每月一千四百卅五两五钱。二百五十名。
以上共欠六万四千二百六十两零□□□□。

廿四日

早，清理文件。饭后见客二次。巳刻至萧浚川处回拜，未初归。会客五次，见老湘营百长三次，与九弟信二页。夜温《中庸》全卷。是日张凯章将十四都杀宝勇之案办毕，开单来告，计正法者十二人，责释者七人，开释者二人，均照所拟办理。凯章了此案后，即于是日拔营入闽。连日苦雨，是日始放晴也。接闽省绅士公信，意欲请余至省一次。

廿五日　附　记

张筱浦在徽州布置九月初事

江长元皖南镇总兵，驻太平县，防青阳、石埭之贼。

陈大富都司，率杨勇赴太平助江镇。

王金魁千总，率楚黔勇赴太平助江镇。

以上徽州西北路之防青阳、石埭

余永椿参将，先防婺源，后黟、祁。

周光顺都司，率浙兵赴渔亭助余永椿。

程绍鸾守备，率安勇赴渔亭助余永椿。

以上徽州西路之防祁门

周天寿漳州镇总兵。自闽浙折回，督攻婺源。

李春寅参将。由上溪口进，随攻婺源。

荣陞都司。由上溪口进，随攻婺源。

熊廷芳游击。率果毅勇赴清华街助攻婺源。

张琪县丞。率沪勇赴清华街助功婺源。

以上徽州西南路攻剿婺源

张应超参将	马光宗
袁国祥游击	闵步璜都司
方国淮守备	许培刚守备
刘祥林带锐勇	萧占国守备
吴伟奇	唐通文把总
曹玉林都司	胡占文千总
黄朝陞都司	王福安千总
罗澐守备	曾玉堂把总
杨裕仁太平县知县	李钦守石埭人
杨摘藻石埭主事	

以上石埭在事之人

壬奎 祁门把总　　　　林用光 祁门县知县
谢祖述 水师千总　　　程燠 祁门训导
以上祁门在事之人
苏式敬 同知　　　　　王恩荣 参将、武职
吴崧庆 婺源县知县　　和顺 参将
彭定澜 委员、知县　　叶圣言 都司
林廷选 徽州知府 以上四人文职　文瑞 参将
杨名声 都司
夏宝庆 游击 以上四人李定太所派
王梦麟 参将　　　　　陈殿飏 把总
丁文尚 参将　　　　　周占雄 千总
鲁屿 都司　　　　　　张洪陛 外委 以上三人阵亡
江国林 守备 江长元所派　洪修政 绅董
陈起熊 婺源守备 以上六人武职
潘国珍 绅董　　　　　江磬 绅董
朱家骏 绅耆　　　　　王友辂 绅董
以上婺源在事之人

又附记　萧营

萧庆高 卅二岁。三年救江西，入李营，同剿湖北、九江、弋阳、广信等处。在景德镇告假，入果营。父、母八十，思归，语次欲泣。四十二都人。

朱桂秋 济阳人。三年，救江西在罗营当长夫，至吉安当勇，同打湖北、九江。五年正月告假，又入罗信南营，茶陵入萧营。略油。

王胜友 六都人。初入罗信南营，后入萧营。据称，小枪食药一两零。父母俱在，乡间蛮人。

姚美崙 年廿一岁，一都人。六兄弟，行季，四人在营，伯次有妻侄，亦当勇。金溪始充百长。挺拔有情意。

胡中和 年廿四岁。廿五都杉木桥人，去太平寺数里，曾在迪安营当勇。八年六月假归，八月娶妻，漂亮。

廿五日

早，派王福去接九弟，添信一页。旋清理文件。饭后，见客三次。又传见萧

营百长四人。查张筱浦在徽所用之人，开一清单。接何根云信，言扬州失守，但无明文。请王文瑞便中饭。下半日倦乏。夜，温《诗》至"不能奋飞"止，阅《诗谱》一过。派人去查麻源路。是日奉到朱批，即八月廿四在弋阳所发夹板，计奉谕旨三道，军机处交片一件。

廿六日

早，清理文件。饭后，写鸟枪、抬枪食子食药表。午初，九弟到营。本日行七十里，不料其早到如此。见客四次，皆九弟带来之人。中饭后，九弟到各棚拜客。余添写张仲远信二页、罗少村信二页。酉刻，九弟归营，戌刻，复来。夜，与意城等三人久谈，温《诗·邶风》。是日接刘腾鹤等禀，新淦三都圩截杀湘后营弁勇、丁役一百廿四名，禀请查办。

廿七日

早，清理文件。旋至九弟新营盘吃饭，巳正归。浚川来会，明日拔营至南丰、广昌等处。九弟所管各营，昨日未到者，本日早到二营。又见客七次。写鸟枪、抬枪长短斤重表。申刻接李希庵信，论事有识。派章寿麟监印委员。莫祥芝患病，入城医治，求一见，语言时明时昧，颠连可悯。送黎警斋奠仪银贰十四两。黎名宗铭，零陵人，向在王璞山营，聪明警敏，字仿左季高体绝肖，志趣高亢。方期渐进于诚实，遽以疾殁，殊为可惜。夜温《鄘》《卫》《王风》。

廿八夜　附　记

朱品隆派人回宁乡招长夫
戈什哈改两翼不能遽改翼长，难得其人
薪水、长夫单再加酌定初三发行
刘星槎派差事廿九日身故
李筱泉定建昌粮台章程
催九弟军火各船来建廿九日派人去迎
复杨泗孙滨石信　　寄云仙信

廿八日

早，清理文件。旋见客二次。饭后写家信，澄洪一封、叔父一封、纪泽一封、阳牧云一封。接家信，系王芝三、右九二人九月十二自家中专送来者，计澄弟一件、纪泽一件、昆八一件，又纪泽、昆八、临三等寄九弟各件。申刻，九弟来谈诸务，戌正归去。夜，温《诗经》《郑》、《齐》、《魏》、《唐风》，共六十页。

廿九日　附　记

调沈鹤鸣候选知县，照磨，署莲花厅同知
奏调赵玉班
戈什哈分为三等给饷

廿九日

早，清理文件。饭后阅江艮庭《尚书音疏》。昨夜未能熟睡，本日倦甚。写胡润之中丞信一件。巳刻，发家信。添澄弟信四页。因澄信分条来商，兹亦分条答之。申刻，九弟来商派朱品隆招长夫等事。酌加各员薪水，与意城共定一单。接江南文，张殿臣于九月十六日克复扬州。接闽省文，周天培克复洋口。又清理各文件。温《诗》《秦》、《陈》、《桧》、《曹》、《豳风》。

卅日

早，清理文件。饭后写六弟信、迪庵信。阅《司马文正公集》。申刻，九弟来阅薪水长夫单。添官制台、文藩台信各二页。见客共四次，戌初至九弟营，二更归。温《诗·鹿鸣之什》。是日接雪琴三信、《水师昭忠祠记略》一首。营务处接凯章信。老湘营新添病者三百余人。

十 月

初一日

早，各员弁贺朔。饭后清理文件。旋见客四次。写筠仙信一件。倦甚，小睡。下半日，九弟在此叙谈。是日，改帐厅架子，自为经理。灯后，温《诗·南有嘉鱼》，至《节南山》止。是日添雪琴信三页，略论古文。添幼丹信三页，论提漕事。安化刘星槎经四弟函荐，来营投效，昨日病故。买棺木不甚佳，旋买沥青衬里，共用去钱十一千零。又赠银卅两余十六，九弟十六为归柩之资。其弟二人亦来营投效，因令其四弟扶榇至安化，而留其三弟在营当差。渠兄弟五人，星槎行二，家中尚有一伯兄一季弟也。又衡阳刘纯来投效，牧云有信荐之，给以途费廿六两余十六，九弟十遣归。

初二日

早，清理文件。饭后，会客二次。添耆中丞信二页。日中，目蒙甚，小睡。旋阅芝房古文，阅温公《谨习疏》，慨然有感！下半日，因目蒙不能事事。夜，九弟来，谈至二更。温《诗·正月》，至《大东》止。是日湖南所解八月饷到，除去王人树所借之千两，彭山屺所借之二百五十两，实解来银一万八千七百五十两。湖北所解九、十月饷四万亦到，行至抚州起旱，李进发派勇六十八名护送来营。

初三日

早，清理文件。饭后写家信，澄季四页、夫人一页，添骆中丞信二页、季高信一页，阅《温公集》一卷。中饭时，九弟来。旋见南丰令潘曜新，久谈。九弟与意城共定酌增薪水。长夫单发出。酉初，九弟归营。戌刻，余至九弟营小坐，更初归。温《诗》"四月维夏"，至《裳华》止。潘曜新论制火药法，提硝须放萝卜，吸其碱气，炭以柳木者为轻妙，麻骨炭更轻，米亦可以为炭。

初四日

早，清理文件。饭后见客二次。旋看《温公集》二卷。剃头。中饭后，定招集复业告示。旋看《古文辞类纂》数首。夜写刘星槎事告知澄弟。温《诗·桑扈》至《小雅》末。是日九弟游麻姑山，灯初始归。

初五日

早，清理文件，写信一片与纪泽儿，言寄衣来营。饭后，九弟来叙良久。翻阅《文选》，温《三都赋》、《南都赋》、《二京赋》一遍。会客三次。酉刻阅《汉书》张释之、公孙宏传等篇。九弟于申初刻归去，更初复来，二更去。九弟劝余于应作之古文，未偿之夙诺，每日补作少许，陆续偿之。

初六日　附　记

勤梳洗，整衣冠；洁书室，闭三关。
清书牍，勤见客；查道里，核营务。辰巳午未
温熟书，览生书；偿文债，写剳记。申酉戌亥

又　附　记

制中毛羊皮阿龙袋一件
买好砚一个
派人至河口买材料
派人至扬州看郭亲家
买旧磁瓶数个盛药
取广信寄存之书籍、火腿
买七政台历

又　附　记

沈宝成新淦铺人。父六十四，母五十六。兄弟四人，二在濠头堡阵亡，三在岭东阵亡，

四弟十三岁。年廿九岁，有妻无子。在县入罗营。三年，救江西，四年，湖北、九江，五年，广信、义宁，俱在场。现充前营左哨长。清而有情。

胡辉堂四都人，父五十六，母五十六，祖父九十。兄弟二人，兄当护哨。三年六月廿四入罗营，救江西。回长沙告假，入王营。岳州之败，战舟接出。四年八月在紫坊再入罗营，同攻武昌、田镇等处。十二月廿九日接塔公马渡江，赏银十五两。同攻广信、义宁等处，在义宁告假。六年四月派哨长。年廿五岁。短小精明。前营右哨长。

成立福湘潭七都人。父八十，母七十。兄弟七人，二早死，四人在营当勇。年卅七岁。四年，在羊楼峒入营。打义宁后，告假一次。七年六月充前营哨长。初由抬枪班当散勇。朴实壮健，目光渐散。

抬枪班散勇十二人，什长一人，伙勇一人，长夫三人。又由营官处拨来公长夫一人，共十八人两棚。

刀矛班散勇十人，什长一人，伙勇一人，长夫二人，共十四人两棚。鸟枪班亦然。

哨长一人，护哨四人，伙勇一人，长夫三人，共九人两棚。

原制哨长每月口粮九两。罗公加作九两六钱。李公因哨长官阶渐大，以次而加。守备充哨长者，加夫一名，都司加夫二名，游击加夫三名，参将加夫四名，副将加夫五名。各哨长于移营时，私雇短夫。扎坐营时则不雇。其银稍资津贴。

初六日

早，清理文件。饭后附记诸项琐事，传见湘前营哨官三人，会客四次。王人树在此便中饭。阅《汉书》四篇。申刻，九弟来，谈至更初始去。温《诗·文王之什》。与意城叙谈。是日闻龙翰臣方伯之妻何夫人于卅日寅刻雉经殉节，殊可敬悼！

初七日

早，清理文件。刘星房之世兄庠，号慈民来见，备述南丰受害之惨，房屋概为煨烬，侍其母借居乡间茅屋。其妻其弟归，以屋太小，不能同居。其弟侍星房居苏州，景况甚窘。饭后阅文书。九弟来谈。刘印渠自新城来见，看《汉书》二篇。中饭后，读扬子云赋三首。身体不甚爽快。日旰，在营门外小立。灯后，九弟接到行知，奉旨以知府遇缺即选，并加道衔。余至九弟营中，谈论家事，二更归。温《诗·生民》至《荡》。日内眼蒙殊甚，不耐观书，夜中尤甚。所带万刻《诗经传笺》，板本太小，亦不可读也。

初八日

早,清理文件。各委员等道喜,贺九弟奉旨晋官也。饭后,九弟来,久谈,中饭后去。接家信,澄弟一件、泽儿一件。接季高信,言湖南饷可请益。下半日,温《西京赋》。夜接官制军信,已得协办矣。接胡中丞信,告初四日请灵入堂。是日,添张筱浦信二页、沈幼丹信一页,添冯树堂信四页,添饶涤甫信二页。夜温《抑》戒诗。

初九日

是日,恭逢我先大夫诞辰。五更三点,九弟来,一同行礼,黎明礼毕。与九弟叙谈诸务。请刘印渠、王人树早饭,享俊余也。饭后,论拔营事。余意欲于十三日拔营入闽,意城、九弟与王人树之意,欲俟萧、张入关后,探确贼信,再定所向。亦实以各营无夫可雇也。午刻倦甚,小睡。旋写季高信三页。未正,李筱泉太守来,与之久谈约二时许。夜,人树来告凯章入关后,营中又发病百余,且言南城运米五千石至闽,须运费八千余串,南城绅士自愿捐办。温《诗·桑柔》至《召旻》止。二更后,小泉、意城来叙。

初十日

早,清理文件。饭后写胡润之中丞信。旋接家信一封,系九月廿五所发,王良五在家带来。内四弟寄九弟信一件、纪泽信二件、临隶书《孔君碑》一卷,言读《诗经注疏》之法,较初八日信已长进矣。见客三次。九弟来,谈家事。写家信一件。日记一本,系曹荣所抄,交九弟专人带至家。中饭后出营,至盱江东岸宝塔山下,至南路,过杨林渡,过太平桥,至府城东门外,循垣墙而北,登石仙峰,灯时归营。夜,小泉与九弟来谈。温《诗·清庙之什》。

十一日

是日,余四十八生日。早,清理文件,凡贺生者皆辞谢。旋九弟来叙谈。辰刻,至九弟营早饭,同坐为郭氏叔侄、李小泉。巳刻发,看《文选》各小赋。未初,九弟来,共饭。黄大令及总局送满汉席。九弟登舟归去,余送至舟中,营哨送者,爆竹甚多。夜温《臣工之什》《闵予小子之什》。送九弟时,与之言所贵乎世家者,不在多置良田美宅,亦不在多蓄书籍字画,在乎能自树立子孙,多读书，无骄矜习气；又嘱多习寸以外大字，以便写碑版；又嘱为三女儿订盟。

十二日

早，写幼丹、次青信各一片。辰初往游麻源。出府城之西约廿里，有麻岭。巨石峭壁，耸立千寻。有水绕于峭壁之北，约小半里许流出，是为麻源之洞口。入麻岭内，两岸皆石壁，中央一溪，清流激湍。东岸摩崖，有"云门"二大字。西岸摩崖字甚多，不可辨识。谷口有店，约廿余家。去谷口二百步许，有五谷山，罗星极圆，俨护水口。又百步许，有平坡，土人名曰曾和□。五谷山与此坡似断似连。坡之西一谷，坡之东二谷。每谷各有一溪，溪源约各十五里许。东二溪汇于石桥，三溪汇于谷口店铺前，是之谓麻源三谷。东岸山皆石壁，西岸山皆土。东岸上最高者为云谷峰，下有平岗，即毕子岗。西岸上最高峰，即麻姑山身后之天马峰，下有一坳，土人名马鞍山。午刻，入栖云庵憩息。黄荫山大令治具。饭后，周览各处，至洞口店内小憩，日暮归营。阅各处来文，料理一切，至二更毕。温《诗》《鲁颂》、《商颂》。是夕接萧浚川信，渠营病者一千三百五十六人，故者一百八十二人。

十三日

早，清理文件。饭后进城。因各营患病者太多，且乡间居民亦病，斋醮三日，禳灾祈福。余亦诣坛拈香。旋至团局粮台等处谢寿。出城东门，绕南门外，自西门进城。

建昌府城，守之甚易，攻入颇难。东面及东南隅贴近盱江大河。东门外即太平桥，桥东有洲，洲南为从姑山，洲尾为新城河。与盱江相会处，洲尾曰杨林渡。两河相隔约一里有奇。中有小港，穿通两河。港有桥，曰千江桥。由杨林渡东岸循河而下，约三里余，为宝塔山。山下为万年桥。欲围攻建昌城者，东岸自从姑山起至洲尾止，可扎三四千人，须于上下杨林渡绾搭浮桥，以通东岸。北头河沿不便扎营，宜扎于石仙峰及望马岗等处。南头河沿亦不便扎营，宜扎于六都山等处。西面宜扎师公山、王家山等处。西北隅之凤凰山侧，亦可迤逦连扎数营，此围城之说也。若攻城，则三面皆石山，不能挖地道，亦不能起土山，难为力矣。为守城之计者，则宜占据太平桥，占据中洲，通东路之接济，庶不至于围困。中饭后改折稿、片稿。夜写迪安信二页、六弟信一件，与小泉、意城叙谈。三更睡，不能成寐。

十四日

早，清理文件。添张凯章信。饭后见客二次。阅《文选》各诗。是日眼蒙殊甚，不能作字。接浙江咨，知六合、溧水皆于九月十八日失守。接饶枚臣信，言病甚，请告假六个月，情词恳切之至。夜温《书经》《尧典》、《舜典》。

十五日　附　记

买洋红

查前此阵亡各员恤典

咨江西要军需则例

王华云衡阳人，去女子桥甚近。罗山之姨侄。四年在孔垅入营，当长夫。五年，义宁至蒲圻后告假，旋回营。罗山没后，随温甫至瑞州当什长。七年随希庵至九江，告假。八年二月在县城派哨长。老实。据称，该哨只十余人未见过仗。己丑生。

刘长春湘乡城内人。咸丰五年在后营刘峄衡处当亲兵。六年冬在腾鹤处充哨长。八年二月告假回湘，希庵派为哨长。聪明而滑。

王品高八年三月在九江升哨长。栗山铺人。三年五月入易超九营援江。十一月杨虎臣散营。四年五月入罗营，岳州、武汉、九江、义宁皆在事。随温甫至瑞州。七年随希庵至蕲黄、麻黄。目下视，身长，结实。

胡玉元永丰下洋潭人。三年十月入罗营，至永兴打油榨圩。四年五月与朱云章解衡州战船至长沙，岳州、武汉、九江皆在事。六年至瑞州，温甫保以蓝翎把总，希庵保守备，迪安保都司。漂亮，微滑。

十五日

早，各员弁贺朔望。饭后清理文件。见客三次。传见强中营四哨长问话。阅《方舆纪要·江南山川》。中饭后小睡。仍看《纪要》。夜温《大禹谟》《皋陶谟》《益稷》。是日发九弟信一件。申刻，奉到朱批，系前九月十三所发之折。一折批"知道了"，一片批"该部知道"。

十六日　附　记

丁长胜前充二旗左哨。本年二月假归。卅五都人。四年，招副五哨入王营。身文而笨，讷于言辞；目不妄动。为可靠。

龚隆贵二都人。四年二月初十日围有岳州，城破后十五日逃出。在城内杀穿左右频。十一月复入王营。据称，在湖南与朱洪英战最很，七年十一月与石达开战最很。身长视下，有壮气，好说话。父母年六十二、三。三年入钟开诚营。

李绳武湘乡城内人，种田为业。三年入王营。旋至衡州入罗山营，同剿岳州、武汉、田家镇、弋阳、广信，均在事。年四十二岁。充二旗哨长。无英气。无父母，有弟，有二女。尚老成。

问官制军要弓箭，要马上鸟枪。

十六日

早，清理文件。饭后阅《方舆纪要》。传见营务处百长三人。午后，目蒙。旋阅《汉书·刑法志》。夜温《禹贡》《甘誓》《五子之歌》《胤征》。郭笙陔买得《松阳讲义》，借阅一卷。是日申刻发报官军分道入闽一折，各营疾病一片，防守玉山、广丰两城一折一单，专马送至贵溪。数日内眼蒙，照前略甚。所发之折片，系意城写，清单十八开，系魏柳南瀛所书。

十七日

早，清理文件。饭后进城，至黄太守处吊丧，至粮台雷、李、张三君久谈。中饭后阅《姚姬传集》，见客三次。夜，仍阅《姚集》。因目蒙不敢多看书。与意城久谈。

十八日

早，清理文件。饭后阅《姚姬传集》，添官中堂信一页、李希庵信二页、李香雪信一页，又添枕幼丹信一页、孙芝房信一页，会客二次。晡时，作挽联一付，挽龙方伯。夜，因目蒙不敢看书。是日，黄吟台自安徽归来销差，语及皖北庐州失守，及江南何制军办夷务事。

十九日

早，清理文件。饭后见曾传芳，言九弟处军火已到，约火药三万斤、子三千斤、火绳千八百盘。从此军火稍足矣。昨作挽龙方伯联云："蓬岛掇高科，天边祥瑞韩忠献；章门夷大难，地下追随王伯安。"意城以为欠贴切也。又作一联云："豫章平寇，桑梓保民，休讶书生立功，皆从廿年积累立德立言而出；翠竹泪斑，苍梧魂返，莫疑命归死烈，亦犹万古臣子死忠死孝之常。"午刻写毕。又写对联数首。中饭后阅《姬传集》。夜，目蒙不敢看书，默诵《诗经》。

廿日

早，清理文件。饭后派人至省送龙方伯奠敬百金、联一、幛一，送李观察之配幛一。写信一页，托丁右汸买零件。见客六次。见张伴山、黄荫山，知黄东山太守生时曾禀参黄荫山也。李筱泉来久谈，因留此中饭。饭后温《书经·汤誓》，至《盘庚》下毕。傍夕与筱泉谈。夜阅《姚姬传集》一卷。意城为余书篆屏四幅，写《洪範》"皇极"、"三德"二章，因与久谈。是日，接张筱浦咨奏，留周天寿在皖南。又接和雨亭咨，克复溧水县。

廿一日　附　记

萧浮泗八都人。三年，救援江西，在罗营。口拙讷，神不外散。四、五二年俱在罗营。六年九月至九弟营。初带义营，现带制字营及中军。

刘湘南甲午生。八都人。眼黄有神光，鼻梁平沓，口圆有童心，腰挺拔，面英发可爱。五年，羊栈桐入营。六年，罗死后出营。十月入沅营。七年七月升哨官。大父母与父母俱存，无妻。

熊登武廿五岁。八都人，青三之侄。目有精光，三道分明。鼻准勾而梁方，口有神而纹俗，略似礼园。三年入罗营，从救江西。四年从攻武汉、田家镇。六年入沅营，未假。本生父故，母存，过继父母皆亡。

廿一日

早，清理文件。饭后见客二次，传见吉中营哨长三人。添郭雨三信一页、袁漱六信三页、沈幼丹信二页。接郭云仙、左季高等信。接贺家讣，知丹麓先生已故。接九弟信，将由水路回家。下半日见客三次。目蒙，不能多看书。夜与意城谈家事。渠接家信，妻病未愈。阅《姬传集》一卷。

廿二日　附　记

张胜禄六都碓坎井人，与张开辑、凯章同族。廿八岁。兄弟四人，两兄在家，弟在营。四年，衡州入罗营。岳州、武汉、田家镇、广信、弋阳、义宁在事。六年六月在鄂告假，八月入沅营。口大，似王惠三，目有神光，人倜傥。现充义营帮带。

廖世霖衡阳人，洪乐庙。四年，田家镇入罗营，为护哨卅五个月。罗山没后，随温甫至瑞州，旋至吉安。张开辑故后，充哨长。鼻梁直，腰身正。在家小贸营生。

李楚盛湘乡十二都人。义宁州入罗营。六年六月在武昌假，八月入沅营，把总、守备、都司,皆沅所保也。目有精光数道。田业为生,耕作四十担。朴实可用。

寄贺丹麓奠分四十。

寄黄南坡之子卷资卅。

寄唐竟丈五十。

廿二日

早,清理文件。饭后见客二次。派人去扬州看郭雨三,过松江看袁漱六。传见吉营营哨官三人。下半日温《书·说命》至《武城》。剃头。夜阅《姬传文集》。

廿三日

早,清理文件。饭后见客五次。传见哨官三人。小泉来久谈。下半日温《洪范》《旅獒》。夜与意城等谈。

廿四日 附 记

周惠堂东晚坪人。初入一一营,次入彭三元营,次入蒋左营,次入罗信南营,次入沅营,拨高彦骥水营。高归,充水营营官。颧骨好,方如好,面有昏浊气,色浮。不甚可靠。

王桂林年四十一岁。住五里排。五年二月入罗营。蒲圻左足受伤,保千总。六年入沅营,七年改水师。鼻梁正,目青明,左有眚,鼻头勾,面似小柳。

黄正大清泉耒河人。荫亭带至南康,充前营哨官,六年冬,丁艰归。七年入沅营,八月入水营。鬓贱,身长,无直气,目清而动。

李祖祥年卅二岁。洪乐庙人。驾船为生。在广西,南至百色,北至柳州,东至澳门。劳给八品,文格给六品把总,沅保千总守备。目定鼻定,坚实可恃。

傅裕昆年卅九岁,谷水人。初入厚庵副右营,四年七月入罗营,十二月小池口告假。五年在家练团,六年正月入罗营,二月受伤,九月入沅营。鼻歪,不可恃,色亦不正。微麻。

周玉堂三年春,长沙入罗营,救江西。四年在岳州、武汉。五年在广信、义宁。六年五月受大子伤,迪安用去百余金,十二月归。七年入沅营。目光三道,清明。

廿四日

早,清理文件。饭后,吴子序来久谈。午刻传见吉中营哨官三人。刘兆龙带长夫百余人来,江龙三亦来。接四弟信、叔父信,言家中事颇详。李筱泉来久谈。中饭后,闻成章鉴在吴城病故,不胜悲悼。成以武弁而知忠义爱民,谋勇兼优,方冀其继塔、杨而起,不意其遽逝也。申刻接彭雪琴信,知迪庵有三河之败;言温甫弟与孙筱石、李璞皆、杨得武皆至桐城,迪庵冲出至六安州,不知果否。又言杨厚庵已桐城,抚慰军心,都鲍派马队至桐城助守湖口,彭泽之营亦已北渡赴桐云云。若得迪庵无恙,则不久可复振也。迪军分希庵留于湖北,又分八、九营守浔湖彭泽,又分九营守桐城,又分二营来余处。分军太多,胜仗太多,固宜不免一挫。夜,与朱品隆谈李营事。睡不成寐。

廿五日

早,清理文件。饭后传见吉中营哨长二人。见客三次。午刻,李筱泉来久谈,留吃中饭。饭后,接杨厚庵、彭雪琴信,知初十日三河挫败情形。又接迪庵及六弟初八日信,在三河攻剿不甚得手。援贼四眼狗时已将至,方冀打败援贼,或可徐克坚垒。信系初七日夜写,其后初十日即败挫矣。是日写六弟信一件、九弟信一件、迪庵信一件、雪琴信一件,专湘前营四人送至湖口、桐城等处探问确信。中饭后写纪泽信,会客二次。夜写澄、洪信,未毕。

廿六日 附 记

胡松江年廿九岁。目清明,无雄气。四年入秦国禄中营。十二月十二日陷入内湖,五年六月归。六年入沅营。花石人。父母没。吉中营哨长。七年六月丧母回家,仅住一夕。兄一,俱作生意。

黄东南年廿二岁。大邑煅人。三年十月入王营,岳州城内,战船接出。五年二月入罗营。七年,入李营。六年告假,九月入沅营。父母没。目光三道,面麻,声不雄。

钟辅朝二年在劳仪卿处。四年春入武库,秋随李扩夫下武汉、田镇。五年入次青营。六年在抚州。七年贵溪告假。目清而不定,明白,滑。

吴兰蕙五年春入次青营。癸未生。苏官渡升棚头,七年升哨官。面偏神动,目有精光,跳皮。

彭琼英卅三岁。平江北乡,与彭大寿同族。四年在凌煌寿麾下,五年冬入苏官渡,七年充哨长。八年在衢州充哨官。鼻正,眼不敢仰视,面有正色。

廿六日

早,清理文件。饭后写澄、洪信毕,写叔父信。午刻,命安七、玉四回家送信。叔父信内夹六弟信一件,抄雪琴信一件。澄、洪信内附日记一本初十日至廿五日止,奏章、谕旨一本。纪泽信内封回《孔庙碑》《玄教碑》临本。日中,阅《汉书·地理志》。未刻，请吴子序、雷西垣、李筱泉、黄冠北、黄印山、张伴山中饭，酉刻散席。夜，阅《古贼识小录》，深有味于柳子厚之《囚山篇》。与意城论直道难行，时道易合。夜阅何敦五所呈报销册，以湖南北、江西十八万为外银钱所入款，以湖口二万及夏方伯、胡长芝三项为内银钱所入款。

廿七日

早，清理文件。饭后接澄侯、季洪十月十一日信，系专局勇二人送来，言养义子事。旋传见王春发等三人。与子序久谈。中饭后阅福建等处来文，知陈季牧已到光泽任矣。添希庵信二页、王雁汀信二页、陈伯符信一页。夜写九弟信。傍夕至吉字中营与刘兆龙、江龙三小叙。夜间，眼蒙不能看书。

廿八日　附　记

王春发口方鼻正，眼有清光，色丰美，有些出息。初当散勇，在吴稳正处打大旗，五年冬当百长，八年三月帮办。年廿三岁。父四十六，母四十。

毛全陛鼻梁正，中有断纹。目小，睛无神光。口小。不可恃。住平江五里亭。四年随李扩夫，六年十二月在贵溪充哨长，现充哨官。

唐顺利卅八岁，常宁人。目小有精光，眉粗，笨人。二年在长沙入苏营至南京。五年在李卿云麾下当奋勇，贵溪升哨长。本年三月升哨官。

廿八日

早，清理文件。饭后阅看戈什哈、亲兵操演。其好者酌赏银三钱。戈什哈赏六人，后哨亲兵赏四人，右哨亲兵赏四人，河溪兵赏一人。旋见客三次。子序来，久谈。中饭后添罗澹村信一页、张仲远信二页、唐荫云信一页，写扁三付、对联六付。夜与朱副将论三河事，心甚慌乱。旋接赵克彰十五夜信。六弟与迪庵尚无下落，其必同殉难无疑，公愤私戚，万感交集。三更睡，彻夜不寐。是夕，盛四在帐伺候，颇谨。二更时，云物黑暗，天容惨淡，如助愁绪。是日专人送澄、洪等信至九江等处交九弟。义子一事，待九弟到家斟酌行之。六弟初七日一信，亦寄送九弟。

廿九日

早，清理文件。饭后写家信，至申刻始毕。叔父一件，内附赵克漳信，澄、洪一件，夫人一件，纪泽一件，葛睪山一件。夜又添左季高信二页、胡润之信二页。是日因六弟无下落,恐已殉节,不见客,不吃晕。申刻,王人树、李小泉、郭意城来帐小叙。夜接官制军信,报桐城十九日师溃,请拨兵援鄂,或亲率以行云云。朱副将及李、郭、王等复来小叙。

十一月

初一日

早,清理文件。因闻温弟信,禁止各员弁贺朔。饭后发家信及湖南信。查各省镇道驻扎处所。新买《玉篇》,略翻阅。夜,请意城来谈、笋生来谈。三日因闻温弟信,国事家故,忧郁填膺,不能办一事。夜不成寐。

初二日

早,清理文件。饭后接九弟廿二日在湖口所发之信,言温甫在桐城无恙,为之喜慰。写信寄家,安慰家中之人。叔父一件,澄、洪一件,邓、汪、寅皆一件。接耆中丞信,欲余驻扎九江。复信言闽境未靖,暂不可去。接雨三亲家信,知眷属在袁江无恙。现被德帅参革查办,有惑乱军民、居心险诈等语。寄杨、彭信,各添一片。申刻,写对联四付。夜,因眼蒙不能看书作字。

初三日

是日恭逢先妣江太夫人冥逝,五更二点起,备席行礼。礼毕,天明。江龙三旋来行礼祭席。即请刘兆龙、江龙三诸人。余以温弟之故,未与筵席。饭后清理文件。是日心绪极恶,以迪庵、温甫事久无确音。午刻,朱品隆来久谈。渠请赴湖北一查,余止之。未刻写信与希庵,查问诸事。申刻读杜诗五言长排。夜读《柳子厚文件》。目蒙特甚,夜不成寐,公愤私忧,展转不能去怀。因思邵子所谓观物,庄子所谓观化,程子所谓观天地,生物气象,要须放大胸怀,游心物外,乃能绝去一切缴绕郁悒、烦闷不宁之习。是日,接奉廷寄一道,因王春岩奏克复洋口,进规顺昌,谕旨令余速行入闽,以便周天培还金陵。

初四日

早，清理文件。饭后因念江北迪庵、温甫等事，懊闷之至。日中，阅《玉篇》部首，分为形、名、意、词四者，注于目下，至申正止。与筱泉等议湖北事。接子序信，寄《诗经说》一本。接官制军信，已奏请余率师剿办皖北，以固楚疆。夜，意城来议，欲率全军以行，而江西抚建等处又将糜烂，定计留萧浚川一军防守建昌，带张凯章一军暨现在之吉字中营，朱、唐、平江等营，回顾楚疆。先行发言，一俟奉到谕旨，即行拔营赴浔。夜，阅子序《诗经说》，学有根柢，其用意往往得古人深处，特证据太少，恐不足以大鸣于世耳。

初五日

早，清理文件。饭后郁闷。见客四次。未正写《玉篇》部目毕。接雪琴信，言迪安、温甫、筱石、槐轩殉难，不待此信至，早知之矣。阅子序《诗经说》，不能深入。日中，因王令送席，请邓少卿等中饭。余以温弟之故，仍吃素饭，未陪客也。接家信，澄侯、纪泽各一件。夜与筱泉、意城谈，作《爱民歌》未毕。竟夕不寐。闻大风，不知九弟已到何处，为之悬悬。

初六日

早，清理文件。饭后添张仲远、厉伯符、彭雪琴等信一页，添刘杰人信一页，专朱副将营勇送去。作《爱民歌》，至初更毕，共八十句。申刻，新任建昌守王霞轩来久谈。夜，李筱泉来久谈。是日复张凯章信，言带渠军至湖北，俟奉到谕旨，余当先行，渠后发也。

初七日

早，清理文件。饭后念三河事，郁闷之至，不能作事。见客三次。前建昌府黄守没后，其印交存余处。是日张府经来，请交新任王太守接印。翻阅《明史·儒林传》。中饭后，王太守来久谈。朱副将来，谈江北事，言得希庵与沅甫二人整理，即可为迪庵、温甫等复仇，余深然其言。特患希庵体弱，忧愤之余，意兴萧索，而沅甫痛温之亡，又急于归家改葬，或不肯留鄂耳。夜与筱泉谈文官加养廉，始于雍正三年之耗羡归公，武官加廉养，始于乾隆四十六年之补缺额名粮。阅《姚姬传笔记》，阅《匡谬正俗》。心绪恶劣，读书都不能入。

初八日

早，清理文件。饭后至厂阅看马步箭，午正毕。内营务处彭山屺赏对联一付，巡捕杨镇南及戈什哈等七人每月各加薪水一两，亲兵二人、河溪兵二人每月加薪水六钱，平江营哨官二人各赏一刀。下半日，接子序信，请札匡守办江闽交界之防务。旋批子序《诗经说》，至二更，因目蒙不能再批。各州县名有不能尽记者，拟照搢绅手抄一过，是日抄一府。

初九日

早，清理文件。饭后进城拜客。会王霞轩太守，粮台会雷西垣、张伴山、邓少卿，午正归。中饭后添陈作梅信二页，批子序《诗经说》毕，凡十一条，添信二页。夜，因眼蒙不能作事，默念本朝博学之家，信多闳儒硕士，而其中为人者多，为己者少。如顾、阎并称，顾则为己，阎则不免人之见者存。江戴并称，江则为己，戴则不免人之见者存。段王并称，王则为己，段则不免人之见者存。方刘姚并称，方、姚为己，刘则不免人之见者存。其达而在上者，李厚庵、朱可亭、秦味经，则为己之数多，纪晓岚、阮芸台，则不免人之见者存。学者用力，因宜于幽独中，先将为己为人之界分别明白，然后审端致功。种桃得桃，种杏得杏，未有根本不正而枝叶发生、能自郁茂者也。

初十日

早，清理文件。饭后添何镜之信一片、湖北司道信一片、何愿船信数行。巳刻，派戈什哈刘锡昆进京送元旦折，由湖北行走。抄搢绅建昌府。见客二次。中饭后，见老湘营旗长黄万友，明白，有英气，甚可喜。剃头一次。张镇湘自湖南归。接左季高、胡润之、骆籲门信，每月加饷一万，从此月饷应稍敷矣。至王人树处看病。夜阅《古文渊鉴》。

十一日

早，清理文件。饭后抄搢绅瑞、临二府。中饭后见客三次。申刻接左季高信、胡中丞信，皆言三河败挫事。骆中丞奏权皖省、闽省军情之缓急，请敕余军赴皖北。夜添季高信三页、润之信三页，言谕旨令余赴皖，则率张、吴、朱、唐等军北行，若留余在闽，则派二千人赴楚助剿。

十二日

早，清理文件。饭后抄摺绅袁州府，见客三次。刘慈民世兄庠将往苏州省其父星房，都转言星房近日目盲，以夜间好看书所致。写家信，与澄、沅、洪三弟，专言温弟事。添杨、彭信各一页，打发厚庵专差归去。接耆中丞信，商派兵赴景德镇助剿，复信言此间无兵可拨。夜温《离骚》。

十三日

早，清理文件。饭后看操演技艺，无赏无罚。旋写叔父信，派吉字营二勇送归。会客二次。中饭后，抄摺绅九江府。添幼丹信四页。夜，眼蒙不能作字，亦未看书。与筱泉、意城先后叙谈。

十四日

早，清理文件。饭后朱品隆来谈。旋写碑十一张，系湘前营病故勇夫。抄摺绅南康府。中饭后，又抄饶州府。夜温《九章·惜往日》，似伪作，当著论辨之。申刻至吉字中营坐。因九弟久无来信，不胜悬悬。请李笏生占牙牌数，似尚平安。是日见客二次。

十五日

早，清理文件。因温甫弟事，传谕各员弁不贺朔望。会客三次，谈论甚久。抄广信府。中饭时，吴子序来久谈。刘印渠自抚州来，陈季牧自光泽来，均与久叙。夜温《九辩》。

十六日

早，清理文件。饭后抄摺绅赣州府。与季牧谈京城及途次事。请刘印渠、子序、季牧中饭。饭后复与子序谈。印渠定计撤勇回湖南一行。夜与子序论立"达"字、"道"字、"仁义"等字，俱相合。又论古来圣贤豪杰、私淑之人，俱属相合。眼蒙，不能阅看书文。念九弟不知已到家否，极为悬悬。计在湖口发信，至今廿五日矣。是日接廷寄一道，仍系饬周天培赴金陵。

十七日

早，清理文件。饭手抄宁都州南安府。陈季牧来叙谈。中饭后与吴子序㕮谈，见客一次，接左季高信。夜接李希庵信，系初九日所发。来勇言九弟已至汉口，后派亲兵六人问温甫弟下落，六人在太湖被抢。行至黄州，李五大人各给钱二千文云云。果尔，则九弟已至汉口，路上当平安矣。但不知其何以未至希庵营中一访问耳。与子序谈至二更。是日买得《五经读本》，字大而纸薄，甚惬余心。

十八日

是日，冬至节。四更起，望阙行礼，建昌府、县两学及武营游击、守备皆随同行礼，本营文武随班者四人。礼毕，各员弁来贺。五更末，复小睡。饭后至厂看操，赏花红银者十人，罚薪水者二人。中饭后会客三次，抄摺绅吉安府，江西抄毕。金溪绅民来，具禀留余久驻建昌，慰劳之。与子序久谈。接澄侯弟十一月初五信，始知三河败挫之信，系接陈伯苻信中所言，犹意迪庵老营必无恙也。夜温《大诰》。梦江岷樵如平生欢。多年未入梦，兹忽梦之，不胜伤感！但不知温弟果生存否？温与岷亦至交也。

十九日

早，清理文件。饭后添养素信一页、子白信二页、希庵信四页。与子序论芝房文章之佳。倦甚，小睡。日中，请王太守霞轩便饭，灯时散。与季牧论家事。夜，眼蒙不敢看书。是日专人至次青家、专人至饶州、专人至黄州送信。接官将军咨，援皖之举，皇上以余军病者三千余人，难以跋涉长途，未令前去。

廿日

早，清理文件。饭后抄摺绅安庆府。会客四次。中饭后，作温甫弟《哀辞》，未毕。与季牧夜谈。是日，接到朱批，系十月十六所发之折。又廷寄一道，谕旨一道，系保举广丰、玉山守城案内之员，均照准。

廿一日

早，清理文件。饭后抄摺绅庐州府。见客四次。中饭后见客四次，写意城挂屏四幅。论《诗经》三则。接希庵信，言三河失利事，其咎与李续焘、赵克彰为最大。又开单报各阵亡者，温甫弟列第三，痛哉！子序午刻归去。夜思子序之言，欲余捐除杂念，轻视万事，淡泊明志，信良友之言。余今老矣，忿不能惩，欲不能窒，客万聚于上焦，深用愧恨，古人所以贵于为道日损也。

廿二日

早,清理文件。饭后抄摺绅六安州,并阅滁、和二州。见客二次。为季牧写挂屏八幅,系自作论文六则。中饭后写扇一。申酉后,困倦,有放倒之象。重阅希庵昨日到信,不胜悲感!夜阅《日知录》。

廿三日

早,清理文件。陈季牧禀辞回光泽。饭后见客一次。至季牧外送行。王霞轩太守来久谈。写家信,与澄、沅、洪三弟,抄摺绅滁、和二州。中饭后写毕家信,张凯章来久谈,又写叔父信。灯后,又写夫人信,寄银六十两与姊妹家。夜改折稿。

廿四日

早,清理文件。派吉字营勇二人送信回家,限腊月廿二日到建昌。饭后移支帐房。抄摺绅凤阳府。中饭后添写幼丹信二页、浚川信二页。与意城谈李迪庵军事。夜宴,与筱泉谈郑魁士等。温《扬雄传》。

附　记

淡泊、精诚、诙奇、立人达人四子可恃

又　附　记

看三片稿
寄钰夫师银二百两　　　每处均写一信
贺丹麓银卅两
少庚银四十两
镜海先生银一百两。
夏憩庭银八十两未寄
黄子钧银卅两
黄南坡之子子襄银卅两

廿五日

早,清理文件。饭后改折片稿。添耆中丞信一页、郭雨三信二页、许仙屏信一页。闻李少荃已过广信,即日将来营会晤,为之欣喜。中饭后,抄颖州府。大雨如注,彻夜不息。夜温《礼记》末二本。是日接九弟在长沙发信,欣慰之至。

廿六日

早,清理文件。饭后抄泗洲。大雨如注。阅《池州府纪要》。午刻读《礼记》《乐记》、《祭法》等篇。下半天见客二次,与意城夜谈渠归去事,作温甫《哀辞序》毕。

廿七日

早,清理文件。饭后抄摺绅池州府。见客一次。中饭后阅《左传》。撝忿之心畜于方寸,自咎局量太小,不足任天下之大事。夜阅《文选》中双声叠韵字。

廿八日

早,送意城行。渠至抚州,与刘印渠同归也。饭后阅操,赏五人,罚一人,午刻归。清理文件。添幼丹信一页,钰夫师、王春岩信,各添一片。中饭后抄徽州府。夜,倦甚。

廿九日

早,清理文件。饭后抄摺绅宁国府。见客二次。中饭后,见客一次。傍夕,至王人树处叙谈。是日,许仙屏来,叙语一切。夜,阅曾香墅先生漫抄及各种。香墅名□□,廷枚宾谷之伯父也。其书仿《困学纪闻》《容斋五笔》之类,特根柢不深耳。

卅日

早,清理文件。饭后见客三次。添萧浚川信一页,令其寄李迪庵处奠仪汇送余处。抄摺绅太平府。申刻至外闲步。是日,定护卫军制,前左两哨原各管戈什哈卅人,哨官佘星焕、叶光岳。兹添哨长二人,各招抬枪二排、长矛一排。右后两哨原各管亲兵卅人,兹添哨长二人,各招劈山炮一排,以鸟枪一排、长矛一排护也。亲军略多,从九弟意也。

十二月

初一日

早，各员弁来贺朔。饭后清理文件。会客四次。抄撂绅广德州。中饭后，至营务处看王人树之病，嘱其即日告假归去。所带营务处三百勇，交王文瑞带至景德镇剿贼。剃头一次。接家信，澄弟一件、纪泽一件。接子序信，寄其侄昌筹之文，因阅一过，识见卓越，有子序之风，惜其早死也己。夜与筱泉、仙屏谈后，作温弟《哀辞》首段。

初二日

早，清理文件。饭后见客二次。与翔冈言识见高明者，特患践履不平实，高明则崇效天，平实则卑法地，因进之以脚踏实地，事事就平实上用功。张凯章本日拔营赴景德镇。下半日作《哀辞》毕。此篇作序凡二日，作辞又两日，可谓迟钝，而又仍不工，盖心力已亏，不能深入耳。

初三日

早，清理文件。饭后阅操，午初毕，无赏无罚。写家信与澄、沅、洪共三页。又写纪泽信，寄银一百两，以送家中亲族：岳母寿礼廿；定二、定三舅祖，四、五、七、九、十各房叔母各十两，凡七家，七十两；归龄娶亲贺仪六两；骊三爹、九木匠两家族叔各二两。会客四次。接家信，系十一月十六日夜沅弟所发，十七日澄弟发也。接左季高信，系廿二日省城所发，兼地图二付，并云有六付交纪泽矣。

初四日

早饭矣，至南城东乡上塘圩地方李家，观所藏书籍。李氏兄弟四人，长名甲芸，号翰芗。三甲英，号佩香。次已死，四外出。其父白手成家，富冠通邑。甲芸买书约数万卷，乱后不毁于贼，亦可喜也。约行四十五、六里，中途小憩一次。同往者为王霞轩太守，王少岩、黄印山两大令，黄冠北太守暨余营中雷西垣、李小泉、许仙屏、郭笙陔诸人。登其楼观所藏书，亦多佳本。吾邑尚无此巨室耳。夜宿李家。

初五日

早起，仍看李家书籍。巳正早饭。未初，命驾归营。行廿五里，至南源港地方打尖。昨日亦在此小憩，皆南城王令供具。初四酒席，系李宅所具。初五早，则王令及局绅黄冠北所具也。余送李甲芸兄弟对联二付。又诸李同村迎候者，送对五付：曰李煦，号瑞亭，一；曰李均，号平甫，一；曰李沛兴，号廉泉，四；曰李福增，号情田，四；曰李丙巽，号纬垣，二。灯后抵营。夜接幼丹、少荃、次青诸人信。次青将以廿七日启行来营，而其太夫人病殊未愈，将成半身不遂之症，阅之代为忧灼。

初六日

早，清理文件。连日各件较多，至巳正毕。会客四次。一曾省三，系四川嘉定人，壬子庶吉士，散馆改兵部，捐知府，来此投效，携有徐寿蘅信一件，寿蘅又送之诗一首，写作俱可观，信俊才也。王霞轩来辞行，将以明日往南丰，余告以用绅士之法，宜少予以名利而仍不说破，以养其廉耻。霞轩深以为然。中饭后见客，何竟海应琪谈论尚有条理。改各信稿。批萧浚川呈八营名册一禀。夜添幼丹、凯章、铃峰信条数行。接左季高信，言河南之归德、睢州，江南之徐州，山东之曹县先后失陷，不知的否。夜温《大诰》。

初七日

早，清理文件。饭后写左季高信一封，颇长。改信稿六件。中饭后见客一次。旋与筱泉、仙屏久谈，困倦殊甚。灯后，又就筱泉、仙屏一谈。写雪琴信一封。是日接九弟、季弟之信，系廿日、廿一日所发。

初八日

早，清理文件。饭后阅操，至午时毕，罚二人。见客四次。改信稿三件、片稿一件，系与王制军会奏饶镇军因病乞假之案。夜，阅《姚姬传集》。写官制军信。是日，接和将军咨，言石达开将由茶陵犯湖南，陈玉成将由潜山犯武汉，李世贤将犯高淳、东坝。将探报咨来，逆焰复炽，颇不可解。

初九日

早，清理文件。饭后阅《姬传集》。倦甚，小睡。剃头。会客。程毓龄送其先人墓碑。王壬秋来。午饭请客，坐中为曹佑卿太守、省三、邓令尔昌及壬秋、筱泉、仙屏诸人。申刻散，写对联数首。夜与壬秋谈。仍阅《姬传集》。写官制军信毕。添胡中丞信一页。

初十日

早，清理文件。饭后与壬秋叙谈。旋改折稿。午初，至城内程氏家庙阅看碑文，系元程巨夫文海之妻、楚国夫人徐君碑，熊朋来撰，赵孟頫书。又有蒙古文碑一道。又有《草书歌》碑一道，系宣德间御书赐程南云者。程氏在南城盖世家也。程毓龄系壬子科举人，邀余至其庙一观，王少岩太令、黄冠北太守往观焉。旋至粮台拜雷西垣、张伴山、邓少卿。王令治具，留余中饭，雷、张、邓、黄在坐，申正归。李少荃来久谈。夜改折毕，阅各处文件。与少荃、壬秋谈至三更。

十一日

早，清理文件。饭后与筱泉、壬秋等久谈。作目蒙请假片稿。会客一次。下半日，与少荃畅谈和雨亭、福元修近事。灯下，批壬秋古文十余条。旋与壬秋谈至三更，睡。是日发报，由驲五百里驰奏，复奏闽皖军情一折、目疾请假一片。

十二日

早，清理文件。饭后见客三次。为王壬秋书其祖碑额，篆字。日中请客。壬秋、少荃、何镜海、王少岩诸君，酉正散。夜阅《左传》。

十三日

早，清理文件。饭后阅操，无赏罚。嗣后改逢三日阅刀矛步箭，逢八日阅马箭、枪炮打靶。王壬秋告辞进京。午刻写家信，澄、沅、洪一件，叔父一件，夫人一件。夜，又写刘正八爷一件。寄银百两与刘峙衡之子。夜，与少荃论江南北各路军务。

十四日

早，清理文件。饭后改湖北各信稿。见客二次。与少荃畅谈一切。夜与少荃熟叙。日内心绪烦恼，思念六弟三河之变，复思念家中，不能作一事。

十五日

早，清理文件。各员弁贺朔望。巳刻见客毕，接家信，叔父大人于十一月廿七日受病，说话不甚圆转，有似中风，现服参茸云云。接潄六信，将我书送至湘乡，又借我书数十种，存于松江。下半日，见客二次。次青于傍夕来，别后三个月又半月矣。夜与次青谈至二更散。是日添幼丹信一页、雪琴信二页。九弟信中，有言家中不可识利害话，此语最为精当。

十六日

早，清理文件。辰后写家信一件。派曾德麟、王法六将送鹿茸与叔父也。又添魏荫庭信二页。中饭后阅王伯申书。夜与次青、少荃邕谈。是日午初，李筱泉回江西省城。未刻，王霞轩自南丰、广昌归来，邕叙。

附　记

何应琪
王必昌
沈鹤鸣

十七日

早，清理文件。接家信二次，一系吉字中营亲兵收到回信，澄弟、沅弟十二月初四日所发者；一系朱家二送来，澄弟初四夜所发者。欣悉叔父之病略好，手足能动如常，特舌根不甚圆转耳。饭后见客三次。新城县令雷嘉澍，广西南宁人，癸卯优贡，丙午举人，尚结实可靠也。翻阅《经义述闻》《经传释词》等书，系新从松江府戴朝议取回者，读之知逢故人，差用怡悦。夜，以孙芝房古文一册与次青看。前于十九日派二两勇送信至希庵黄州军营，至是已满一月，尚不见到，殊为悬悬。

十八日

早，清理文件。因大雨不能看操。阅《经义述闻》。改各信稿，日中小睡。中饭酒席系南城令送次青者。王霞轩在营，邀来同席，申正散。酉刻接希庵信，知迪庵之尸至霍山矣。希信一件、禀一件、清单一件。温甫弟即系清单之第一名也，伤哉！又附润之中丞信一件，迪庵殉节请恤折一件，战功清单一件，桐城、三河殉难各员请恤折一件，清单未到。又方子白信一件。又迪庵生前克复潜、太、桐、舒四县折一件，官都十月、十一月奏稿一件。夜与次青论古文之法。

十九日

早，清理文件。饭后见客四次。因希庵信中言九弟所派六弁皆归，温弟之忠骸不可得而觅，不胜伤悲，因派人再去三河寻觅。杨名声、杨镇南、张吟三人告奋勇愿去。又派朱营二人之自贼中来投者，一常德人，一四川人。写信一封，托霍山县令王自籥。又令少荃写二信，一与霍山县令，一与六安团总。三人又信托润之中丞、希庵观察，信中并言宜调察哈尔马三千匹。下半日，阅《曾子固文集》，夜与少荃、次青鬯谈。

廿日

早，清理文件。饭后，杨名声、杨镇南等三人同行。天雨，少霁，意者吾温弟可得归骨乎？见客二次。阅《读书杂记·余篇》。下半日心绪作恶，因无耐性，故刻刻不自安适；又以心中实无所得，不能轻视外物，成败毁誉不能无所动于心，甚愧浅陋也。是日早写家信，交刘良二带至家中，限年内到。

廿一日

早，清理文件。饭后见张伴山，属其寄书与周念慈汝筠，拟调来此军也。作《欧阳生文集序》至二更，未毕。巳刻回胡润之中丞信一件，劝其不必赴宿松。

添雪琴信一片。

附　记

托位西买《康熙图》
托漱六买图

廿二日

早，清理文件。饭后会王霞轩太守，谈颇久。旋作《欧阳生文集序》，申刻毕。写对联八付。夜与次青诸人谈文。旋温《庄子》。是日接胡润之中丞信二件，内有为温弟请恤片稿。接芝房信，内有《先大夫墓表》，系邵位西所作。

附　记

请恤：黄国尧、成章鉴、李大雄、张桂龄、萧启源
请封：朱南桂之父、王人树之祖

廿三日

早，清理文件。饭后看操，罚二人。是日，操步箭齐乳，发箭较快，而军器不齐，规矩不严，是足为虑。接家信，九弟一件，又屋图一纸，澄弟一件。天雨，闷甚，未能治事。夜温《史记》"四公子传"。观次青所为《石钟山祠记》，甚有气势。夜，雪甚大，至黎明少止。

廿四日

早起，雪未止。饭后，人愁闷，懒于治事。午初，接吴翔冈信，知十九日景德镇开仗小挫，幸张凯章尚未接仗。吴翔冈之仗，约失去数十人、军械十之五六。王人瑞之副湘营，及营务处勇亦败，尚未接其禀报。日中备席，过小年。下半日，温范睢、蔡泽、乐毅传。夜与次青论文。

廿五日

早起，清理文件。饭后王霞轩、王少岩来，久谈，接余进城，在于府署居住。定廿七日进城。又见客一次。写对联、条幅十余付。子序来自南丰，因与久谈。申刻至二更，又久谈。三更接廷寄谕旨一道，饬通筹全局具奏。

廿六日

早，清理文件。饭后与子序暨幕府诸君久谈。巳正写对联、条幅，写大字手卷。中饭后，又写条幅。会张伴山、雷西垣。闻首凌云在乡骚扰。夜添骆中丞信四页、左季高信四页。

廿七日

早，清理文件。饭后与子序畅谈。巳正，移寓城内，住建昌府太守衙门。会客九次，畅谈，倦甚。南城县办席，余与子序同席，王太守陪坐，灯初散。夜与子序谈，渠明日回南丰过年。

廿八日

早，清理文件。饭后见客六次。日中写复胡中丞信一件，添耆中丞信三页。剃头。日来，盼景德镇之信甚切。吴翔冈十九日败挫后，王铃峰不知何以并无禀来。张凯章廿日禀后，不知何以无续禀来。悬系之至。萧浚川在宁都州起行后，将至云都过年。南安失守，崇义亦陷，定南厅复陷，赣郡可危。萧浚川赴赣救援，不知赶得及否。而福建连城之贼，又恐其回窜瑞金、石城一带，断萧军之后路，或与建昌老营不通，均属可虑，用为焦灼。

廿九日

早，清理文件。饭后见客一次，与少泉久谈。旋出门拜客五家。王霞轩太守、雷西垣观察处均拜会，午正归。下半日阅祁春浦相国《䭇飤亭集》二卷。灯初，王太守请吃饭，二席，即在本公馆张筵，二更散。批吴国佐廿一日禀。

卅日

早，清理文件，各员弁来叩岁。接家信，四弟一件、沅弟一件，系十六日所发。欣悉叔父大人病体已愈，不成中症，万幸，万幸！见客七次。与次青、少荃、仙屏、笙陔同吃年饭，酉刻散。与少荃等久谈。灯初接王文瑞禀，报十九日败挫之状：营务处阵亡十二人，副湘营卅七人，吉左营九人。因将其禀细阅，用景德镇图核对一次。请次青批禀，并写信与张凯章、王文瑞、吴国佐各一件，余每信添一、二片。昨夜有批，切责吴国佐。本日书词略平。三更睡。定明早寅正行朝贺礼。

日记

咸丰九年

正 月

初一日

寅初刻起,即在建昌府衙门拜牌。同行礼者为李次青、李少荃、雷西垣、曾省三、屈蟠、王霞轩太守、王少岩太令及潘兆奎、何敦五等;武职则彭山屺、喻吉三及建昌营游击、守备。礼毕,各员弁来贺,应酬至黎明毕。旋陪同幕诸公筵宴。午刻写家信,澄、沅、洪一件。又见客五、六次。九弟画屋样子,余逐一细批。写牧云信一件,洪秋圃信一件,罗寅伯、晓屏信一件。与次青、少荃等久谈,论办事大局:江南岸应屯万五千人于饶州、湖口、彭泽等处,江北岸应屯三万于宿、太、蕲、黄等处,以冀进可以攻,退可以守;余当驻九江,与湖北、江西合筹下征之局;其南赣一带,须江西自为防剿,余不能兼顾。

初二日

早,清理文件。饭后写王人树信,欧阳小岑信添一、二页。旋山外拜年,府、县、游击等衙门,午正归。见客五次。是日未刻立春,府县送春牛来此。沅甫弟信来,欲余画一祠堂图。余因画图,略仿"仪礼图"而参以王公卿大夫近年修庙规制。是日派人送家信,内有澄、沅、洪一件,纪泽一件,牧云一件,小岑、人树各一件,洪秋圃、罗晓屏各一件,朱南桂一札。左脚板生一水泡,痛甚,不能做事,又天雨,愁闷。夜,阅《梅伯言文集》一卷。是日接胡中丞信,内有祭迪庵文一首。希庵信,暂不能归,仍驻黄州。

初三日

早,清理文件。饭后清次青占驻扎九江,不吉;占凯章攻景德镇,吉。久未接湖南信，心颇悬溪。午刻，请邓弥之来吃中饭，酉刻毕。旋改遵旨通筹全局一折，至三更未毕。

初四日

早，清理文件。饭后建昌营各武弁来送喜神。见客四次。改遵旨通筹全局折，至酉刻毕。夜会雷西垣。与次表、仙屏论诗。接奉廷寄，系十一月廿六日所发折批回者。日内，因未接湖南、江西信，纪泽儿在长沙亦无信来，心甚悬系。

初五日

早，清理文件。饭后见客五次，王霞轩太守谈颇久。天阴，愁闷，下半日试写宣纸二张。旋阅《惜抱轩集》二卷。是日做丸药，一料计鹿茸四两二钱五分，高丽参八两五钱，桂元三两二钱，蜜糖二两。茸即胡中丞所送之半架，参九弟所送也。

初六日

早，清理文件。饭后见客二次。旋阅《惜抱轩集》。小睡。写对联十余付。中饭后剃头。王霞轩、黄冠北来，久谈。夜仍看《姬传集》。

初七日

早，清理文件。饭后接九弟廿日信。旋见客三次。写季高信一件、意城信一件，又写家信一件。连日因景德镇贼势尚旺，我军未能得手。又去浚川太远，调度不灵，转运不便，心为郁郁。又因久住建昌，急思拔营至江边，亦有孤阳被陷，不能奋飞之意。

初八日

早，清理文件。饭后拟十一日拔营至湖口，传朱品隆等来此，吩咐一切。旋王太守必达、王明府延长来此挽留，绅士黄家驹亦来攀留，遂改期于廿日起行。又见客五次。盛四归家娶亲，带家信一件，左、郭信各一件。日内因久住建昌，无所作为，欲拔赴湖口，又恐闽贼来窜抚、建，进退两难，寸心终日纷扰。屡次占封，亦智略不足，故不能审定全局确有定计。

初九日

早起郁郁,若无主者,又占二卦。饭后见客,即王太守等来谢我暂不拔营也。巳刻。接胡中丞及雪琴信。寄迪庵优恤谕旨,并温甫弟恤典。余久欲为迪庵、温弟各具一折,因循未及为之。是日始改迪庵一折,至二更尽改毕。午刻,接耆中丞信,亦留余暂驻建昌,其词尚恳切。是日见次青为七古一章,气充词沛,才人之笔。

初十日

早,清理文件。饭后见客四次,王霞轩坐颇久。中饭后,作温甫弟殉节一折,至更初毕。夜,阅《李穆堂文集》,系金溪廪生傅时亮所送。日内,因军事久无头绪,心殊郁闷。又念温弟不得归骨,其赋命太苦,余于手足之间,抱愧多矣。

十一日

早,斟酌折稿,又改片二件:一系奏明暂不移营,并调饶镇军廷选;一系奏调健锐、火器营,三、四品官五、六员,并调郭云仙、李申甫榕。饭后出城,至各营一看,未正归。中饭后,李少荃回江西省,令其专人至颍、亳一带,招勇五百,试操马队,如其可用,再行续招三千。申刻,发报三折二片。见客二次。阅吴子序所为《释爱》,批之。夜作李迪庵挽联,加王钤峰、张凯章信各二页。

十二日

早,清理文件。饭后写信与左季高,六页,会客二次,写挽联及各对联。申刻写胡中丞信,灯后毕。夜写家信。日内心绪不佳,凡事均觉懊郁。闻沈幼丹亦郁闷不舒,添幼丹一片劝慰之。派伍少海至黄州,送迪庵奠仪。

十三日

早,清理文件。饭后见客二次。添籲门中丞及雪琴、希庵信各一片。下半天小睡。申刻,接军机处咨,蒙内赏福字荷包等件。阅《彭昱尧子穆文集》。是日专人回家,寄十一日所发三折二片稿,湖北所奏迪庵恤典一折一单及谕旨,温弟恤典奏稿、谕旨等件。又寄信与霞仙,并《瀛寰志略》、潄六所书《墓志》。夜,阅张凯章各禀，知廿七日之战，阵亡至九十人之多，深为怅惘！

十四日

早，清理文件。饭后与次青邕叙一切。阅《李临川绂文集》。连日因肝气郁抑，目光昏蒙，不能久视，不克读书，坐废时日。而天阴多雨，于营务操演诸事，又不克悉心讲求。改信稿一本，约廿余件。中饭后，与次青定喻吉三营制。凌荫庭专人来请示。吴国佐不愿撤散，亦专人请示，定批责之，仍令其撤散，交凌委员另招新营。夜写手卷约四百字。

十五日

早，各委员、营员等拜节，地方文武亦至，午正，应酬始毕。写莫祥芝手卷，约千余字，至酉刻毕。祥芝之兄名友芝，字郘亭，吾友也，故书此颇尽心。日中过节，略备酒席请诸友。久不接长沙信，纪泽儿亦无信来，不胜悬系。

十六日

早，清理文件。饭后占卦，因昨夜梦左手指刀削见血，占之。添张小浦、王春岩、黄莘农诸人信。剃头。下半日阅《经义述闻·诗经》。夜阅《读书杂志·史记》。是日未刻，接奉朱批，是去年十二月十一日所发正折。奉朱批："览奏，均悉所拟，尚属妥协。"又目疾请假一片。奉朱批："另有旨。"同日，奉谕旨："赏假一月，在营调理。"易昀荄处观所买张樗寮《金刚经》，拓印尚早。又渠买《玉篇》无衬纸，因以余所买一部与之兑换。

十七日

早，清理文件。饭后阅《诗经述闻》毕。午刻，闻景德镇一军于十一日又挫。是夕，贼围老湘营之第五旗扎牛角岭者，自亥至卯，扑毁营盘。十二日又围吉左营，力救得全。闻贼将由浮梁绕乐平，抄截我军后路，殊可危虑，心绪焦灼。占二卦，尚平稳。或平江两营十五日到防，又可立住脚跟，亦未可行。夜，写左季高信、彭雪琴信、李筱泉兄弟信。是日，写扇二把。是夕彻底不寐。

十八日

早，清理文件。饭后拟作《圣哲画像记》。见客二次。午刻调刘胜祥营赴景德镇助剿。接家信,正月初三所发,澄弟二件、沅弟一件、夫人一件、纪泽一件。叔父之病尚未全好,正月又说话不圆,殊可危虑。下半日,与次青、仙屏论文,因心绪恶劣。是日大雨雪,寒风侵人,眷念景德镇一军,为之悬悬。

十九日

早,清理文件。饭后与次青谈景德镇军事。雨雪不止。作《圣哲画像记》,至未初,"序"毕。未正请客,王霞轩、王少岩、邓弥之、张子衡、何竟海五人,灯后散。甘子大来久谈,二更去。折差刘锡昆自京师归。接云仙信,知已入直南书房。又接何愿船镜芝信。是日午刻,见朱品隆。闻张凯章又派三旗扎牛角岭,尤为悬系不置。

廿日

早,清理文件。饭后作《圣哲画像记》。见客三次。嘱建昌府王太守办保甲,以查奸细。未刻请客,雷西垣、甘子大、张伴山、曾佑卿、黄冠北、曾莘田,酉正席散。接张六琴、郭意城信。夜仍作《画像记》,未毕。精力倦甚,亦以久不接景德镇信为虑也。

廿一日

早,清理文件。辰后作《圣哲画像记》,至灯初毕。意多而不能贯串,不能割爱,故文颇冗长,至二千余言不能休。接李筱泉兄弟信,劝我速移营湖口。余与次青熟商,现在湖口并不紧急。景德镇尚未打开,而此间官绅又挽留甚切,三者参观,有不能遽行移营之势。申刻,与甘子太久谈。

廿二日

早,清理文件。辰后写手卷,共二千五百余字,又写五大篆字,至亥刻写毕,倦甚。夜,与李次青、甘子大久谈。接张凯章禀报十一日之仗,言第三旗又扎牛角岭,心甚悬系。

廿三日

早,清理文件。饭后会客三次,将昨写手卷换写前七行,写郭意城信。写家信,寄赐"福"字至家,又寄圣哲遗像手卷,又寄内赐枣果饼面等回家。添骆中丞信二页。接凯章十七日信,知平江两营已到。官兵尚站得住,稍为欣慰。连日阴雨泥泞,天寒殊甚。廿二夜大雷雨,本日雨不息,人颇愁闷。幸闻景德镇官兵安稳,较放心也。

廿四日

早,清理文件。饭后见客四次。添写官中堂信二页、胡中丞信六页、袁漱六信四页、李筱泉信二页。与次青论文。渠去年所买玉山书,至二万余卷之多,亦可快也。接王文瑞信,知景德镇官军渐已站稳。夜,阅《戴东原集》。

廿五日

早,清理文件。饭后会客三次。阅《戴东原集》。开书目交庄委员晋省买书。中饭后,写横幅一,约五百字,赠甘子大。夜与次青、仙屏久谈,因目光久蒙,夜间不敢看书。是日,接省信,知筠仙于腊月初入直南书房。已解火药万斤至张凯章营矣。是夜大雨倾盆,念军中将士极辛苦也。

廿六日

早,清理文件。饭后写郭雨三信,又添漱六信,开书籍单,托漱六买之。写张筱浦信,添刘星房信二页。阅《书经述闻》。夜,温《古文辞类纂》首二卷。

廿七日

早,清理文件。饭后见客三次。南城生员胡梓带其子来见,献诗四章,极颂扬之辞,年七十三,对之有愧。未刻,吴子序同年来,与之论文颇畅,谈至亥正二更后。接胡润之中丞告温甫弟忠骨已寻得,内附灵山王大令自籀复余信一件,杨名声、杨镇南等三人禀一件,刘步瀛寄王令信一件。刘步瀛者,督标马兵,前迪庵小石之忠骸,是其所寻得。此次,又寻得温弟忠骸及吴浣溪立蓉尸也。闻温弟遗蜕得还,为不幸中之一幸;而先轸丧元,又为幸中之一大不幸。与子序复谈,将至三更,夜彻晓不眠。

廿八日

早,与子序、子大谈。饭后阅戈什哈弓箭,已初毕。与子序围棋两局,皆输。写家信二件_{叔父一,三弟一}。寄外信四件_{胡中丞一,王自籀一,杨名声一,刘步瀛一},专人送归,限初十到,廿五还营。又写胡中丞信一件,杨名声一件,添王自籡信二页。未刻,请子序、子大、邓弥之便饭。饭后,又一围棋。灯下,接何廉昉信,附七律十六章,才人之笔,人人叹赏不置。夜饭后清理文件。

廿九日

早,清理文件。饭后与子序围棋。写季君梅、袁漱六信。托漱六代银二百两与季仙九师。又加朱伯韩、唐鹤九、唐义渠、何愿船等信、片。未刻,作七律五首,和何廉昉诗,次韵。同和者为李次青、吴子序、甘子大、许仙屏等数人。而王霞轩、邓弥之、何敬海等亦将和之。余因见廉昉诗才轩举,所著骈文、乐府、皆有可观。悯其阖家殉节,因欲和诗一、二章,以慰劳之,本无意次韵也。子序、次青诸君皆次其韵,余亦遂勉为之。

卅日

早起,作次韵诗,至二更四点止,共作八首。中间,会客一次。是日,玉四、安五等来。接家信,澄候二件、沅甫一件、纪泽一件、刘正八爷一件。叔父病势略加,心甚悬系。纪绎字大退,远不如七年写高脚牌之时。

二 月

初一日

早，各员弁贺朔，巳正毕。又作诗三首十六章毕。中饭后，邓弥之来，与诸君论诗。余在军中，颇以诗、文废正务，后当切戒。是日，接胡中丞信、李希庵信，胡公又寄示袁午桥、胜克斋都官诸信，言调察哈尔马匹事。

初二日

早，清理文件。饭后与子序、次青、子大、仙屏诸人谈诗，连日颇荒于诗，精神疲乏。萧浚川解俘件来，共伪印四十三颗，旗帜五百零八面，内大者一百六十八面，辫发七百余件。杀贼尚多，可慰也。下半日，王霞轩太守来，亦送和诗。夜看子序所著《书经说》，"帝"、"典"、"王"、"谟"看毕。圈子序、次青、仙屏三人诗，批之。

初三日

早，清理文件。饭后见客三次。旋写家信，至夜始毕。天雨，竟日不止，殊觉郁闷。是日，接家信，言叔父病略好，但六弟优恤之旨，于廿七、八可到家，不知叔父与六弟妇能强自排遣否。澄侯信言玉四在家要银，事甚荒唐，是夜重责之。与子序围棋一局，看《杜牧之集》。

初四日

是日为先大父忌辰两周年。大祥之期，五更起行礼，礼毕，黎明。旋小睡片刻。因祭菜请邓弥之、何镜海早饭，巳正散。大雨自辰至三更不止。遣人送家信，内附陈湜、文翼札各一件，正月日记。写季高、意城信各一件，约千余字。酉刻接萧浚川信，知正月廿日败挫，阵亡二百余人，伤一百余人。南路贼势浩大，殊可危虑。夜因眼蒙不敢看书。

初五日

早，清理文件。饭后见客三次。甘子大回省城，依依有情，临别言办事须放手，于九江等处开大局面等语。写信数片与子序。下棋一次。核定萧启江在新城圩胜仗折稿。连日大雨，郁闷殊甚。本日又闻张凯章在景德镇廿八日小挫，尤切悬系。核咨稿十余件。夜，与子序围棋一局。因昨日闻连城果复之信，意欲移营抚州，占卦不甚吉利。

初六日

早，清理文件。饭后写胡中丞信、希庵信、雪琴信，共八页。见客三次。吴国佐自贵溪来见，面斥责之。定计移营抚州，一则以去景德镇近八、九十里，去南安亦近百许里；一则与省城及湖口水师相联络，而建昌四面无警，可放心也。王守、王令来留，未应。申刻，张元龙来，请示亲兵营水师是否宜驻抚州，因令其即日来抚。核定安仁一案保举折并单。夜，与子序围棋一次。阅郭笙陔诗。

初七日

早，清理文件。饭后见客四次。发胡中丞、李希庵、彭雪琴信，俱交张元龙带去；调普承尧剿景德镇，亦交其即送。核定谢温弟优恤恩折稿，核定各营阵亡、伤亡、病故请恤折稿并单，核定邓辅纶捐船议叙一片。写扁字廿余，写墨扁三幅、对联十余付，写横披半幅，即写昨作七律诗八首。本日，庄木生写信寄书一篓，内有《五代史记注》《毛诗古音考》《屈宋古音义》、卢刻《国策》、纪效《新书》、《唐诗纪事》等书，外附徽墨二匣，皆收存。景德镇正月廿八日之挫，王文瑞于本日禀报，副湘营营务处共损卅余人。闻老湘营损百余人，皆精锐之卒，可惜也。张凯章至今无禀报，殊为悬系。

初八日

早，清理文件。饭后见客三次。与子序围棋一局，中饭后再围一局。接杨名声专人来信，言温甫弟丧元，杨镇南、张吟再去寻觅，渠一人先送灵柩回湖南，读之悲不自胜，因批令一人先归。夜与子序豳叙，言读书之道，朝闻道而夕死，殊不易易，闻道者必真知而笃信之。吾辈自己先不能自信，心中已无把握，焉能闻道？

初九日

早，清理文件。饭后见客二次。旋写邓弥之手卷毕，写对联数付、扁二块。中饭后见客一次。接左季高信，言调兵事。夜，阅《五代史》冯道等传。是日巳刻发报张运兰攻景德镇一折，萧浚川剿南安一折，谢福字恩一折，谢温甫弟赐恤恩一折，汇案请各阵亡、伤亡、病故者赐恤一折，安仁案保举一折，邓辅纶捐案一片。接王文瑞禀，婺源于初一克复，败贼归并景德镇，恐其猛扑张军，心为悬悬。

初十日

早，清理文件，会客一次。饭后会客六次。南丰潘令造炮车一具，殊不合用。核定各信稿。中饭后阅各文件。胡润帅说帖一纸，言水师以四千人改为陆兵，上下飘忽，使贼备多而力分。写左季高信，添陈季牧信。日来思胸襟广大，宜从"平、淡"二字用功。凡人我之际，须看得平，功名之际，须看得淡，庶几胸怀日阔。

十一日

早，清理文件。饭后添幼丹信一片，李小泉、少荃信三页。饭后，见吉中营各弁一次。王霞轩、邓弥之来拜老师，王以予之激赏、到处延誉而相感；邓以予之两次奏捐指省道员而相感也，辞之不果。旋又见客四次，因余明日拔营，前来送行也。建昌绅士送万民伞五把、牌十对，府县率绅士十一人送来。旋有生员张希华送诗四首，系张晓楼太史之族裔。中饭后，出外拜客辞行，在霞轩署内坐谈，余俱亲拜。归来，写条幅、对联，至灯初毕。夜查核报销七柱清单，系李筱泉原开，余一一注明其下，示以报销之法。收拾行李一切。明日，无论晴雨，皆当拔营。

十二日

早，清理文件。饭后见客二次。旋起行出城，府县送至清水铺，备有公馆，余未知，已住营盘。是日行十五里，阴雨迷蒙，到营后，雨更大，直至灯后始息。是日，接王文瑞信，知婺源贼窜祁门，浮梁亦经克服，养素初五日大获胜仗。景镇之事，从此应少稳矣。夜，温《史记》《外戚世家》、《楚元王世家》、《伯夷管晏列传》。

十三日

是日，因天雨泥深，扎住一日。饭后，王霞轩、王少岩来谈。午刻，接到朱批，系正月十一日所发各折：温弟殉节一折，奉谕旨一道，叔父赏给从二品封典，盖未知前此已得一品，封两次也；李迪庵殉节一折，奉谕旨一道，通筹大局折，奉廷寄一道；奏调饶廷选一片，奉旨，已谕知王懿德，即令来营；奏调健锐、火器营各官及调文员一片，奉旨，健锐营、火器营及东三省人员，令都兴阿指名奏调；郭云仙已随僧王赴天津；李榕即饬来营，另有谕旨一道；又奉通饬廷寄一道，系禁止接济贼营硫磺、火药；又寄谕湖北总督官、巡抚胡将军都一道，系为奏拨察哈尔马匹之事，官制军于昨日咨到矣。未刻接萧浚川信，克服南安府城，即请次青草奏，自行核改。仙屏于是夜写毕。写家书一件，计十一页，复左季高信一件，计二页。温《史记》《荆燕世家》、《陈涉世家》、《齐悼惠王世家》。是日府县办有公馆，余未去住。帐棚。寒冷异常，地下极湿，竟日着木屐也。

十四日

早，拔营起行。天色放晴，不久见旭日，得此为之开慰。行廿里，至六口，打茶尖。行廿里，至界山关内窗山湾地方中饭，系南城王少岸大令办差也。又行八里，出关至临川境大路游地方驻扎。王霞轩太守、少岩太令送至此山。清理文件。温弟事，奉旨赏给叔父从二品封典，具折谢恩，声明叔父曾受两次貤封诰轴，则祗领新纶顶戴，则仍从旧秩。核定折稿，又核定片稿，报移营抚州也。夜温《萧何世家》。眼蒙殊甚。次青又作《怀人》诗十六首，再用何廉昉原韵，绵丽遒劲，才人之笔。

十五日

早，拔营起行，至东馆早饭，系临川邹令所办。又行卅里，至荷浦地方驻营。是日，共行六十里。抚州府李太守瑞章、临川县邹令桐来迎，府经县丞等皆到。是日卯刻发报克复南安府城一折，谢叔父赏二品顶戴恩一折，移营抚州一片，由抚州至南昌、九江、湖北行走。写胡中丞信一件，论水师操习陆战事。接家信，系曾恒五由家带来。澄侯一件、沅甫一件、纪泽一件，均详明。

十六日

早，拔营起行。凡卅里，至抚州府城。见客九次。杨名声自湖北归来，言六弟忠骸辨识无误，刻木肖形，亦颇相似。灵柩于正月卅日到黄州，位置舟中。胡中丞、李希庵诚敬致祭，殊为可感。二月初三日，自黄州开船回湘，胡中丞派都司姚安忠，李希庵派亲兵四人并杨镇南、张吟等护送，沿途当可妥慎。接何廉昉回信，因和诗十六章而致谢也。日内眼蒙，神困殊甚。温《曹参世家》《张良世家》。

十七日

早，清理文件。饭后会客四次。旋拜客，李凤洲、元云衢两太守处拜会。由东门登城，过文昌桥，至河东一看形势。旋至南门外玄鹤岭看新扎各营盘，即往年耿光宣、邓弥之、高碧湄等扎营之处。旋绕过西门，进城回公馆。见客三次。添写胡中丞信三页。夜写雪琴信，温《陈平世家》。与次青谈，嘱其作军中札记，分门别类为之。

十八日

早起略晏，见客一次。饭后至文昌门外坐三板船至萧公渡一看，即宜黄崇仁河与建昌交汇之处。抚州城东门外为建昌河，即盱江也。北门外为宜黄崇仁河，又港汊颇多，难于安营。守城者，东北两门易于为力，不虞贼之围攻也。南门外玄鹤岭一带可以安营，即六年邓弥之等驻扎之处。西门外牛角湾附近可以安营，即六年李次青等驻扎之处。守城者，只防此两面耳。未刻归，见客三次。谢子湘同年之世兄谢希桢、侄希迁来见，久谈，送《唐宋诗文醇》各一部。写邵蕙西、张小浦、史士良信，共八页。又核定信稿五件。夜，清理新到文件。

十九日

早，清理文件。饭后见客十次。加王人树、萧浚川信各三页。中饭后，写匾字十余付、对数付。本寓后有高楼，可以眺远，因写"北楼风韵"四字，以房主人姓谢也。夜,阅《唐宋诗醇·陆剑南集》。

廿日

早,清理文件。见客一次。辰,饭后添信五人,共十二页。见客五次。中饭后写手卷姚姬传诗十首。灯后,曾莘田来见,久叙。夜阅《姬传文集》。

附　记

张光明碓坎井人,凯章之族侄孙,年廿六岁,癸巳生。初在扑山营,四年在罗山营,从攻武汉、九江等处。六年二月,受伤回里。至沅甫处当哨官。八年春,代理营官四个月。目秀,颇聪明。母没父存。

廿一日

早,清理文件。饭后见客二次。写手卷约千字。传见吉字哨官张光明、胡松江二人。中饭,请雷西垣、张伴山、谢希迁、邓弥之、何敬海来赴席,酉正散。登后园高楼眺览。夜,与许仙屏谈诗。写信复彭雪琴。因闻营中勇丁与钱店争辩不休,饬粮台自开一钱店,以平市价,而息争端。

廿二日

早,清理文件。饭后见客五次,写雪琴信、胡润之信、耆九峰信。下半日又写雪琴信、刘杰人信,嘱其坚守湖口。接沅甫弟信一件,言家中于二月初六日宣旨,为温弟成服,十五日起道场,十八日散。沅弟于十二日起行,晋省迎接温弟灵柩。夜,为仙屏看诗。日中剃头一次。

附　记

贺湘洲湘潭江车人,年卅八岁。在湘潭开丝线店。咸丰四年被兵,出至罗山营当勇,后开前营当护哨,今在朱处当哨官。鼻梁太削,鼻右有小子,目有清光。

廿三日

早,清理文件。饭后见客一次,即出门拜客数家。即至营盘看墙子,未刻归。见客三次。传见吉营哨官二人。中饭后,见客一次。写家信,并寄寄衍一寄字初九日六折一片,十五日二折一片稿回家。又写九弟密信一件。是日,接王人树信,系十七日所发,尚为迅速。晡日,与次青、仙屏登后园楼久谈。习字二纸。

附　记

周溯贤葭浦。桂平人。丙午举人，办团保，知县。选安徽英山县，奉改东乡县。人尚朴实。

廿四日

早，清理文件。饭后见客二次。写信，左季高一件，王人树、李小泉各一片。传见哨官三人：王桂堂、黄正大、李祖祥，皆吉中营者。下半日接沅甫弟信，易芝生、郭意城、冯树堂皆有信。湖南桂阳、兴宁、永兴等处，连失数县，人人惊慌。沅弟于十六日至省城矣。中饭后温《史记》绛侯、梁孝王、五宗、三王等世家，穰苴列传。是日早，发家信第八号。

附　记

张光明中前哨。凯章之侄孙，曾代营官。明白。
胡松江花石人，中左哨。
黄东南大邑僚人，麻子。中右哨。似文童之笨者。
熊登武中右哨。沅之妻侄。晴黄。明白。

廿五日

早，清理文件，见客一次。饭后，见客二次。传见吉中营哨官熊登武、黄东南二人。习字二纸。小睡。改信稿十件。中饭后，接左季高信、沅甫信，知桂阳州已失守。湖南局势日坏，心殊忧灼。写复季高信，添骆中丞信一片。见客三次。温《史记》《老子韩非列传》、《孙吴列传》。夜与次青、仙屏等观邓弥之、吴竹庄和诗。竹庄诗，牢骚喷薄而出，不忍卒读，盖其中郁抑深矣。是日巳刻，复郭意城一信，专人送至湖南。

附　记

周玉堂大子打下唇。制营哨长。
刘湘南甲武生，居近莲花桥。制营哨长。可爱。祖母在，母在。
李升平溆浦人，沅州协守兵。四年，随杨昌泗出。五年，至平江营充先锋，鹰潭案保把总，贵溪案千总，玉山案守备。年廿八，无父母兄弟。眼有黄光，貌平平。

廿六日

早，清理文件。饭后见哨官二次，写胡中丞信、彭雪琴信，又添官中堂、耆中丞信，约共二千字，又习字二纸。莘田来，与谈家事。温《史记》《伍子胥列传》、《仲尼弟子列传》。夜与何镜海久谈救援湖南一节，又景德镇添兵一节，令其审处熟计。

廿七日

早，清理文件。饭后见湘前营哨官成立福、贺湘洲。又见客二次。加王雁汀信二页、金竹虔信一页、郭雨三信一页，约共六百字。又习字两纸。小睡片刻。未正，请凤洲、元云衢、邹峄峰三人便饭，酉刻散。夜，写叔父信一件，澄、沅、季信一件。温《史记·商君列传》。洗澡一次。日内因温甫弟灵柩将归，景德镇官军已稳，心气稍定。而因贼窜湖南，恐桑梓受害，家居不宁，又不免刻刻悬系。

附 记

黄万清宁乡七都灰汤人。二年，在张石卿处充壮勇。三年，随岷樵救江西，曾打广济土匪。四年正月，在郴州入迪营。父母没。四十岁。一弟一侄，无妻子。

沈宝成新染铺人，去黄泽远四十里。抱子。兄弟四，渠一，其二死濠头堡，三死岭东。清而有情，去年之考语也。

廿八日

早，清理文件。饭后见客二次。与元守论弓箭。渠言如用笔然，以合手为贵，轻重大小初无定式，为力不同科也。写张筱浦信一件。未初，见何镜海，与之邕论时贤，因言傲为凶德，骄为败征。镜海诵王阳明言丹朱、商均亦不过一"傲"字。习字二纸。温《苏秦列传》。接胡润帅、彭雪琴信，内有京件，言时事颇详。改信稿十余件，接各处文件颇多。日内作一联云："取人为善，与人为善；忧以终身，乐以终身。"上二句见《孟子》，下二句见余所作《圣哲画像记》。又思战阵之事，须半动半静，动者如水，静者如山。又思兵不得已而用之，常存不敢为先之心，须人打第一下，我打第二下也。

附　记

抚州派查城委员：东门程增庆县丞，南门潘贻恩典史，东、西、南门张棠府经，东、南街邱秉为典史，西、北街陈乃澍县丞。

抚州城内居民数：东南城，铺户二百七十三，住家二百四十三，又补廿四户；西北城，铺户一百五十一，住家五百七十五。

陶日升宁乡人，去白箬铺廿里。廿四岁。四年，在田家镇入彭三元营。六年四月，入朱品隆营。父母没。兄弟四人，长在家种田，次在前营当勇前哨，三六年，在黄州阵亡，日升第四。鼻小，腰挺，伶俐有情，亦虑其滑。

胡晖堂廿五岁，聪明伶俐。

廿九日

早，清理文件。饭后写易芝生信一件。见客三次，见哨官二人。中饭后习字二纸，写挂屏十二幅，登后楼远眺。夜温《张仪列传》。是日因水退，战船退扎下游。

三 月

初一日

早，各员弁贺朔，见客络绎，至巳正止，倦甚。旋清理文件。传见强中营哨官二人。小睡。写郭云仙信四页。中饭后，邓弥之来辞行，留其暂住数日。习字二纸。接各处文件，清理毕。写挂屏八幅。登后楼小憩。是日辰刻、申刻，并登楼看各戈什哈射箭。夜，清理文件。写纨扇一柄，约百余字。温《樗里子甘茂列传》。日内颇好，写字，字亦略进。余生平以无恒之故，百无一成。即写字一端，用力亦不少，而时进时退，时好之，时不好之，时慕欧、柳，时慕赵、董，趋向无定，作辍靡常。学古文则趋向略有所定，亦以不常作之故，卒无所成，每用悔叹。人而无恒，不可以作巫医。诚哉，是言也！

初二日

早，清理文件。饭后写信，胡中丞一件、雪琴一件、吴翔冈一件，添吴竹庄四页。见客二次：一张兴仁，号棣斋，新任建昌知府，将到任去；一朱品隆，补竹山协副将，来谢也。传见哨官二人：刘长春、胡玉元。是日戈什哈等因把子未收拾，故未射箭。中饭后习字二纸，写折扇一柄，写对联六首。至后楼与次青、仙屏鬯叙。温《史记》《穰侯列传》、《白起王翦列传》、《孟荀列传》。接家信，澄侯一件、纪泽一件，系廿一日所发。纪泽信内封《贺丹麓墓志》一分，系左季高所纂，纪泽所书并篆。

附 记

吴水梅平江龙门厂十五里。广信入营。由散勇亲兵升先锋，带一队。八年十二月，吴兰蕙告假，代中哨哨官。年廿五。母存父没。兄二人。身长，目小而有情，满面堆笑。

萧赏谦平江长寿司。苏官渡入营，贵溪升什长，衢州升哨长。父母皆存，蓝翎把总。兄一，读书，弟一，耕田。耕作为业。武人而有儒雅气，身段稳称，鼻正眉疏，似有用之才。中哨哨长。

初三日

早，清理文件。饭后见客二次。出城至护卫军营盘，见新招之营，尚属整齐。又至朱品隆营，又至岳字营，归至拟岘台。午正归，见哨官二次。中饭后见客二次。写家信，澄、沅、洪一件，纪泽一件，约共千三、四百字。又习字二纸。夜接雪琴信，言郴州失守，衡州十六迁徙。是日核信稿六件，核公牍稿十余件。

附　记

黄菊亮平江西乡，去县廿里。父母亡，兄弟四人，行二。兄在家，弟当前哨护哨，三来投效，五年春入营，在胡盖南部下。六年九月十三，在崇仁充哨长。鼻削，目小，面不大。前哨哨长。

彭琼英上年十二月十六见一次。前哨哨官。

初四日

早，清理文件。饭后写冯树堂信三页，添幼丹信二页。见哨官二次。日中倦甚，小睡。中饭后，习字二纸，写挂屏四幅，又写一幅。读《史记·廉蔺传》。登后楼晚眺。夜，温《田单传》《鲁仲连邹阳传》。是日辰刻，发家信，限十二日到。申刻，接沅甫弟在县城所发信，系朱惟堂专丁送来。廿三日，在湘乡、衡州尚无警。王人树已去，意其可保全与？

附　记

戴丰福平江北乡，去县城卅里。三年，随林源恩。四年，随蒋益澧。在九江随余至江西省。平江立军，即在左哨。初充抬枪勇，在贵溪屈营官手拔哨长。父五十七，母五十六，弟四人俱在家，力田营生。五敦子身材，面带哭。左哨长。

毛全升左哨官，十月廿六日见。

初五日

早，清理文件。饭后见客三次，传见哨官二次。写信，唐竟丈、耆中丞、张小浦各二页。核稿十余件。习字二纸。中饭后,写挂屏五张。温《史记》《刺客传》、《屈贾传》、《不韦传》。夜接雪琴信,知李鹤人业已殉难,亦足悯念。

附 记

李佑厚平江东乡,去龙门厂五十里。五年二月入营,六年三月在抚州升哨长,八年三月在衢州升哨官。五短身材,目黄明,身称,眉浊。父六十五,母五十五。兄弟三人,兄在本哨先锋,弟在本哨散勇。初在左营义哨,吴苤臣所带。耳长。后哨官。至今未告假。

潘先前平江西乡,去县廿里。五年,苏官渡入营。八年,在衢州升哨长。一弟跟官。父母皆五十余。五短。种田营生。平沓面。

初六日

早,清理文件。饭后见客二次。核信稿数件,写信一件。小睡。见哨官二次。中饭后,习字二纸,写挂屏八幅、扁一、对二。温《李斯传》、《蒙恬传》、《张陈传》,未毕。是日接左季高、郭意城信,廿五日所发。贼尚在永兴、嘉禾、新田等处,未至衡州,或可无虑。刘印渠于廿四日自家起行,三月初一、二可至衡州,为之一慰。

附 记

张恒彩平江东乡人,年卅三岁。四年,随胡润翁。五年春,随余入江西。旋在次青中营当小蓝旗。七年,贵溪升先锋。八年,衢州升哨长。母五十五,酒保营生。兄弟四人,次在建武营当棚头,三、四在家小贸。目精光而动,小有聪明,不甚可靠。右哨长。

唐顺利右哨官。

初七日

早,清理文件。饭后见哨官二次,绫记各哨官履历。小睡。写左季高、郭意城信。申初,习字二纸。旋温《魏豹彭越传》、《英布传》。傍夕,登楼一眺。夜,因眼蒙不敢作一事。接刘腾鹏信,知其弟腾鹤于二日廿八日在建德之云峰岭阵亡。腾鹤字杰人,本奉札防守彭泽,乃自欲以剿为防,进攻建德,猝至捐躯,殊为悯悼。其兄峙衡于七年七月十三阵亡,今才一年七个月。其父母尚在堂,何以为情?

附 记

哈必发塔军门之亲兵。五年八月调至南康,发苏官渡之前营。旋派至青山,调入完字营，后至平江老中营，现带新田勇四十名、潮勇廿九名。鼻削，目有清光，似吃洋烟。滑。九两。

李廷銮新田人。五年三月入新字营，十一月随周凤山至樟树。六年冬，革李新华，将新字营交峙衡。七年三月，渠赴贵溪投杨得春麾下，八十人。七月归屈蟠。八年至衡州。九年告假在家十日，二月十四自新田启行来。卅一岁，未取妻。父母故。目动面歪，心术不正，打仗或可。六两。

刘烈潮州人，有老母，年卅一岁。咸丰七年，来江西投效，现带潮勇廿八人。目深，天廷高，面有正色。

初八日

早，清理文件。饭后见客二次。至后楼看戈什哈射箭，赏二人。旋见哨官三次。午正，接奉朱批谕旨，系三月十五在大路游所发之二折一片。温弟之子纪寿奉旨于及岁时带领引见。未初，写家信，叔父一件、三弟一件，专人送恩旨回家。申刻起行，限十六到家。见客四次。写胡润翁信一件，习字二纸，温《韩信传》。夜思相人之法，定十二字，六美六恶，美者曰长、黄、昂、紧、稳、称，恶者曰村、昏、屯、动、忿、遯。

初九日

早，清理文件。饭后见客四次。传见平江老中营先锋三人。写信，与雪琴一件，与甘子大、李小泉各一片。日中小睡。续写哨官覆历。中饭后习字二纸，温《韩王信卢绾传》《田儋传》。酉刻接奉朱批谕旨，系二月初九所发之折：安仁、新城保举折，照准；景德镇胜仗折，奉"览奏均悉"；两谢恩折，均奉批"知道了"；新城圩胜仗折，奉旨一道；请恤折，奉照准；邓辅纶捐输一片，奉照准。夜因眼蒙不敢看书。

附　记

李祥和常汉人，芷秋对门，廿八岁。兄弟八人。张开辑死后，曾充帮带官。母七十。眼有光而浮，心尚明白，亦虑其滑。

初十日

早，清理文件。见客一次，饭后见客三次。旋传见平江营先锋官三次。宜黄拔贡吴鑛来见，庚戌朝考，曾取头场也。核改信稿十件。中饭后习字二纸。接家信、澄弟、沅弟各一件、纪泽一件，系廿八、九所发，维时衡州尚安静，或可保平安耳。温《樊郦滕灌传》《张苍传》。沅弟付所刻温弟请恤谕旨、奏章各件一本，览之不胜感怆。纪泽看《经义述闻》，似尚能得王氏父子之意，为之忻慰。

十一日

早，清理文件。饭后见客三次，传见哨官三次，写朱尧阶、张廉卿信，习字二纸。中饭后温《傅靳传》《郦生陆贾传》《刘敬叔孙通传》，吴子序来邕谈。夜洗澡一次。

十二日

早，清理文件。饭后见客三次，复传见各哨三次，写左季高信、郭意城信，习字二纸。小睡。中饭后温《史记》《季布栾布传》、《袁盎晁错传》、《张释之冯唐传》。酉刻，与子序、次青登楼久谈。是日风雨。夜，大雨。自二月十四以后，天晴弥月，农民望泽甚殷，得此雨大慰矣。

十三日

早，清理文件。饭后与子序围棋一局。旋见客一次。又围棋一局。至后楼看戈什哈射箭，赏二人，罚一人。写家信一件，与三弟、纪泽。所问各书即附告于信末。传见先锋官三人。用白绫写履历。习字二纸。申正写家信毕。又与子序围棋一局。夜温《万石君传》。是日做丸药一料。鹿茸四两三钱五分，崔伯垿所送也。丽参八两五钱，何敬之所送也。桂元二两三钱，蜜糖二两。近日常服参茸丸，而精神并不甚佳，仅立敷衍而已。年未五十而早衰，若此，深用愧赧。是日、派汤盎、谢为翰、宋元魁三人教射，每人加薪水二两。汤名下派学者九人，谢名下派学者十人，宋名下派学者十二人。

附　记

东南城外住家廿七户，店铺三百廿户。初六日李太守送册。

十四日

早，清理文件。饭后传见平江营先锋三人，白绫识写。至校场看操演。振字营新招未久，而队伍颇整齐。府县陪同在外看操。县令邹皋峰送猪十只备赏。余又自赏钱百千，旗十面。中饭后，习字二纸。温《史记》《田叔传》、《扁鹊仓公传》。傍夕，与子序登后楼，阅新买书画谱。是日辰刻，发家信十二号。申刻，剃头一次。

十五日

早，各员弁贺望，至巳正始毕。清理文件。为次青跋"福、寿"二字，系乾隆年间宸翰，次青在建昌市肆购得，不知何家赐物流落在外也。中饭后，写胡中丞信。习字二纸。温《史记·吴王濞传》。是日与子序围棋一局。早见客太多，日中倦甚，小睡。

十六日

早，清理文件。饭后写雪琴信一件，看信稿数件。见先锋官三人。抄白绫记事。见客二次。中饭后习字二纸，温《史记》《田窦传》、《韩安国传》。夜眼蒙，不敢看书。闻子序谈"养气章"末四节。言孔子之所以异于伯夷、伊尹者，不在高处，而在平处；不在隆处，而在汙处。汙者，下也；平者，庸也。夷、尹之圣，以其隆高而异于众人也。孔子之圣，以其平庸汙下而无以异于众人也。宰我之论，尧、舜以勋业而隆，孔子以半无勋业而汙。子贡之论，百王以礼乐而隆，孔子以并无礼乐而汙。有若之论，他圣人以出类拔萃而隆，孔子以即在类萃之中，不出不拔而自处于汙，以汙下而同于众人。此其所以异于夷、尹也，此其所以为生民所未有也。

十七日

早，清理文件。饭后与子序围棋二局，写官中堂信一封，加王霞轩信一件。见先锋官三人，白绫抄记六人。见客二次。中饭后写对联八付。又与子序围棋一局，习字二纸，温《史记》《李广传》、《匈奴传》一半。是日申刻接家信，澄、沅各一件。沅论家事甚详。即廿四日在抚州所派去之二人，初四日到家，初六到县。沅弟在县接温弟忠柩，尚未知初六夜省之信。是日大雨，久旱得此，甚慰！

十八日

早，清理文件。饭后见府县一次，看操一次，赏黄大德一人。与子序围棋一局。见客二次，传见哨官三次。用白绫抄记。核改信稿十余件。请黄冠北、程秀夫、谢希迁兄弟三人中饭，申正散。又与子序围棋一局。夜习字二纸，温《匈奴传》仅三页，看文书十余件。是日李少荃自省来，与之谈二次。

十九日

早，清理文件。饭后写耆中丞、雪琴、希庵信三件，见客二次，围棋一局。中饭后习字二纸，写小横披绢笺约四百字。见护卫军哨官二人。温《史记·匈奴传》毕。倦甚，小睡。夜批子序古文二首。眼蒙，不敢看书。

廿日

早，清理文件。饭后见客一次。旋出教场，阅护军营操，中有常山蛇阵，最为可观。赏钱百千，旗十面，午刻散归。见客二次，看信稿十余件。中饭后见客二次。与子序围棋一局。习字二纸。夜，温《游侠列传》。是日王霞轩太守自建昌来，久叙。傍夕与子序登楼，论老年用功，不可有骄气暮气。

廿一日

早，清理文件。饭后会客三次。与子序围棋二局。传见哨官二人。加黄莘农、史士良、万篯轩片各二页。中饭后王霞轩来，久谈。习字二纸。夜温《儒林传》。申刻写祭幛字及对联。近闻江浦、浦口克复，六合亦已合围，下游大有转机，贼势或日衰乎？

廿二日

早，清理文件。饭后写左季高、郭意城信，添骆籲门信。围棋一局。传见哨官二人。未刻，请王霞轩太守便饭，在后楼上设席。申刻温《史记》《公孙宏传》、《相如传》"子虚上林赋"，习字二纸。夜接家信，澄弟一件、沅弟一件、纪泽一件。泽寄《书谱》一本，内有叔父复信一件，如获至宝。从此，温弟灵柩于十五日到家，纪寿恩旨于十六日到家，或许可少释家中之忧虑乎？

廿三日

早，清理文件。饭后看操，赏五人。子序作诗六首，因昨日在后楼宴饮，用何廉昉"将进酒"体，新作六首也。旋送子序归去。写刘霞仙信，写家信，澄、沅、季一件，纪泽一件，三共千五百字。传见哨官二人。下半日，见客二次。夜温《相如传》"喻巴蜀檄"至末。

廿四日

早，清理文件。饭后会客四次，传见哨官二人。至府学看王右军墨池，即曾子固作记者也。至城外拜王霞轩，登舟小叙。中饭后核谢纪寿引见恩折稿，习字二纸，温《南越传》《循吏传》。太史公所谓循吏者，法立令行，能识大体而已。后世专尚慈惠，或以煦煦为仁者当之，失循吏之义矣。因思为将帅之道，亦以法立令行、整齐严肃为先，不贵煦妪也。是日辰刻，发家信，附寄易芝生挂屏四张，宣纸二大张，赵书"楚国夫人碑"八张。

廿五日

早，清理文件，见客一次。饭后见客二次，传见哨官二人。写胡润芝信一件。批许仙屏诗五首。核景德镇两月以来攻剿情形折稿，又核片稿一件。中饭后习字二纸。大雷雨。温《汲郑传》，又《酷吏传》，未温毕。写小屏四张。接家信，即初四所发信之回音也，澄侯一件、沅甫一件、纪泽一件。知温弟忠柩于十四日到家。蛇龙车日行六、七十里，诚可贵也。叔父病尚未大好，不知得纪寿恩旨后，可略好否？纪泽又寄"临《书谱》"一本、"临《崇福寺记》"一本，因请李少荃批阅。

廿六日

早，清理文件。饭后见岳字营哨官三人。出门拜李太守、元太守二处。出城至振字营、护军营、湘前营，未正归。在外遇雨，各营气象尚属整肃。中饭后习字二纸，阁各处私缄、公牍。接左季高信，知永州大获胜仗，城围立解。是日发报五百里景德镇两月以来攻剿情形一折、纪寿及岁引见谢恩一折。老营添勇，俟南路稍松，再赴景镇一片。温《酷吏传》毕，及《佞幸传》。

廿七日

早，清理文件。饭后见客三次，传见哨官三人。接家信，澄侯一件、沅甫一件，系初八送纪寿信之回音。翻阅《四书》一遍。用白绫写《论语》《孟子》中最足警吾身者，约廿余章。中饭后，习字二纸，温《滑稽传》。夜温《大宛传》，未毕。思人心所以扰扰不定者，只为不知命。陶渊明、白香山、苏子瞻所以受用者，只为知命。吾涉世数十年，而有时犹起计较之心，若信命不及者，深可愧也。

廿八日

早，清理文件。饭后看戈什哈操，赏五人。写白绫帐檐毕。翻阅《陔余丛考》。中饭后习字二纸，温《大宛传》毕。大雨，登后楼看。与李少荃久谈。夜，倦甚。又以眼蒙，不敢看书。日中，精神不振，时有怀安之意。巳刻，传见哨官三人。

廿九日

早，清理文件。饭后见先锋官三人。写彭雪琴、胡中丞信。见客一次。阅《陔余丛考》。中饭后习字二纸，温《淮南衡山传》。旋写大字数幅。酉刻，登后楼。灯后，温《货殖传》数页。因眼蒙不敢多看书。日内，念不知命、不知礼、不知言三者，《论语》以殿全篇之末，良有深意。若知斯三者，而益之以《孟子》"取人为善，与人为善"之义，则庶几可为完人矣。

卅日

早，清理文件。饭后见先锋官三人。写张小浦信，改信稿五件。接何廉昉信，写作俱佳，依恋之意，溢于言表，才士不遇，读之慨然。倦甚小睡。剃头一次。中饭后习字二纸。温《货殖传》毕。夜接孙芝房信，告病体垂危，托以身后之事，并请作其父墓志及刻所著诗十卷、《河防纪略》四卷、散文六卷；又请邵位西作墓志，亦自为手书别之，托余转寄。又接意城信，告芝房死矣。芝房于去岁六月面求作其父墓表，余已许之。十一月又寄近作古文一本，求余作序。余因循未及即为，而芝房遽归道山，负此良友，疚恨何极！芝房十三岁入县学，十六岁登乡举，廿六岁入翰林，少有神童之目，好学励品，同辈所钦。近岁家运极寒，其胞弟鳌洲、主事叔孚孝廉相继下世，又丧其长子，又丁母忧，又丧其妻，又丧其妾，皆在此十年之内。忧能伤人，遂以陨生。如此美才，天不假之以年俾成大器，可悲可悯！因忆道光廿八年刘菽云将死之时，亦先为一书寄京以告别，请余为作墓志。凡内伤病，神气清明不乱，使生者愈难为情耳！

四 月

初一日

早，各员弁贺朔，见客至巳正始毕。传见哨官三人。写何廉昉信，请渠来看次青病。中饭后，习字二纸。温《史记·太史公自序》，申正毕。写对联、条幅。夜眼蒙，不敢看书，至次青房久谈，问渠病状。清理文件。日内，思八法"侧、勒、努、趯、策、掠、啄、磔"八字，颇难领略。趯如斯螽之跃，即田间蚱蜢，《诗》所谓"趯趯阜螽"者也。磔如磔石之磔，必右手反揭，向上一掷捺。用之横末，亦可用之。

初二日

早，清理文件。饭后见哨官三次，见客二次。写左季高、郭意城信。倦甚，小睡。中饭后，温《东越传》。习字二纸。又温《卫霍传》。登后楼晚眺。是日核稿数件。

初三日

早，清理文件。饭后出城，看各营合操。吉中营为中路先锋，护军右营为接应；湘前营为右路先锋，岳字中营、后营为接应；强中营、振字营为左路先锋，振副营、升字营为接应；余立中路之后，护军中营、右营及戈什哈等排列护之。各营皆派队在前，装作贼队，与官军对敌。回合数次之后，皆撒作圆墙子，凡撒十一处，各放排枪三轮，然后卷塘收队。中路吉字三营先收，护右营次之，余次之，护中、护左又次之。右路湘前营先收，岳中次之，岳后又次。左路振营先收，强中次之，振副次之，升营又次之。午正归，见客二次。中饭后，写家信，澄、沅、洪一件，夫人一件。史士良来，久坐二时许。又见客二次。夜腹胀，泄数次。核稿数件。

初四日

早，发家信，添写泽儿信一片，计三信、奏章一本、纪泽字二本、日记一本。饭后，清理文件。见客二次，见哨官二次。因昨夜腹泄未睡，小睡至未刻。温《西南夷传》《朝鲜传》。未正请客，史士良、李凤洲、张伴山便饭，酉刻散。夜，习字二纸。接家信，澄、沅各一件。

初五日

早起。饭毕，至教场看湘前、强中营操演，午刻毕，赏钱百千、旗十面、猪十只，营务处所备也。归，见客二次，传见哨官三人。中饭后，清理文件。史士良来辞行，久谈。约二时许。旋登楼，困甚。夜习字二纸。是日觉身不爽快，盖阳气不足，畏初热天气。又以看操、会客等事颇困疲，日内腹泄，亦不免委顿。夜饭禁油荤。早睡。

初六日

小病，晏起。早饭后因病不见客。旋清理文件。阅《书画谱》。中饭后，习字二纸。温《日者传》《龟策传》。倦甚，小睡。夜温《项羽本纪》十页。是日禁食油腥。

初七日

因病晏起，清理文件。早饭后温《项羽纪》毕。接胡中丞及雪琴信，内附京信二件。倦甚，小睡。中饭后，温《高祖本纪》，至二更未毕。是日尚病，禁油荤。傍夕，至楼后歇凉。念吾在江西数年，五年在南康，景象最苦，六年在省城，亦以遍地皆贼，同事多猜疑，心不舒鬯。此外，四年在九江月余，七年在瑞州月余，亦无佳兴。去年，住建昌五个月。虽军事无起色，而意兴较好。本年在抚州，所居谢氏宅颇宽。后有高楼，俯临城阛，外瞰盱江，境况较昔年远胜矣。

初八日

早，清理文件。饭后温《高祖纪》毕。见客三次。倦甚，小睡。中饭后，温《秦本纪》，至二更毕。见客，陶仲瑜来，久谈。写字、对联、挂屏，共约四百字。灯后清理来文数十件。习字二纸。日内颇好写字，而年老手钝，毫无长进，故知此事须于卅岁前写定规模。自卅岁以后只能下一熟字工夫，熟极则巧妙出焉。笔意间架，梓匠之规也。由熟而得妙，则不能与人之巧也。吾于三四十岁时，规矩未定，故不能有所成。人有恒言，曰"妙来无过熟"，又曰"熟能生巧"，又曰"成熟"，故知妙也、巧也、成也，皆从极熟之后得之者也。不特写字为然，凡天下庶事百技，皆先立定规模，后求精熟。即人之所以为圣人，亦系先立规模，后求精熟。即颜渊未达一间，亦只是欠熟耳。故曰：夫仁亦在乎熟之而已矣。

初九日

早，清理文件。饭后至后楼看操，赏五人。写雪琴信一件，核信稿六件。中饭后习字二纸，写挂屏四幅，温《史记·吕后纪》。是日，护军营有勇在河东汤姓村内被百姓打伤，百姓前来喊禀。交发审所讯问。问未毕，派抚州兵二人、临川差二人、亲兵二人，往汤村取回所捉留之勇。该村又将抚兵及差与兵等捉留，至夜始归来。乡间刁风，亦可恶也。日内办事颇倦，仍禁荤腥。

初十日

早，清理文件。饭后见客二次。温《五帝本纪》《夏本纪》《殷本纪》，倦甚，在床上看书。志不能帅气，老而不变，可愧也。未刻请客，曾春甫庶常、陶仲瑜太守、曾种泉优贡，至酉刻散，在外散步。夜习字二纸，拟作《晚霞楼》诗，未就。

十一日

早，清理文件。饭后写胡中丞信、李希庵信。见客二次。午正倦，小睡。接各处信缄，核信稿六件。中饭后写对联、条幅，会客一次，习字二纸。申刻出门，送陶仲瑜之行。接王人树之信，言东安失守，新宁、宝庆均紧急之至，石逆在祁阳矣。若果宝庆疏失，则湘乡亦自可危。江西、湖北各营湘勇不无内顾之忧，所关颇大。夜，盛四来，接家信，尚平安。六弟廿七日葬上峰庵矣。温《周本纪》五页。

十二日

早，清理文件。饭后写邵蕙西信、袁漱六信，加耆中丞信三页，共约千五百字。中饭后，习字二纸，写对联、大扁。夜，倦甚，精神委顿之至。年未五十，而早衰如此，盖以禀赋不厚，而又百忧摧撼，历年郁悒，不无闷损。此后，每日须静坐一次，庶几等一溉于汤世也。

十三日

早，清理文件。饭后看戈什哈演操。写邓瀛皆信。旋小睡。又添漱六信、位西信。中饭后，写家信，令纪泽勿来营。旋写扁对，戌正毕。夜倦甚，早睡。日内意兴索莫，精神困顿，不克振作，盖老境侵寻之故。是日见客一次。

十四日

早，清理文件。饭后见客三次。派人至邵位西、袁漱六处，派人送信回家。倦甚，久睡。与次青叙谈。中饭后习字二纸，写纨扇一柄，温《周本纪》毕。是日，胡中丞派人送参茸丸二瓶来。接家信，澄弟一件、沅弟一件、纪泽一件。

十五日

早，各员弁贺望，至巳初早饭。饭后见客六次，写胡中丞信、沈幼丹信。中饭后见客一次。何廉昉太守自河口来，与之久谈。习字二纸。又添胡中丞信一页。与次青、少荃等谈。读张文瑞公《聪训斋语》文和上澂怀园语。此老父子学问，亦以知命为第一义。夜，洗澡。近制一大盆，盛水极多。洗澡后，致为畅适。东坡诗所谓"杉槽漆斛江河倾，本来无垢洗更轻"，颇领略得一二。

十六日

早，清理文件。辰正，次青与沈幼丹联姻订庚，请余与李少荃为大媒。次青设宴两席，午初散。写雪琴信一件。中饭后，核信稿六件，习字二纸，写对联、条幅数件。夜温《秦本纪》三页，洗澡一次。

十七日

早，清理文件。饭后看挂扁等事，见客二次，核信稿数件。中饭后热极，因读东坡"但寻牛矢觅归路"诗，陆放翁"斜阳古柳赵家庄"诗，杜工部"黄四娘东花满蹊"诗，念古人胸次萧洒旷远，毫无渣滓，何其大也！余饱历世故，而胸中犹不免计较将迎，又何小也！沉吟玩味久之，困倦小睡。酉初，何廉昉来，久谈，因为余诊脉，言须服燕菜，以滋阴补水。夜与二李久谈。是日巳正出门拜何廉昉、雷西垣二处。

十八日

早，清理文件。饭后看操，赏二人，巳正毕。见客二次，核信稿二件。天气郁热，烦躁之至。未刻下雨，申初大雨倾盆，直至夜分不息。中饭后，习字二纸。温《秦本纪》毕，《孝文本纪》。戌初小睡。初更后，与李少荃、许仙屏言团练之无益于办贼，直可尽废。如必欲团练，则不可不少假以威权。午刻阅《白香山集》闲适诗，又阅后集格诗。夜阅《望溪文集》书后各篇及各书牍。

十九日

早，清理文件。饭后见客四次，传见振字营哨官三人，核信稿数件。温《孝景纪》《孝武纪》未毕。未正请客，何廉昉、雷西垣、曾佑卿三人。饭后，至晚霞楼看雨，酉正散。夜习字二纸，洗澡一次。观何廉昉书扇头小字，倜傥权奇，自成风格。余年已五十，而作书无一定之风格，屡有迁变，殊为可愧。古文一事，寸心颇有一定之风格，而作之太少，不足以自证自慰。至于居家之道，治军之法，与人酬应之方，亦皆无一定之风格。《传》曰："君子也者，人之成名也。"又曰："君子成德之称"。余一无所成，其不足为君子也，明矣。是日，接湖南信，贼窜新宁，恐江忠烈家不免于焚掠，心极悬悬。

廿日

早，清理文件。饭后见客三次，传见哨官三人。添陈季牧、王少岩、张镜澜信各一二页，写郭云仙信一件。中饭后，写许仙屏册页八开。小睡。旋温《孝武本纪》毕。夜将《孝武本纪》与《封禅书》核对，未毕。申刻习字二纸。正值大雨倾盆，门窗皆闭，书册狼籍。是日竟日雨不息，至次早辰后少息。

廿一日

早，清理文件。饭后见客五次，见哨宫二次。写许仙屏册页十三开。写纪泽儿信一件，示以读书之法，宜求博观约取，开列韩、柳及王氏父子所考正书目。是日大雨，竟日不息。写字略多，困倦殊甚，眼花而疼，足软若不能立者，说话若不能高声者，衰惫之状，如七十许人。盖受质本薄，而疾病、忧郁，多年缠绵。既有以撼其外，读书学道，志亢而力，不副识远而行不逮，又有以病其内，故不觉衰困之日逼也。是日未看书习字。

廿二日

早，清理文件。饭后见客一次，传见哨官二次。写仙屏册页七开，约千六百字。写临三、昆八信。中饭后，习字二纸。天热甚。夜，信手习字约三百余。洗澡一次。天气郁热，与次青诸人鬯谈。午正小睡。阅柳文三篇。

廿三日

早，清理文件。饭后写仙屏册页三开毕，人极困倦。写家信。在新椅静坐。中饭后，写对联六幅。傍夕静坐。灯后，接沅甫弟在跳马涧所发信，又接意城信、牧云信，知魏喻义等败挫，衡城危急，因添写家信一页。日内精神困顿，萧然若乏生趣者。又以湖南局势日迫，心中焦闷，益觉难于振作。夜，闻今年会试题《色难有事》，次题《今夫天》，三题《焉能使予不遇哉》，诗题《高车高捆》，得"从"字。

廿四日

早，清理文件。饭后见客二次。旋看《姬传先生尺牍》。倦甚，小睡。中饭后见客二次，写吴竹如信二页，又写九弟信，习字二纸，又阅《惜抱轩尺牍》，写扁字数十个。夜阅《惜抱老人尺牍》毕。觉于德性之间，略有长进。是日早，发家信，寄高丽参一斤与澄、季二弟，又纪泽一件、两甥一件。

廿五日

早，清理文件。饭后见客五次。剃头一次。添袁午桥信一页，周子佩、郭云仙各信二页。中饭后习字二纸。旋写扁额、对联十余件。接家信，闻江忠烈之太公墓为贼所发，不胜愤悒。又闻杨安臣打一败仗，不知在何处也。是日派委员伍华瀚、戈什哈曾德麟往衡州坐探，带勇十人，令每三日送信一次。

廿六日

早起。早饭较常日略早。饭后拜发万寿贺折，派戈什哈彭述清送进京。令其出京后，绕赴天津一行。送郭云仙亲家信。至校场看吉字中营操演，队伍甚整齐，赏钱百廿千、猪十只、旗十二面。午初归，会客二次。与刘岳旸言湘后营事，以刘连捷、李宝贤、萧品元三人为三营，另立营务处，以综理各事，刘岳旸亦在营务处。营务处即与刘连捷共扎一墙子也。中饭后，见各哨官，习字二纸。雨极大。写对联数付。夜读《伯夷列传》，朗诵之，不诵书已近一年矣。是日闻胜帅招降捻目，张元龙收复凤阳、临淮关，又收复霍山、六安州，皖北事势颇顺。又闻江浦失守，扬州被围，张殿臣小挫，江南事机少钝。

廿七日

早起，即早饭。饭后拜客，先至谢家道喜，次至团练总局，次至城外拜各营，湘后三营、湘前营、强中营、护卫军，均少坐。未初归，困甚且饥饿。吾母江太夫人昔年亦患此病，每饥饿思食，不可须臾少缓，余亦如此，盖秉母体也。旋食零杂点心。会客张六琴、何廉昉，久谈。酉初中饭。饭后，沅甫弟到，略谈片刻，弟出城至营盘住。旋阅诸文件，内有胡中丞寄到筠仙信一件。热甚，未能作事。是日应酬颇劳。

廿八日

早，清理文件。饭后见客五次。沅弟来，久谈家事。未初小睡。次青请吃饭，同坐为何廉昉、张六琴诸人，酉初散席。与沅甫鬯论家事，直至夜分三更睡。是日酷暑，又以说话太多，不能成寐。

廿九日

早，清理文件。饭后与九弟鬯谈家事。旋见客二次。午刻小睡。未初写对联十余付、纨扇一柄。申初请客，何廉昉、张六琴、黄冠北、曾佑卿、谢世兄希栻及九弟共七人，酉初毕。热甚。旋出门送何、曾、张、黄之行。夜，热甚，独坐乘凉。旋习字二纸，困倦不能振作。二更三点睡，亦不成寐。

五 月

初一日

早,各员弁来贺朔,至巳正毕。旋清理文件,又见客二次。初热,倦甚,困睡约时许。中饭后,习字二纸。旋写挂屏八幅、对一付。是日刻"闳深肃穆"四字大扁,余守看匠人为之。虽闲甚而汗不止,盖体极弱耳。夜清理文书廿余件。

初二日

早,清理文件。出城至九弟营早饭,久谈。午刻,至升字营。归寓,极热,困睡时许。中饭后,改信稿、四六一首。写左季高、郭意城信各一件。夜,接胡帅及各信。是日热甚,汗多,不能作事,看工匠刻扁。夜二更即睡。

初三日

早,出城,阅岳字营操,巳正毕。见客一次。午刻,九弟来,久谈。写家信一件。清理各文件。中饭后写挂屏八幅。热甚,登后楼小憩,稍凉。夜与九弟久谈。十二日为叔母罗夫人五十一寿辰,寄春罗一匹、夏布四匹、燕菜一匣、洋带二根,交此次送信者带去。添王少岩信一页,周韬甫信一页。

初四日

早,写纪泽信一件。饭后与九弟曾谈一切。午刻,送弟归营。小睡。加王少岩信一片。中饭后写对联、挂屏数幅。是日大雨。下半日写字,天黑。夜接家信,澄侯一件、纪泽一件。泽儿付有新刻《心经》一部,字体略似褚河南《西安圣教序》。又夫人信一件，言泽儿姻事。是日辰刻，派人送家信，并寄叔父、叔母寿礼。所写"闳深肃穆"一扁刻成。是日墨拓二付，自监守工匠为之。日内天气炎热，应酬稍繁，又九弟新至，鬯谈，久不温书习字矣。

初五日

早，各文武贺节，至巳正毕。清理文件。午刻九弟来鬯谈。未正中饭，即幕中诸友与九弟过节，备酒席也。饭后与九弟谈。旋见客二次。热甚，至后楼小睡。夜早睡。腹微痛。日内怕热殊甚，又因蚊蚋太多，怕痒，体弱最难过夏也。

初六日

早，清理文件。饭后见客二次。写胡中丞、彭雪琴信。热甚，小睡。中饭后尤热，九弟来久谈。旋写对二付。夜写家信，澄侯一件、夫人一件。申刻习字二纸。

初七日

早，清理文件。饭后阅各贺节复信稿，未刻毕。中饭后，刘星房来。其子慈民，孝廉，侍之以行。十年旧交，得一把晤，甚为欣慰，久谈至酉初。旋写对联十余付。夜，复与星房谈，倦极。

初八日

早，出城，至九弟营中早饭。饭后至朱唐两营、岳字两营、振字营、护卫军送行，午正归。见客二次。中饭后见客二次。与星房前辈久谈。作"襌服文"一首，定襌服礼仪注。沅弟来，明早共设祭，行释服礼也。夜与沅弟论为人之道有四知，天道有三恶。三恶之目曰天道恶巧，天道恶盈，天道恶贰。贰者，多猜忌也，不忠诚也，无恒心也。四知之目，即《论语》末章之"知命、知礼、知言"，而吾更加以"知仁"。仁者恕也，己欲立而立人，己欲达而达人，恕道也。立者足以自立也，达者四达不悖，远近信之，人心归之。《诗》云："自西自东，自南自北，无思不服。"《礼》云："推而放诸四海而准，达之谓也。"我欲足以自立，则不可使人无以自立；我欲四达不悖，则不可使人一步不行，此立人达人之义也。孔子所云"己所不欲，勿施诸人"，孟子所云"取人为善，与人为善"，皆恕也、仁也。知此，则识大量大，不知此则识小量小。故吾于三知之外，更加

"知仁"，愿与沅弟共勉之。沅弟，亦深领此言。谓欲培植家运，须从此七者致力也。

初九日

早，五更起，行释服礼。盥洗上香后，复位，三跪九叩首。旋行三献礼，送神，又三叩首，仿《大清通礼》中品官祭礼仪注而小变之。与沅弟升降拜跪皆同之。惟上香、献爵二事，余以长子专之。赞礼者为易润坛、阎泰，执事者为李仁俊、陈鸣凤，读祝者为刘崧，进馔者韩升在帘外，史连城在帘内接之，陈鸣凤又接置神案。黎明礼毕，尚属肃穆整齐。旋小睡。早，请星房前辈饭。饭后见客十余次，皆以释服即吉，同城文武官僚前来致贺也。未刻小睡，困甚。中饭后清理文件。酉刻与星房兄畅谈。夜习字二纸，又习大字百余。日内热甚，多汗，精神困乏。本日天气略清凉，而因早起行礼，日中会客太多，亦觉困倦。

初十日

早，清理文件。饭后见客二次。旋写手卷，将初八夜与九弟所说之三恶四知写出一卷，与九弟带去。中饭后，出城送九弟行，畅谈诸务。进城拜客十余家。归，与星房前辈久谈。夜，困倦殊甚，二更即睡。

十一日

早，派盛四往送沅弟，已成行矣。饭后试写《拟岘台记》，字如碗大。因平日不能悬肘，字不能佳。清理文件，倦困之甚，觉说话不出，有似肺萎者，因以燕窝熬糯米稀粥饮之。夜又一饮之。上半日，屡小睡。中饭后见客二次，与星房前辈久谈。观其家科名一单，自太高祖以来已中举卅三人，中进士廿一人，翰林三人，皆在五服之内。其稍疏远者，不过二、三人耳，可谓簪缨盛族矣。星房又言桐城张氏，自前明以来，中举六十六人，中进士十一人，较刘氏恰多一倍，特历年较久耳。余近日困倦之病，何廉昉诊脉，以为肺气太虚。本日提气不上，至于不能说话，肺疾显然，恐非药物所能补摄，仍宜静坐养之。

十二日

早，清理文件。饭后写信，官制军一封、李希庵一件、雪琴一件、张筱浦一件。倦甚，小睡。中饭后与星房前辈畅谈，见客一次，写挂屏二幅。夜写葛睾山信一件。读书之道，杜元凯称，若江海之侵、膏泽之润；若见闻太寡，蕴蓄太浅，譬犹一勺之水，断无转相灌注、润泽丰美之象，故君子不可以小道自域也。是日精神较昨日微好，而气仍不能提起。

十三日

早，清理文件。饭后见客二次。写家信一件。阅张皋文《易经》。倦甚，小睡。中饭后写扁字卅余个，写挂屏八幅，字甚长大，至戌刻毕。夜，与次青谈。是日雨大，竟日不息，念沅弟及各营出征甚苦。至夜，雨尤甚，倾盆而下，天气寒冷，有似秋末冬初。

十四日

早，清理文件。饭后写胡中丞信一件。见客二次。因右目红疼，不敢看字。下半日写纪泽信一片，添胡中丞信一片，核信稿数件。与星房久谈。夜目蒙殊甚。与次青久谈。思夫人皆为名所驱，为利所驱，而尤为势所驱。当孟子之时，苏秦、张仪、公孙衍辈，有排山倒海、飞沙走石之势，而孟子能不为所摇，真豪杰之士，足以振厉百世者矣。

十五日

早，各文武员弁贺望。巳正，清理文件。写郭意城、欧阳牧云信，又加陈季牧、刘为章信各一片。中饭后大雨倾盆。念九弟及各营辛苦殊甚，为之悬悬。接胜克斋信，报皖北事尚平安。接李竹浯信，深情若揭，不忍释手。温《孝武本纪》，将《封禅书》与《武纪》校对同异毕。夜温南海《神庙碑》。日内，右目红疼，不敢多看书。本日试看之，尚无大碍。夜四、五更，大雨如注，悬念各营单帐棚不足遮蔽，下又无草，真可怜恤。

十六日

早，清理文件。饭后写信与九弟，见客二次。午刻写刘慈民挂屏一付、吴子鸾挂屏一付，各四页，又另写挂屏、对联。子鸾名镳，己酉宜黄拔贡，曾取朝考，故以门生礼来见。此屏颇称意，有米老风味。目红疼，因写字多，又加红焉。中饭后吴子序来，与之久谈。酉刻，接家信，澄弟一件、纪泽一件。贼尚在宝庆。湘乡团练颇整齐也。泽儿以手卷临《书谱》一本，拟请徐柳臣批阅。是日因右眼红疼,自未后不复作字看书。

附　记

刘衍南丰人。岁贡生。以训导归本班,尽先选用,不论双、单月遇缺。秉彝。焯。斯禧。五十三岁。

十七日

早,清理文件。饭后因目疼不敢作一事,竟日闭目酣睡。未初,见客一次。中饭后写九弟复信一件、李少筌复信一件。与星房、子序鬯谈,复与次青谈,闻陈云生乃澍病故,年卅六岁,在临川县丞任内,宦况萧条,身后仅余银三两、钱一千,亦足悯也。夜闭目不敢作事。本日,与子序言圣人之道,亦由学问、阅历渐推渐广,渐习渐熟,以至于四达不悖。因戏称曰:乡人有终年赌博而破家者,语人曰:"吾赌则输矣,而赌之道精矣。"从古圣贤未有不由勉强以几自然,由阅历悔悟以几成熟者也。程子解《孟子》"苦劳饿乏,拂乱动忍"等语曰:"若要熟也,须从这里过。"亦以赌输而道精之义为近。子序笑应之。

十八日

早,清理文件。饭后见客一次。旋因眼蒙酣睡,至未刻乃起。中饭后,写挂屏八付。至后楼与子序畅谈,至灯时始下。夜因眼蒙仍不敢看书。

十九日

早,清理文件。饭后写三《通》首页。谢家刻《通典》《通考》初成,求署首也。旋写零大字数十,因目疼尚未好,不敢看书。中饭后改信稿十余件,至酉刻毕。夜与星房、子序鬯谈。温《张署墓志》。申刻,接九弟信,又接郭意城信,知宝庆近事尚未少松。湘乡团练虽尚认真,如贼果窜入,犹属可虞。

廿日

早,清理文件。饭后写郭意城一件。目蒙特甚,不敢作字,午正小睡。中饭后,写九弟信一件。以目蒙之故,中心烦燥。是日,盱江大水,封桥。饶枚臣镇军新到,在河东不能过渡。剃头一次。夜,与星房久谈。旋写零字百余。子序来营,久谈。

廿一日

早,清理文件。饭后添吴竹庄、胡蔚之、甘子大、易芝生各信一、二片,写郭雨三信,约共千余字。中饭,吴子序设席,请陪刘星翁也。饶枚臣镇军来,久谈。旋又见客二次。热甚。与星房久谈。夜阅次青作古文一首。

廿二日

早,清理文件。饭后见客二次。旋出城送刘星房前辈,又回拜饶镇军,至陈家吊丧。归寓,眼蒙,不敢作事。中饭后,写对联三付。热甚,目尤蒙。戈什哈黎登照自广东回,闻叶制军已死,夷人归其尸,以水银养之得不坏。柏中丞已死,江方伯已奏请开复等语。

廿三日

早,清理文件。饭后见客二次。写张筱浦信。因目疾,小睡。翻阅《明史·严嵩传》。未刻,请饶枚臣中饭。热甚,又以目蒙,不敢作一事。夜,接沅弟廿日信。因桑叶洗眼。酉正,至后楼乘凉,与子序论"敬、和"二字,因言天先乎地,君先乎臣,男先乎女,吏亦当先乎民,所谓天下济而光明也。

廿四日

早,清理文件,写澄侯弟信一件。饭后写沅甫弟信一件。接澄弟及纪泽十三、四日信,知萧浚川于初九日自衡起程,十四日可至宝庆,大约桑梓事不足为虑矣。庄思永自省来。其父庄木生送《宋诗纪事》一部、初印王伯申《经传释词》一部、朱彬《经传考证》一部、《杨文定集》一部。因阅朱彬书,其训诂考证亦与王伯申先生相仿,其言《书经》"大"字多语助词,则前人所未发也。中饭后,写对联九付。天热,目疾未愈,不敢多作事。夜,倦甚。以桑叶洗目。早睡。

廿五日

早,清理文件。饭后见客二次。巳刻,饶镇军来辞行晋省,余亦出城送行。写雪琴及胡中丞信。中饭后习字二纸,温《史记》《年表》、《月表》,与子序谈经史训诂,颇多相合处。夜写纨扇二。与次青论姜瀛大通事。是日,核奏稿一件、片稿三件。

廿六日

早，清理文件。饭后写雪琴信一件。见客一次。旋小睡，困甚。中饭后学习字二纸，写挂屏、对联十余件，温《史记·年表》一、《礼书》一。热甚。夜，作晚霞楼对一。温《平淮西碑》。接胡中丞及雪琴信。

廿七日

早，清理文件。饭后因新买大笔，写极大匾字十余个。作孙芝房之父母墓表。未正，与子序围棋二局。天气极热。念九弟与各营在景镇极辛苦也。傍夕，登后楼歇凉。夜作孙太公墓表，至三更未毕，羌久不作古文，机轴生矣。

廿八日

早，阅戈什哈战箭，罚三人，革四人。饭后，围棋一局。旋将墓表作毕。见客三次。中饭后，见客二次。写对联、条幅十余张。围棋一局。夜，北风，大凉，在后楼久坐。是日午刻阅《梅伯言文集》二卷。申刻接胡中丞信、季洪信。

廿九日

早，清理文件。辰，饭后写九弟信一件，将季弟及各处信并京报等件带去一阅。旋小睡。中饭后习字二纸，写对九付。阅《梅伯言文集》。夜，与子序围棋一局。接湖南信，尚平安无它虑，惟宝庆尚未解危耳。是人派员解银五千与萧浚川营中。

六 月

初一日

早，各文武员弁贺朔，至巳正应酬毕。阅《后汉书》《文苑传》、《儒林传》。小睡。中饭后，与子序围棋二局。旋写对联、扁额十余件。余近日常写大字，渐有长进，而不甚贯气，盖缘结体之际不能字字一律。如或上松下紧，或上紧下松，或左大右小，或右大左小。均须始终一律，乃成体段。余字取势，本系左大右小，而不能一律，故恒无所成。推之作古文辞，亦自有体势，须篇篇一律，乃为成章。办事亦自有体势，须事事一律，乃为成材。言语动作亦自有体势，须日日一律，乃为成德。否则，载沉载浮，终无所成矣。夜阅《梅伯言文集》。眼蒙，不敢注视。洗澡水多，甚邕快。是日酉刻，阅亲兵操演。

初二日

早，清理文件。早饭后写雪琴信一件、胡中丞信一件、季洪信一件。见客二次。小睡。中饭后写对联六付，习字二纸。接九弟信，知廿六日两获胜仗。夜接家信，知宝庆相持如故，家中诸事平安。夜与子序围棋一局，写纨扇一柄。

初三日

早，阅戈什哈操演。饭后写家信一件与沅甫，又各处与元甫共十余件。旋小睡。中饭后写对联八付、挂屏一付。礼部主事李榕申甫到营，即正月十一日所奏调者，四川人，壬子翰林散馆改部，与之久谈。天阴雨，闷闷，登后楼。夜阅《梅伯言文集》。

初四日

早，清理文件。饭后与子序围棋二局，传见升字营哨官二人。天大雨如注，通屋漏湿。念景德镇官军太苦，徬徨难安。阅《梅伯言文集》。中饭后又围棋一次。写挂屏八幅，其四幅系曾祺所求，颇得意也。接九弟廿八夜信。写家信，澄侯一件、叔父一件、夫人一件，三共约千余字，至夜毕。与何竟海谈带勇之法：用恩莫如仁，用威莫如礼。仁者，即所谓欲立立人，欲达达人也，待弁勇如待子弟，常有望其成立，望其发达之心，则人知恩矣。礼者，即所谓无众寡，无小大，无欺慢，泰而不骄也；正其衣冠，尊其瞻视，俨然人望而畏之，威而不猛也；持之以敬，临之以庄，无形无声之际，常有凛然难犯之象，则人知威矣。孟子曰："君子以仁存心，以礼存心。"守是二者，虽蛮貊之邦可行，又何兵勇之不可治哉？夜，朗诵《赤壁赋》，至三更止，若有会者。

初五日

早，清理文件，发家信。饭后见客一次，传见哨官二人。李申甫来见，久谈。小睡。中饭后写对联三付、挂屏四幅。日内，肝气颇郁。昨夜接奉寄谕，去住两难。念天下之多艰，思身世之难以自立，弥觉郁郁久之。夜困倦殊甚，目光尤蒙，早睡。

附　记

宽十，号端斋

初六日

早，清理文件。饭后传见哨官二人。与子序围棋二局。加耆中丞信三页，派戈什哈王福送省，与之函商密事。又写九弟信一件，专人送景德镇。又写澄侯信一件，不果发。是日大雨，殊虑伤稼。又念各路官兵极为辛苦，不知何以淫霖久不止？闻西北苦旱，直隶、山东皆不能下种，天心尚未厌乱耶？中饭后，看《梅伯言集》。因大雨闷极，诸事不能作。夜，看《左传》，偶阅"成公"毕。

初七日

早，清理文件。饭后传见哨官二人。与子序围棋二局。见客二次。加沉观察信一件。写大字卅余。中饭后，习字二纸，写径五尺大字八个。温《史记·乐书》。静坐四刻许。夜，温《庄子·达生篇》。倦甚，不能作事，目亦极蒙也。

初八日

早，清理文件。饭后见客二次，传见哨官一次。请李申甫中饭。加何愿船信二片。接九弟信二次，知凯章初二日小挫情形。是日淫雨不息，李申甫至灯时方去。本日身体不爽快，有似疟疾初起之象。夜看《文选》《甘泉赋》及天台山、芜城等赋，精神不甚振作。日内思家乡宝庆事紧急，湘乡殊可危虑。又以景德镇久不得下，又以贼势恐将趋蜀，为之悬悬，心绪烦扰不安。又以久雨不止，身体疲困，弥觉郁闷。

初九日

早五更起，拜牌万寿，即在本公馆行礼。随班者，文职州县以上，武职守备以上，凡补缺者，至黎明皆散去。饭后见客二次。是日困倦殊甚，有似疟疾。与子序围棋一局，旋送之归建昌。中饭后写五尺余大字八个，写九弟家信一件。傍晚时尤病，目胀头晕，早睡。旋起看《考工记》。夜，初更即睡。

初十日

早，清理文件。饭后见客三次。写大字十个，皆径五六尺不等。天大雨，无少歇，烦闷之至。午后小睡，中饭后复睡。日内似疟非疟，似病非病，常觉不自振作，一切烦急。夜，写九弟信一件。阅《日知录·易经》。有曰：《易》六十四卦，三百八十四爻，一言以蔽之，曰不恒其德，或承之羞。读之不觉愧汗。

十一日

早，清理文件。饭后，天气渐晴。戈什哈朱长彪自江浙回。接邵位西信，并寄孙芝房墓志铭一篇，又赠我以书籍十四种，内有世德堂《庄子》、莫刻韩文、《古今逸史》及《知不足斋丛书》等种，皆难得者。接漱六书，近有疾，不甚详也。写大扁字十个，见客次。中饭后阅韩文，将位西赠本题识首页，《庄子》亦题首页。夜阅《古今逸史》各种。伊遇姜新刻《周易》，合程传、朱义、吕东莱音训为一，亦甚可爱，粗阅一过。是日谢希迁送《通典》《通考》各五部。

十二日

是日恭逢先太夫人忌日，五更起行礼，斋戒一日。作孙芝房《刍论序》一首，约九百字，至三更始毕。老年作文，颇觉吃力，而机势全不凑泊，总由少作太生之故耳。是日见客三次。

十三日

早，清理文件。饭后看戈什哈弓箭，赏四人。阅位西所送各种书，温《书经·顾命》篇。见客三次。倦甚，小睡。未正请客高蕙生等四人，申正散。与李申甫久谈，至戌刻散。夜写澄侯信，写纪泽信，尚未毕，与之论古文《尚书》之伪。

十四日

早，写纪津家信毕。饭后写雪琴信、胡润帅信、季洪信、沅甫信。倦甚，小睡。看《书经》。中饭后写耆中丞信五页，专戈什哈送省。热甚。夜翻阅位西新送之《知不足斋丛书》，又写《古文尚书疏证》一部。日内因热、目蒙，不敢多读书。洗澡水多，甚畅快。

十五日

早，看湘后营李宝贤营中枪炮，黎明起，至巳初毕。饭后见客三次。李凤洲太守送武童中可充戈什哈者一单，凡卅七人。余前因临川府试考武童，嘱其留心送来也。倦甚，小睡时许。未刻写对联七付。中饭后，见客一次，习字二纸。申刻温《史记》《律书》、《历书》。傍夕剃头。夜温韩文《许公神道碑》。本日热甚，及酉戌以后稍凉。

十六日

早，清理文件。饭后阅武童箭射，挑选八人充当戈什哈。眼蒙，不能作字。写册页七开，易昀荟求写者。久睡。中饭后复睡。目蒙。选放翁律句中可为对联者抄之次青。是日作宜黄县傅培峰传一首，因与之论文。夜接星房前辈信，甚详。

十七日

早，清理文件。饭后见客四次。眼蒙，少睡。改折稿，至未正毕，即奉旨防蜀复奏之件。中饭后写挂屏六幅、对联五付。眼蒙殊甚，不能作事。夜与次青论古文之法。次青天分高，成就当未可量。是日，思白香山、陆放翁之襟怀澹宕，殊不可及。古文家胸襟虽淡泊，而笔下难于写出。思一为之，以写淡定之怀，古所谓一卷冰雪文者也。

十八日

早，闻景德镇克复。各文武来道喜，见客凡十次。早，请高蕙生便饭。中饭后写郭意城信、刘霞仙信。上半天写小行书扇一柄寄家。夕，眼蒙甚。洗澡一次，甚快，因本日未申间极热也。读震川文数首，所谓风雪中读之，一似嚼冰雪者，信为清洁，而波澜意度，犹嫌不足以发挥奇趣。

十九日

早，清理文件。写澄侯信一件、纪泽信一件。午刻，写沅甫信一件。中饭后又添一页。写季洪信一件。巳刻派刘得一送信回家。申刻，派人送信至湖口交季弟。上半天见客四次，李申甫谈最久。未刻习字二纸。接家信，又接各处文件，清理约一时许。夜与次青谈调遣大局。

廿日

五更起，黎明至校场阅升字营操演，辰正阅毕。见客一次。眼蒙，不敢作字，日内积阁信件复多矣。上天日在床渴睡，不能成寐。精力之倦，颇自废然。中饭后热甚。选放翁诗作五七言对联。接各处文件，清理一过。

廿一日

早，清理文件，辰，饭后改信稿六件，复张筱浦信一件。日中热甚，小睡。中饭后，清各处文件，核改折稿一件、片稿一件。阅《天官书》一过。夜极热，四更不能成寐。是日定计，派张运兰一军回援宝庆，余率六千人西上，驻荆、宜等处，保湖北之西路。盖张运兰等军心已摇，只得因势利导，令其回援。

廿二日

早，清理文件。饭后写澄侯信，又写沅甫信，甚长。午正发景德镇克复一疏，又夹片三件。见客三次。改信稿四件，内一件与邓寅皆，论儿子读书，看、读、写、作，四者缺一不可。接季仙九师父子信及胡中丞、左季高等信。清各处来文。夜，看星约时许。是日热甚，不能作字。

廿三日

早，阅戈什哈操演，赏二人，罚五人。辰，饭后，写沅弟信，旋写官制军信、胡中丞信、彭雪琴信。见客一次。是日热甚，移至后楼下小坐，犹觉极热。阅《世说》二卷。

廿四日

早，清理文件。日中，因眼蒙不敢作一字。阅《世说》，以消永日。写扁字十余个。中饭后，温《唐宋诗醇》中韩诗一本。夜，热极，洗澡一次。日内眼蒙特甚，殊难办事。

廿五日

早，清理文件。饭后见客五次。写刘星房信、骆中丞信。是日五更起，看湘后营操枪炮，至巳刻毕。中饭后习字二纸，写扁字廿余个。傍夕郁热，闷甚。许仙屏谈及勒少仲之言虞永兴《夫子庙堂碑》，笔法备尽，前而二王及六朝诸上天智永禅师，后而欧、褚、颜、柳，用笔长处，无不包蕴其中，可谓知言。日内眼蒙殊甚。午未间久睡，夜亦不看书作字。

廿六日

早，清理文件。饭后拜客三家，俱会。写邵位西信。热甚，未刻小睡。中饭，李申甫在坐，久谈约三进许，酉正归去。夜，目蒙，不入房，即在院中乘凉。

廿七日

早，清理文件。饭后见客二次。旋作林君源恩殉难碑记，至戌初毕。清本日新到文件。夜，与次青谈，因渠日内疟疾甚重也。热甚，眼蒙。本日作文稍快，亦机轴渐熟之故。

廿八日

早，清理文件。饭后见客二次。写沅弟信一件、李少荃信一件。接家信，知鼎二侄于六月十四日殇亡，宝庆城守如故。改信稿数件，又将昨日所作文略为修改。中饭后阅《世说》。酉刻，阅戈什哈操，罚三人，赏七人。夜热甚，不能作事，亦不能睡。五更微睡，亦不酣适。

廿九日

早，清理文件。饭后与次青久谈。渠疟疾少轻，足为一慰。写九弟信，改信稿五件。热甚，目蒙，不能作字，因在床假寐。中饭后见客三次。是日折弁自京师归。接云仙信，知天津海防于五月廿五日大获胜仗。夜阅丹元子《步天歌》。

卅日

五更起，阅湘后营操枪炮，巳刻毕。早饭后写四寸大字二百、对联三付。小睡。中饭后写左季高信、郭意城信。夜写澄侯弟信。阅丹元子《步天歌》。是日眼蒙殊甚，不能作字。

七 月

初一日

早，各员弁贺朔，至巳正毕。写大挂屏三页，字径四寸，约三百字。中饭后沅甫弟来鬯谈一切，至更初散。是日剃头一次，洗澡一次。

初二日

早，清理文件。饭后写家信，专人送季弟。写大挂屏三页，《拟岘台记》写毕。午刻核定南安保单。日中小睡。中饭后见客二次，与九弟鬯谈一切。曾德麟自永丰来，接王冠珪外甥信，湖南尚平安。夜与九弟谈至三更。天极热，不能成寐。

初三日

早，沅弟疟疾复发，病颇不轻。接澄弟、泽儿等家信。热极，不能作事。见客三次。中饭后，写养素信一件，写对八付、扁三幅。九弟病，竟日不愈，次青亦未好。夜，即在大厅宿，因房内太热之故。

初四日

早，清理文件。饭后与九弟鬯谈。见客三次。是日极熟，不能作一事。申刻，至拟岘台，绅士公请于此。二更二点宴罢，归，疲困已甚。然今岁当此盛暑，尚能终日欢宴，较之往岁，已觉身体略好矣。

附 记

刘廷选候选县丞，六年七月准保知县，六琴请续保

初五日

早，清理文件。饭后，查南安保举案内各单。见客四次。热极，小睡。酉初至拟岘台赴宴，府县请饯行也。是日早，至城外一次，寻林秀三殉难之地，将立碑于此。同往者为邹峄峰、何镜海及绅士曾祺、都司李升平。是日，送府县各匾一块、对联一付，送绅士曾春甫庶常程仪百金；绅民亦公送万民伞及旗、匾之类。

初六日

早，出门拜客辞行，巳正归。见客七次，皆来送行者。旋写胡中丞信一件、雪琴信一件。剃头一次。与九弟鬯谈诸务。何廉昉自河口来送行，张六琴、黄冠北、程秀夫等自建昌来送行。是夕应酬颇忙。

初七日

黎明早饭，饭后起行。绅士十余人在街上摆酒饯行。廿五里至凯墟打尖。又廿里，至云山宿。天气极热。夜在山上歇凉，小睡。二更尽，始回寓。

初八日

黎明早饭。饭后行四十五里，至进贤县住宿。进贤城内有小河，由水门出，通城外一湖。是日奇热。傍夕，登舟至城外泛月，二更归宿。临川邹令送至进贤县止。

初九日

黎明早饭。饭后行卅里，至罗溪早尖。尖毕，过河，水面宽二里许。又行卅里，至茌港住宿。南昌界也，进贤魏令送至此止。李小泉、黄印山自南昌来接，吴子序自建昌来送。是夕申刻，同至河岸一店内乘凉。戌初下雨，少凉矣。

初十日

黎明早饭。饭后行廿里，至武阳渡早尖。又行四十里至省。耆中丞以下文武皆出城迎。少谈片刻。旋至公馆，仍住陶家花园，去年寓处也。见客七、八次。灯后，沈幼丹来鬯谈，至三更去。日来极热，昨夕小雨，本日又雨，甚觉凉快。

而因应酬太繁,亦觉困倦。

十一日

早,见客数次。饭后出门拜客,抚藩臬粮道皆会晤,余亲拜十余家,未正归,见客六次。夜,沈幼丹来久谈。接奉朱批,即廿二日所发者。余以克复景德镇从优议叙,沅甫奉旨以道员用。

十二日

早,清理文件。饭后会客十余次。中饭,请幼丹、霞轩诸人便饭。季弟自抚州来此鬯谈。写沅弟信一件。接探报,湖南宝庆于廿九日解围。夜与季弟久谈。

十三日

早,清理文件。饭后出门拜客,至未正归。旋见客五次。申正倦甚,酣睡至灯初起。夜写家信,澄弟一件、夫人一件,与季弟鬯谈。是日,接寄谕一道,命派兵越境出剿皖南。午刻,拜徐柳臣前辈,语及纪泽草字,深蒙许可。且言渠所见之人,未有廿一岁能及此者,余以不能沉雄深入为虑。柳臣言作字如学射,当使活劲,不可使拙劲;颜、柳之书,被石工凿坏,皆蠢而无礼,不可误学。名言也。

十四日

早,清理文件。旋写纪泽信一件、沅甫弟信一件。见客五次。中饭后写对联六付。天气酷热,难于治事。申刻少睡。季洪弟下河先行。夜与沈幼丹鬯叙。是日接家信,纪泽二件、芝生、牧云各一件。

十五日

早,各员弁贺望。旋见客五次。午刻写宫保信、雪琴信、王孝凤信,三件。中饭后,刘养素来,久谈。旋出门辞行。耆中丞及养素处拜会,余亲拜。归,过幼丹处小坐。夜热甚,不能作事。是日剃头一次,洗澡一次。明日将起行,本日多有送礼者,或收一二色,或四色不等。惟耆中丞送礼八色,全收。内如徐柳臣送陈墨四锭,刘石庵横披一幅,最可爱。李辅堂、姚石樵各送墨四十八锭、信笺二匣,皆适于用。又吴学山去年送宝晋斋一套五本,寄存渠处,本日取来,亦尚佳也。

十六日

早起即饭。饭后见客二次。旋至盐局小坐。辰正起程，抚藩以下文武送至滕王阁。巳正开船，行十里，因逆风小泊二时许。申初开行，酉正至王家渡湾泊。李小泉、少荃、申甫三人灯后始到，久谈至二更二点散去。三更复开行，卯初，行至昌邑山，约夜行九十里。日间行船不甚热，而夜间却热。

十七日

黎明，自昌邑放船至吴城，南风甚顺，巳刻已到。同知蔡芥舟、锦青迎至署内小住。见客甚多。中饭二席，同席者胡莲舫、李筱泉，因在吴城开局，为余办报销，皆局中人也。申正，至报销局拜会胡、李二公之外，又有陶仲瑜、甘子大、张小山、邓少卿诸人。夜归，热甚，洗澡一次。

十八日

早，清理文件。旋见客四次。巳刻至望湖亭赴宴。蔡芥舟觞余于此，共二席。湖光山色，清风徐来，为之一快。未初归。阅吴城报销局所造各册及江南、湖北各底册，申正阅毕。夜，芥舟、筱泉诸人来久谈。

十九日

早，清理文件。饭后见客数次。登舟开行，西南风极顺。巳正过南康，风利不得泊船。星子县令胡蔚之来见，因送至湖口。未初已至湖口。杨厚庵军门先自黄石矶来，至湖口迎会。见客十余次，疲困殊甚，气短不愿多说话，又若受暑气者。睡梦朦胧，不甚清了。夜早睡，彻夜不甚安恬，盖体弱畏暑畏劳之证。景德镇调来各营，朱、唐、喻、张俱扎段窑，振字营扎小池口矣。

廿日

早，晏起。见客四次。旋至厚庵处小坐。乏甚，久睡。未正，雪琴备席宴会浣香别墅，二席，余与厚庵、普饮堂、胡莲舫、李小泉、少泉、许仙屏、李申甫、胡蔚之诸人与焉。昭忠祠五席，各营官、委员与焉。盖雪琴所修昭忠祠，中厅为各营官、哨官神主在焉，后厅为各勇神主在焉。西一所为报慈禅林僧徒所居，其后为观音阁，中一层为钟馗楼，楼之西为坡仙楼，刻东坡记于壁。东一所为浣香别墅，中一层为听涛眺雨之轩，后一层为芍芸斋。斋之后身为且闲亭，亭下有小池，有假山、石洞，穿洞而出，登山为锁江亭。余去岁及今过此，皆住芍芸斋。中饭后日入，见客三次。是日北风，季弟乘风先上黄州去矣。午刻接寄谕一道，饬普镇出境，进攻建德。

廿一日

早，清理文件。饭后见客四次。写胡中丞信、庆卫生方伯信。中饭后与雪琴游历亭台，邑叙一切。是日闻戈什哈等在吴城有骚扰地方情事，心为不怿。日内大北风，微有秋意。各勇受热病者甚多，或藉凉风可少瘳乎？

廿二日

早，清理文件。饭后大呕吐，盖自六月底七月初大热，受暑颇深，近又受凉，昨夕大风，停食之所致也。竟日困卧不食。傍夕，始出室外，与厚庵、雪琴久谈。吃饭少许。

廿三日

早，病尚未愈。饭后至河下各处拜客。归，见客数次。久睡。中饭，略吃小碗许。下半日，朱洪章带长胜营来。写澄侯信一件，写雪琴扇一柄。夜与厚庵久谈。厚庵欲回黄石矶老营，留之多住数日。

廿四日

早，病略愈，写九弟信一件。饭后见客三次。改折件二稿：一奉到四次谕旨复奏折，一谢恩折，未刻改毕。中饭后写对联、条幅十余件。见客四次。夜阅《步天歌》。是日巳刻，派潘文质带长夫二人送家信并银二百两，以一百为纪泽婚事之用，以一百为五十侄女嫁事之用。又摹本缎线绉袍褂料各一付，为纪泽制衣之用，并绸里。又大呢套料、羽毛裙料各一丈，为五十制衣之用，并绸里。是日吃饭仍不多，每顿半碗许耳。

廿五日

早，清理文件。晨后写李希庵信、左季高信、阳牧云信。见客四次。未刻发报,即昨所改定之二折也。中饭后写大幅二纸、小屏四幅,颇得意。与杨、彭诸公久谈。写扁字四个。夜写扇一柄,阅《步天歌》。日内病体渐愈。本日饮食已不复作呕,而仍禁油荤,盖荤腥点滴不入口,病自易除也。

廿六日

早,清理文件。饭后写郭云仙信三大页。见客五次。添耆中丞信二页、吴竹庄信二页。与少泉、雪琴等久谈。是日颇倦。因思古人成一小技,皆当有庖丁解牛、蚼蝼承蜩之意。况古文之道,至大且精,岂可以浅尝薄涉而冀其有成者!夜,睡不成寐。

廿七日

早,清理文件。饭后厚庵来坐,谈二刻许。写胡中丞信一件、季洪弟信,添何愿船信一片。六月一信久未发,今此与云仙信并交湖北带去也。见客四次。中饭后写对联、条幅十余件。接奉批折,即前七月初六在抚州所发者。南安保举、三局保举俱照准。与杨、彭诸人久谈。夜与筱泉商各委员去留。

廿八日

早,清理文件。饭后写张筱浦信。见客四次。中饭后写对联、条幅等十余件。见客二次。北风吹雨,登石钟山观音阁,萧然已有秋意。书联一付,留于庙内。撰句云:"长笛不吹江月落,高楼遥吸好云来。"阅欧阳《文粹》《遗粹》,即邵位西所送者。共文二百首,佳篇多不出乎此,而姬传先生所选《古文辞类纂》中,为《文粹》《遗粹》所不录者,即碑志一类,已有十三篇。故知陈氏所选,亦未为尽当人意。夜与李小泉、少泉鬯谈。早睡。

廿九日

早起,清理文件。饭后写字、挂屏、对联数件。见客六次。中饭后观杨军门与李申夫对奕。傍晚,与雪琴棹小舟至石钟山下观石洞。绝壁之下有洞口,口外有昔人珍玉璧五字。攀洞口而入,可数十丈,仍由东大石下出洞口,大石即东坡记中所称可坐百人者也。石钟者,山岩中空,其形如钟。东坡记叹李渤之陋,不知坡亦误也。上钟山之下,亦有深岩,余未及游。灯时归。夜阅《步天歌》。

八　月

初一日

早，各员弁贺朔者、送行者，共见客十余次。饭后，至厚庵处少坐。辰正起程，至雪琴舟次少坐。旋登舟开行。是日东北风顺。厚庵送至十八号归去。未初至小池口小泊。登岸观贼匪所筑新城。城基不坚，已塌卸矣。旋至九江城西，泊龙开河内。见九江知府福绵二次，余客见六七次。写胡中丞信一封。是日风顺，本可再行三四十里，因雷西垣千里来送，未得一见，不得不在九江少候。夜与雪琴、少泉、申夫鬯谈。阅《步天歌》。

初二日

早，清理文件。饭后与雪琴、少泉、申夫往谒周子墓。墓距九江府城十五里，在石塘铺之东南五里。辰正起行，巳正到。其地发脉于庐山之莲花峰，东行至江滨，绕折迤逦皆平岗，绕至西头，入脉结穴，系铃穴。两铃本沙，环抱甚紧，坐北向南。近案为一金星，远朝即莲花峰，所谓回龙顾祖也。溪水从右流出，微嫌左手外沙太少耳。墓为咸丰五年正月罗罗山所修。坟顶结为龟形，约高六尺，径一丈四五尺，罗围高约三尺。罗围后身碑三通：中为罗山所撰碑文，东为周子旧碑，西为太极图。坟之南为小牌坊，亦碑三通：中为仙居县太君贡氏，周子之母也；东为周子墓，碑系罗山所书；西为缙云县君陆氏，德清县君蒲氏，周子之配二夫人也。申初还营。见客三次，颇困倦。雪琴作诗一章。接澄侯弟信一件，自永丰发；季洪弟信一件，自黄州发。将欧公文为姚姬传所选、而《文粹》《遗粹》所不收者清出，将抄补于《遗粹》中。

初三日

早，清理文件，见客二次。饭后进城拜客五处，福太守绵处拜会，余亲拜。旋至塔公祠少坐。祠为李迪庵所修，尚坚实整齐，午正归。未刻，与雪琴、少泉、申甫三人游山，谒岳武穆王母姚太夫人之墓。墓在九江南四十余里。坐船行四十里，至沙河镇上岸，又陆行八里许。墓上地名株岭，山水粗顽，非佳域也。在山上已更初矣。执灯归船，二更始至所坐船，为后营萧辉廷之长龙船，即在上住宿，未带铺盖也。其地去沙河镇二里，去李鹿革制军之宅一里许。

初四日

黎明起。饭毕，再入山谒岳武穆王之配李夫人墓。墓去沙河镇十一二里许。去株岭姚太夫人之墓之西，名曰太阳山，坐北向南。坟下三丈许有陈岩叟坟。岳夫人墓不知其初所据。明宏治九年，童某修县志，以为葬在此。厥后嘉靖六年，何某修志，以为不葬在此，系与姚太夫人合葬株岭也。嘉靖十年，陈氏坟遂葬于下方。至崇祯二年，岳、陈二家拘讼，逮本朝康熙、雍正，讼百余年，久不决。至乾隆五年，九江府知府施君廷翰判断，定为岳夫人实葬在此。陈氏坟因其太久，亦不复迁。二姓皆永禁进葬。遂为定案详。巡道李君振云批，亦以童志为断。今详文并批，皆刻于东一碑石，西一碑系朝隆十年县令禁刍牧者。墓有古树，皆乾隆中所禁，近年亦枯朽矣。巳正归舟。舟行出沙湖，申刻至九江老营。热甚。酉正，西风作，始渐凉也。见客二次。夜，与雪琴、少泉久谈。清理文件。是日接季洪弟信，知将回湘乡募勇。接胡宫保信，知皖北军事日坏。阅京报，亦以定远失守，胜翁皆交部严议也。阅《步天歌》。是夕，思作书者宜临帖、摹帖；作文作诗皆宜专学一家，乃易长进。然则作人之道，亦宜专学一古人，或得今人之贤者而师法之，庶易长进。

初五日

早，清理文件。饭后将《欧阳文忠公全集》清检目录，共百五十三卷，附录五卷，至未正清华。拟派人至江苏接陈作梅来营，写信一件，自添二页。夜写袁漱六信一件。阅《归田录诗话笔记》。胡中丞寄来京信一件，知胜翁互相讦参。翁自定远失守，兵饷两空，所处之境甚穷。

初六日

早，写漱六信毕。饭后写季仙九先生信一封。派戈什哈朱长彪往溧阳迎接陈作梅，寄途费银百两。李少泉亦派一家丁同去。巳初起行。余亦即于巳初开船。见客二次。是日风色不甚顺。自九江以上，须得东风，沂流乃顺。本日北风甚微。行卅里，至陆家嘴泊宿。与雪琴久谈。登岸散步，行半里许，天气甚热，与少泉露坐久谈。阅次青代雪琴所为《昭忠祠记》，将一二不稳处批出。

初七日

黎明开船，逆风逆水。以十余人曳牵而上，未刻至隆平。团首胡玉堂来接，团勇沿江岸迎送。湾泊二刻许，复开行。傍夕至武穴。广济县方令来接。方名大湜，巴陵人，附生，保至令职。厘金等局委员李宗涑、胡复初、童焕藻、单发轫、曾纪镶皆来见。灯时始泊船，与雪琴、少泉久谈。夜，大东北风。是日改信稿廿余件，写张小浦信一件。夜阅《步天歌》。接九弟在袁州所发信，系七月廿日寄强中营，便勇带来者。又有方桀成者，亦安州人，上年避难来鄂，胡中丞派其在武穴当差，本日亦来见。据称，何子永慎修八年四月在英山天花坪被贼扰，七年赴颍州太和县教谕戴汉翔处矣。是日，阅《书记·顾命》等篇，如有所悟。

初八日

黎明，自武穴开船，大顺风。行卅里，至富池口对岸，即无风矣。至田家镇扯牵，行四十里，至蕲州。是日共行八十里，申正即到，因各所委员船只未到齐，故不可独行也。蕲州知州彭应鲤来见，都司咸恒来见，带湘勇者欧阳正埔、王载驷自陈德园来见，带鄂勇者杨镇魁自张家塝来见。外又见客三次。与雪琴久谈。夜，与李少荃、申甫皆久谈。是日，写挂屏四幅、对联一付。作湖口水师《昭忠祠记》，未毕。接胡中丞信，内有京信一件，知夷人于何根云制军处来文，甚恭顺，可喜。

初九日

未明，自蕲州开行。余以各粮员船尚未赶上，令其少息。辰刻复开，行六十里，申刻至道士洑。少湾泊，复过江，行十五里，至散花料湾宿。是日，共行七十五里。风逆水逆，曳牵强行，各委员船皆跟不上。在舟中将《昭忠祠记》作毕。又写挂屏五幅，合昨日共八幅。写《丰乐亭记》送胡中丞。夜写信一件，交胡署亲兵带去，并带屏幅。夜与彭、李诸公邕谈。是日接家信，系沅弟八月初一在一宿河专勇送来者，内澄弟一件、沅弟一件、欧阳夫人一件、纪泽儿一件，并附余甲辰所作《五箴》、丙午所作《原才》稿来，展读如逢故人也。夜，阅《步天歌》。是日，思古文之道，谋篇布势是一段最大工夫。《书经》《左传》，每一篇空处较多，实处较少；旁面较多，正面较少。精神注于眉宇目光，不可周身皆眉，到处皆目也。线索要如蛛丝马迹，丝不可过粗，迹不可太密也。

初十日

黎明，自散花料开行，风逆水逆，曳牵行七十五里，酉初至下巴河湾泊。是日热甚，在舟中不能做一事，仅会客六次，皆黄州营官及现扎巴河之朱品隆等各营官。武昌、黄冈两县令亦来接，候会见也。亥刻，胡中丞棹轻舟来会。厉伯苻自省城、王孝凤自武昌来，皆久谈，至四更二点方散。

十一日

黎明开行，巳正至黄州，即住黄州府署内。胡中丞住署西之雪堂，相去约一箭许。见客十余次，困倦实甚。戌刻上席，三更始散。天气极热，与六月无异。余素畏应酬，又怕暑热，本日颇觉难耐。

十二日

早起，见客三次。饭后见客四次。午初，出门拜客，会周立庵太守。写家信，澄、沅两弟一封，纪泽儿一封，共千余字。申正少睡。戌刻入席，更初散。与胡中丞久谈。是日亢热异常，心颇烦闷。

十三日

早，见客三次。饭后小睡。未刻写对联数首，申刻毕。中饭，与胡中丞、厉伯符诸公邕谈。夜倦甚，若将呕吐者然，早睡。是日核信稿十余件。

十四日

早，清理文件。饭后见客三次，与胡中丞邕谈，写对联、挂屏十余件。小睡一时许。黄州府县送席，酉刻入坐，戌正散。夜，与胡中丞邕谈，至三更末方散，订定十八、九晋鄂省一行。

十五日

早，各员弁来拜节，胡中丞署内各幕友、员弁等皆来拜节；余亦至各处回拜，忙至巳刻方毕。写官帅信一件。看信稿数件。申刻，会宴入座，戌正方散。夜接冯树堂信，颇邕。是日，应酬太繁，意趣倦甚。

十六日

早，清理文件。辰后与胡中丞邕谈。写挂屏六幅，写对联十余付。天气极热。夜，早睡。是夕，思德成以谨言慎行为要，而敬、恕、诚、静、勤、润六者，缺一不可；学成以三经、三史、三子、三集烂熟为要，而三者亦须提其要而钩其元；艺成以多作多写为要，亦须自辟门径，不依傍古人格式；功成以开疆安民为要，而亦须能树人、能立法，能是二者，虽不拓疆、不泽民，不害其为功也。四者能成其一，则足以自怡。此虽近于名心，而犹为得其正。

十七日

早，清理文件。饭后写挂屏、对联十余条。与胡中丞、二李、雪琴诸君邕谈。中饭后，复写挂屏。夜洗澡一次。天气奇热，三更三点睡。

十八日

早，各处营员来送行，本公馆幕友等亦多送行，应酬时许。饭后下河，将至武昌省城一行，会商官制军，以定进止。胡中丞及营官等均送至江干。行卅里，至七星洪地方泊宿，因逆风逆水，难以上行。是日，天热甚，心中烦闷。酉刻，与李申甫邕谈。申甫以余识议极与李西沤前辈相合也。夜困倦殊甚，若久病在身者然。

十九日

早，清理文件。是日大西北风，不能开船。饭后，写挂屏、多幅、对联十件。午刻，小睡。未正中饭。后又写对联数幅。李少泉送对笔一支，试之甚好。旋看《天官书》毕。今年，温《史记》已大半年，尚未及三分之二，自抚州拔营后至今，未一寓目，似此，焉能造古人之堂室邪！傍夕闻李申夫道其师西沤先生掌教锦江书院事甚详。夜阅《古文辞类纂》苏明允《易论》等篇，兼阅《文选》"三檄"。是日巳刻，写左季高信一件、葛睾山信一件，约八百字。

附　记

未明即起，看星。

天明，敛心对圣哲幛危坐，旋写日记。

早饭后，看公事。写信一二封。写应酬字、对联、条幅之类或临帖。

午正，静坐休息，或少睡。未初二刻中饭。

中饭后看书，极少十页，极多不过卅页。

日久，休息片时，或少睡。

灯后，温熟古文一篇，千字以内者十遍，千字以外者五遍。

廿日

早，风少息，开船，行卅里，申刻至页家洲地方泊宿。雪琴之船已赴上游去矣。写挂屏一幅。写易芝生信一件，劝其学作古文。中饭后与少泉、申甫邕谈，旋看《封禅书》《河渠书》。夜温古文《答李翊书》等篇。

廿一日

早，风少息。开船，行卅里，申刻至阳逻地方泊宿。巳刻，写霞仙信一封。午刻，小睡。中饭后，记小学数事。看《平准书》，至夜方毕。接廷寄一道，言不复防蜀、会剿皖中之事。写胡中丞信一件、官制军信一件。夜温韩公《祭张员外文》。

廿二日

早，未明起。江夏县备轿来接。余拟起旱行走，因家人辈无马，又天气微雨，恐陆路不便，而船户又言，阳逻之上转一湾，即顺风矣，于是仍由水路行走。行卅里，申刻至青山。因逆风不能行，即在青山泊宿。是日，方子白、张廉卿来见，久谈，留共饭。江夏令韩令来见，约明早来接起旱。是日写叔父信一件，澄、沅、洪公信一件，沅甫信一件，共千余字。见客七次，方、张及李雨苍皆久谈也。午刻，接沅弟初十日信，知是日开先考、妣旧茔，将改葬台洲，见棺尚好，为之大慰。因以雪琴所送之书、画、扇卅柄寄沅弟，以酬其庸。

廿三日

早，清理文件。饭后在青山起早。行卅里，未初至武昌省城，寓公馆，即主考之公馆也。会客，至酉正稍歇。夜间又会客三次。是日接家信，澄、沅二弟及纪泽儿各一封。夜又接季洪一信。余写一信复洪弟，将以明日专人送家。是日应酬太多，倦乏颇甚。

廿四日

早，会客四次。饭后，会郭观亭亲家，语及雨三殉节之事，为之凄咽。旋出门拜客，官制军、庄卫生方伯、严渭春廉访、张仲远观察处拜会，又会郭观亭，余皆亲拜谢步，未正归。中饭后，会客六次。夜会客三次。困倦殊甚。余苦中气不足，不能多说话，故会客略多，辄为之终日不宁。是日申刻，专人回家，家信及易、葛、刘凡七件，附葛睾山挂屏四幅。

廿五日

早，复胡中丞信一件，会客二次。饭后会客五次。倦甚，未刻小睡。中饭后会汪梅村，名士铎，绩学士也，江宁人，庚子举人，出胡中丞门下。江宁城破，陷贼中年余。后逃出，至绩溪山中。去年，胡中丞请之来鄂署，修《读史兵略》一书。其学精于舆地，曾补画《水经注》图；又精于小学，又曾作《南北史补注》。其师友为胡竹庄培翚、胡墨庄承珙、陈硕甫焕、徐惺伯松、张石舟穆之属。又言胡墨庄六种、胡竹庄《仪礼》及焦理堂《群经宫室图》等书最好。旋又会客四次。夜，会张廉卿、方子伯、刘肜皆等。张送古文四首，精进可畏；方送二首，无甚进步。与厉伯符、彭雪琴久谈。三更睡，不甚成寐。是日申刻，写挂屏四幅。剃头一次。

廿六日

早，清理文件。饭后会客六次。写对联六付。小睡。中饭后至制军衙门公宴，二更四点散。归，与彭、李诸君邕谈。是日写郭意城、李筱泉信各一件。

附 记

郭阶字慕徐，雨三之子

廿七日

早，清理文件。饭后会客五次，刘冰如、严渭春、官中堂皆久坐。未刻，出门拜学台俞奎垣耷云，副都统舒保辅廷，皆会。又至抚署会汪梅村、张廉卿。酉刻，至藩署公宴。东家五人：藩司庄卫生、臬司严渭春、粮道张仲远，盐道恩秋舫因感冒未到，首府如冠九，至二更三点散。与卫生、仲远道及包慎伯作字之法，笔须倒右，锋乃得中，写大字则两边倒侧，与余平日见解相合。

附　记

袁万瑛号铁庵，潄六之弟

廿八日

早，清理文件。饭后写胡宫保信一件，添幼丹信一页。会客五次，与张廉卿谈最畅。午刻，到制军署内便饭，厉伯符在坐。登署内楼，远眺大江。申正毕。至火药局看造火药之法，以铜为轮，以铁为碾，圜地为大磨盘，以牛碾之。盘大径二丈三尺，周围七丈许。每盘用四牛，每牛连曳两轮。盘外周围漕沟约宽八寸许，火药在漕内，牛行漕外，驭牛之人行漕内，每牛以一人驭之。每两牛四轮之后，则有铲药者一人随之，执铜铲于漕内铲动，庶碾过之后，火药不患太紧也。凡大磨盘十座，皆用此法。又有小磨盘，磨磺与磨麦相似，仅用一牛。又有柜筛磺筛炭，其法绝精，非图说不能明。酉初日，倦甚，小睡。夜复王雁汀信一件，与雪琴、伯符久谈。

附　记

到黄州后
　专人至东台郭亲家处
　专人至江西送刘星房银，至抚州送竖碑银
　专人至家送丸药、陈心壶银、葛蔚吾银
　专人至平江李家送寿礼
湖南入官湖北者：
钟谦钧　　李修梅　　文希范任吾
文南邦湘浦　　汪敦仁子龙　　周开锡寿珊

罗登瀛仙舸	周　乐笠西	唐景皋鹤九
熊启咏韵胪	吴炳昆贞阶	李续宜希庵
唐方训乂渠	唐际盛印云	张秉钧小山
魏栋召亭	孙振铨树人	张开霁晓峰
邢高魁星槎	黄益杰子山	赵笃庆
唐协和	贺懋橿月樵	余思训暨笵
吴瑛	刘廷范	陈文焀
方大湜	易光蕙	

廿九日

早，清理文件。辰，饭后写家信一封，交袁铁庵带去。铁庵，潄六之胞弟，代余送书箱廿余口，将至湘乡也。写对联、条幅十余件。会客六次。申刻出外辞行，如冠九、郭观亭两处得见，余未会。戌刻归寓，见客三次。写复王雁汀信一件、俞学使信一件、张仲远信一件。夜，与厉、彭诸公久谈。是日，葛翙梧自贼中逃归，相见悲喜交集。能知下游贼情，尚未详问。

九 月

初一日

早，各员弁贺朔。清理文件。饭后将起行。雪琴、少泉、申夫已登舟，行李皆下河矣。官制军在政司衙门等候，司道亦在彼守候，将出汉阳门相送。余坐船在鲃鱼套，风大不能开至汉阳门，因遣人请制军及司道诸公各回本署，余将于鲃鱼套下河。旋复因大雨不克启行，制军及司道皆来公馆㘴谈，至未正方散。中饭后，小睡。旋写挂屏四幅。戌刻复小睡。夜阅《思玄赋》，与雪琴、伯符久谈。

初二日

早，清理文件。饭后写挂屏四幅，写扁五块，写对联数付。送官制军扁一，曰"五福堂"，联一；送庄卫生扁一，曰"真实不虚"，挂屏四页；送张仲远扁曰"经术世家"，挂屏四页；送恩秋舫、葛翙梧各联一。午刻小睡。未正至官制军处。旋拜彭蔚之。申初至张仲远处。中饭，庄、张二人为主，制军亦在坐，及余与彭、厉、二李，共六客二主，一更四点散，归寓。是夜接家信，澄弟一件、沅弟一件、纪泽一件，知先考妣改葬事，于八月十四日自腰里起行，十五日午刻至猫面形山内，十六日午刻下窆，诸事办理妥协，此心为之大慰。沅弟之为功不小矣。并寄穴土一块来，看土似石非石，色似朱非朱，不燥不润，应尚安吉也。

初三日

早饭，即出望山门下河。官制军及张道、恩道皆送至河干。庄方伯卫生因病未出城，遣人送对联二首、挂屏四幅。辰刻开，遇逆风，行卅里至沙口小泊。厉伯符送至青山，因病不能至沙口一晤。午正又开船，行百一十里，至七矶洪液泊。张廉卿于午刻及夜间来船痛谈古文，喜吾学之有同志者，忻慰无已。

初四日

早起，行四十里至黄州。胡中丞迎至江干。旋上岸，至雪堂盘桓一日。闻石牌已打开，是谋皖一极好机会。都直夫将军于是日巳刻至黄州，在雪堂一会。日中食蟹甚飑。丁里臣为余买法帖十数种，内有《西平王碑》，尚好。酉刻至都将军处拜会。灯初登舟，胡中丞送至舟次，飑谈至三更始去。方子白、张廉卿来舟次谈文。是日说话略多，夜不成寐。三更后，清理是日文件。

初五日

黎明开船，辰正至巴河，清理文件，接见巴河各营官。巳正登岸，入陆营住帐棚，又接见营官、哨官十余次。与张裕钊谈文，颇飑。未刻至河下，雪琴邀饮，至酉初归，剃头一次。戌刻倦甚。夜见客，王孝凤兄弟来谈，二更后清理文件。

初六日

早，清理文件。写家信一件，寄参茸丸二瓶，每瓶重八两，一寄叔父大人，一寄内子，特派戈什哈送去。旋以萧营饷知尚未办齐，改次日送去。请客，雪琴及王孝凤兄弟、张廉卿小宴，恰刘国斌自常德归，与座。午正小睡。中饭后写对联、挂屏八件，内次青之母夫人寿联一付。夜与李申夫论营务处之道，一在树人，一在立法。有心人不以不能战胜攻取为耻，而以不能树人立法为耻。树人之道有二：一曰知人善任，一曰陶熔造就。申夫似能领悟，盖高明而有志于办事者。

初七日

早，清理文件，会客二次。饭后见客三次。旋倦甚，小睡。午正习字二纸。写次青信一件，专人送银三百两、对一付至渠处，为其太夫人寿。又专人送家信。中饭后小雨。见客一次。张廉卿来，与之论古文颇飑，灯时去。夜阅古文，偶阅《康熙字典》，亦粗有裨于小学。

附 记

湖北开湘营旧章：每百人月发油七十斤、烛四十二斤。逢夏令烛多融化，不发烛，加油卅斤。自四月初一起至八月廿日止。

余定萧营章程：每百人月发油六十斤，烛四十斤。

湘前营：每百人月发油七十斤，烛四十三斤三两。

初八日

早，清理文件。张廉卿来，久谈。饭后为张廉卿写手卷一，书予甲辰年所作《五箴》。又写挂屏与方子白。午初小睡。旋与廉卿论国朝诸大儒优劣。中饭后，写吴子序信，批评渠所作古文三篇寄还，又寄银一百两。旋送廉卿去。廉卿近日好学不倦，作古文亦极精进，余门徒中可望有成就者，端推此人。临别依依，余亦笃爱，不忍舍去。求为其祖作墓志，近日尝应之也。温《史记·齐世家》，至夜方毕。温《伯夷列传》，诵十遍。

初九日

早，清理文件。饭后写对联、挂屏约廿余幅。巳正，胡中丞与丁果臣来，晷谈。中饭后，略清文件。夜，与胡中丞晷叙至四更散。丁果臣为余买法贴五十余种，内有柳公权数种，颇佳。夜，睡不成寐。

初十日

早，与胡润帅、丁果臣晷谈。余言三代以下，不矫激不足以得美名，不要结不足以得民心。早饭后，润帅回黄州。清理文件。巳正小睡。中饭后习字二纸，温《史记·鲁世家》。夜温《孟子荀卿列传》。

十一日

早，清理文件。饭后写信四件。旋写对联十三付。中日小睡。中饭后改折稿一件，阅《史记·燕召公世家》。夜温《羽猎赋》。日内秋意萧索，甚有倦意，精神短乏，每作事，不克振奋赴功，盖兴会不浓，则凡事都有退志耳。

十二日

早，清理文件。饭后拟作张廉卿之祖墓表，久未下笔。昨夕睡不成寐，神亦昏倦。中饭后，李雨亭来，久谈。申刻下笔作文，至二更三点毕，潦草成篇，全无精采。余近日作文，患在心血日亏，思不能入，较之甲辰作所作《五箴》、戊申年所作《送刘菽云序》，乃远不逮。此十余年中真虚度哉！

十三日

早，清理文件。辰后，倦甚，小睡，若有病然。日内天寒，夜间受凉，上半日久睡，间在床上偶看《文选》。中饭，禁油荤。申刻写胡中丞信，加官制军信一片。见客二次。夜温《长杨赋》，于古人行文之气，似有所得。

十四日

早，清理文件。饭后见客二次。旋出门拜各营官，拜至湘后营，因病不能久坐。归，小睡。未刻请客便饭，余在座陪客，而不能饮食，申刻客去。与李少荃久谈，复胡中丞信一件。夜，温《书·立政》篇。

十五日

早，各员弁贺朔衍朔字望，至辰正华。饭后写家信二件。午刻加袁漱六信三页、郭世兄信一页，专二夫送家信。申刻接九弟信，系八月廿八所发。见客二次。清理文件。是日身体欠爽，不食油荤。夜温《韩宏碑》，甚觉清畅。三更睡，竟夕不能成寐，在床上展转。思念天道，三恶之外，又觉好露而不能浑，亦天之所恶也。思《书经·吕刑》，于句法若有所全。

十六日

早，清理文件。饭后病困，难作字，时在床偃息。中饭后复胡中丞信四页。旋与少荃论《庄子》。申刻困倦，小睡。夜二更二点即睡，尚能成寐，屡醒屡睡。至次早，觉病势少愈。是日复胡信中有云："惟忘机可以消众机，惟懵懂可以被不祥。"似颇有意义，而愧未能自体行之。

十七日

起稍晏。早饭后清理文件。旋习字二纸。身体不甚爽快。中饭后会客一次。阅《史记》《管蔡世家》、《陈杞世家》。腹泄，小睡。夜，温韩文《柳州罗池庙碑》，觉情韵不匮，声调铿锵，乃文章中第一妙境。情以生文，文亦足以生情，文以引声，声亦足以引文。循环互发，油然不能自已，庶渐渐可入佳境。

附　记

君子之道与将帅之道相反者三：党援、权势、分兵救危。

十八日

早，清理文件。饭后习字二纸。写左季高、郭云仙信，各添二片。中饭后温《史记》《卫世家》、《宋世家》，至营务处久谈。夜与少荃久谈，温《石徂徕墓志》。本日病尚未愈，委顿殊甚，不克治事。夜腹泄二次。身旁无人，颇凄冷也。竟夕不能熟睡，盖老境日臻矣。

十九日

早，清理文件。辰后病甚，不能作字。旋习字二纸。小睡。阅《文选》书檄。中饭后见客二次。旋闻江西主考晏彤甫同年至河下，因去一与邕谈，灯后方归。夜阅《左传》闵公、僖公数事。余看书病在无恒，今老而不能改，可愧也。久雨闷甚，本日放晴，略觉舒邕。巳刻至朱品隆等三营一叙。

廿日

早，清理文件。辰后习字二纸，邢星槎、孙树人、夏古彝来久谈。旋下河与晏彤甫谈。至未刻，又拜张伴山、李小山，申正归。是日将帐房下脚筑墙三尺余高，帐房升高约三四尺，众役兴作。吾至少泉处，与邢、孙、夏三人邕谈，至二更二点，倦甚。日内精神困倦，腹泄、目蒙，老境日增。夜，早睡，不得与诸客剧谈也。枕上，思凡人凉薄之德，约有三端，最易触犯：闻人有恶德败行，听之娓娓不倦，妒功而忌名，幸灾而乐祸，此凉德之一端也；人受命于天，臣受命于君，子受命于父，而或不能受命，居卑思尊，日夜自谋置其身于高明之地，譬诸金跃冶而以镆铘、干将自命，此凉德之二端也；胸苞清浊，口不臧否者，圣哲之用心也，强分黑白、遇事激扬者，文士轻薄之习、优伶风切之态也，而吾辈不察而效之，动辄区别善恶，品第高下，使优者未必加劝，而劣者几无以自处，此凉德之三端也。余今老矣，此三者尚切戒之。

廿一日

早，陪邢星槎、孙树人、夏古彝早饭后，会客邹资山，巳正客散。接家信，澄弟、沅弟、季弟各一件。又见客三次。中饭后温《史记·晋世家》十三页。是日午刻小睡。戌刻接胡中丞信，内附左、季、钱诸信，知耆九峰调广东，罗澹村调浙江各巡抚。又知九弟于十六日自长沙起行矣。夜思君子有三乐：读书声出金石，飘飘意远，一乐也；宏奖人材，诱人日进，二乐也；勤劳而后憩息，三乐也。吾于五月八日告沅弟有天道三恶、人事四知之说，兹又有凉德三端、君子三乐之说，若能身体而力行之，庶乎其免于大戾矣。

廿二日

早，清理文件。饭后清发各信。旋至振字营一看，又至嘉字营。归，与少荃谈。倦甚。中饭后，写毛寄云信一件，专二弁至襄河以内迎接。又写九弟信一件，专弁迎接。温《晋世家》毕。

廿三日

早，清理文件。饭后写信一封与胡中丞。巳正，阅《荀子》。至夜，共八篇，略加圈点。灯后，温《庄子》《胠箧》、《马蹄》，又温《文选·辨亡论》。目光劳甚，不能多看。夜，睡不甚熟，腹痛，次早作泄。近日腹泄，几及半月，向来所无之病。老境日臻，亦其验也。

附　记

郁极思伸，矫首咶天，徒升无翼，或曳之渊。

廿四日

早，清理文件，饭后阅《荀子》四篇，至申初毕。旋写家信，澄侯一件、纪泽一件。夜阅《文选》《运命论》、《辨亡论》。眼渐作疼，不敢多看，早睡。是日，与李申夫言人才以陶冶而成，不可眼孔太高，动谓无人可用。与彭九峰言嘉字营，责成渠督教之。是夜，思孔子所谓"性相近，习相远"、"上智下愚不移"者，凡事皆然。即以围棋论，生而为国手者，上智也；屡学而不知局道，不辨死活者，下愚也。此外，则皆相近之资，视乎教者何如。教者高则习之而高矣，教者低则习之而低矣。以作字论，生而笔姿秀挺者，上智也；屡学而拙如姜芽者，下愚也。此外，则皆相近之资，视乎教者何如。教者钟、王，则众习于钟、王矣；教者苏、米，则众习于苏、米矣。推而至于作文亦然，打仗亦然，皆视乎在上者一人之短长，而众人之习随之为转移。若在上者不自咎其才德之不足以移人，而徒致慨上智之不可得，是犹执策而叹无马，岂真无马哉！

廿五日

早，清理文件。饭后阅《荀子》三篇。午刻，小睡。未正，饭后会客二次。申初与李少荃同至黄州。上水逆风，二更始到。谈至四更睡，竟夕不能成寐。

廿六日

早，与胡中丞畅谈一切。饭后与邢星槎、卫静澜、刘开生三人谈，又与胡中丞久谈。中饭后，拟回巴河大营，适金可亭同年亦来，因与之畅谈至三更。睡，复不成寐。

廿七日

早，本拟回巴河大营，因大风雨，水陆俱不能行，遂仍留黄州，与胡中丞、可亭同年畅谈一日。午刻与刘开生久谈。午正小睡。

廿八日

早，与胡中丞小叙。饭后过江游樊口西山，中丞及可亭同年、少荃四人同行。王孝凤及各绅迎接，同至寒溪寺，在怀忠祠中饭，孝凤为主。饭后巳酉初矣，即由武昌县下河回至巴河大营。邀可亭同年来营，谈至三更。

廿九日

早，清理文件。饭后见客三次。旋将前数日文件清厘一过。与可亭同年畅谈。中饭后，写对联十余付，写胡中丞信一件。夜阅《荀子》二篇。

附 记

厉伯符之子	张六琴之戚	周继芬	水师中营
吴城局员	石芸斋	本营委员	
余鋆次青信	何廉昉次青信		

卅日

早，清理文件。饭后见客三次。可亭之堂弟二人、妹夫一人，请至营中早饭。日中至营务处一谈。中饭后写对联、挂屏十余纸。巳刻,写左季高信一件,发家信一件,即廿五日所发之信,因长夫在汉口过河沉失,令下人另誊一分,余批数行于后,交左季高转寄。夜写胡中丞信一件,与可亭夜饮,久谈。

十　月

初一日

早起，骑马出巡视营墙。归，各员弁贺朔，至辰正毕。饭后写厚庵、雪琴信各一件。午刻，会客二次。中饭后写对联数付。旋与可亭鬯谈。傍夕，郭亲家用仪来会。灯后，骑马出巡视营墙。夜阅《荀子》一篇。旋与可亭久谈。核定马队营制章程。是日闻九弟于廿九日至武昌，本日至黄州。接九弟信，是卅早在武昌所发者。

初二日

黎明，出巡视营墙。饭后清理文件，写胡中丞信一件，与可亭久谈。午初小睡。请郭用仪亲家中饭，观亭之三弟也。王孝凤自武昌来，以石二块属余书温甫弟哀辞，将镌之武昌祠内。中饭后，九弟到营，应酬良久。兄弟夜谈至三更四点。竟夕不寐。

初三日

黎明，出巡视营墙。与九弟久谈。清理文件。巳正，看兵操。镇溪、河溪、辰州、乾州四营共操，弓箭手四十人、抬枪廿四人、小枪八十人、刀矛四十人，约二时阅毕。复与九弟畅谈。写扇一柄。见客三次。剃头一次。倦甚，小睡。申刻至九弟营盘一坐，至一更四点始回。巡视营墙。二更后温阅《艺文志》，因目疾不敢久视。

初四日

黎明，出巡视营墙。饭后，九弟来鬯谈。阅《荀子》五篇。是日闻星使钱副宪宝青萍矼与胡中丞将来营，各队伍于午未间先后迎接，余于申正至河干迎接，到营已更初矣。谈至三更三点，竟夕不能成寐。

初五日

黎明，出视营墙。是日钱萍矼副宪及胡中丞在此往一日，与之鬯谈至夜二更，余倦甚，早睡。钱、胡及少泉谈至四更。是日接季洪弟信，已带勇至黄州矣。

初六日

黎明，出巡视营墙。与钱萍矼、胡润帅鬯谈。巳正至江干送客。归，至九弟营少坐。中饭后，阅《荀子》四篇。酉正王锡斋外甥来，久谈，九弟亦来谈，至二更后去。复阅《荀子》一篇。

初七日

早，巡视营墙。饭后九弟来，久谈。写寄云信一件。跋册页后册卅、扇书十五幅、画十五幅，彭雪琴所送者。余因九弟改葬二亲有功家庭，故以此册酬之。九弟本日在余帐房内帮办保举事件，时时鬯谈。中饭后，作复奏折一件，至亥刻毕。夜阅《艺文志》，未毕。是日，见客共四次。

初八日

早，巡视营墙。饭后九弟仍来鬯谈。核保单、改夹片二件。写胡中丞信，因厚庵言韦志浚投诚之事。见客五次。申刻季洪弟来，与谈至二更末。

初九日

是日，为先大夫七十冥寿，五更三点，率九弟、季弟行礼。礼毕，天明。请杜润之早饭。与九弟、季弟鬯谈。巳正，毛寄云同年来。数年之别，一旦欢聚，喜逾寻常，谈至酉刻。清理文件。会客三次。夜核信稿二件。是日巳刻，接袁芚生、薇生信，知漱六亲家于九月初三日去世。有志读书，期至于古之作者，而竟百不能偿其一二，良可深痛。今年六月，郭雨三亲家阵亡，兹又闻漱六之丧，中年哀乐，触绪生感。古人所云，既悲逝者，行自念也。核片稿三件，折稿一件。

初十日

早,巡视营墙。饭后与寄云同年鬯谈。陈秋门前辈来,又与鬯谈。中饭后接家信,夜写复信。季弟在此同宿。因说话太多,夜不成寐。

十一日

是日为余四十九生辰。早,出巡视营墙。九弟、二弟及诸友员弁来贺。旋与秋门前辈、寄云同年、少荃编修及金可亭同年、邢星槎太守同至九弟营中早饭。黄州营中如夏古彝、黄子山、曾少固父子、黄虚舟太守皆来,九弟猝未预备,咄嗟办二席。旋陪各客至余营次中饭。饭后送各客归,寄云尚留此小住。夜倦甚,早睡,颇能酣眠。

十二日

早出,巡视营墙。旋与九弟、季弟谈,写官制军、胡中丞信,清理文件,与季云同年鬯谈。胡润帅寄示罗澹村父子、袁午桥、翁药房、严渭春各信,知两淮糜烂,不可收拾。诸公之意,皆欲余率师北援河南,但未入奏耳。中饭后写寄云挂屏八幅,又写对联数付。夜写胡中丞信一件,与寄云鬯谈至三更。是日午刻接家信,澄侯一件、泽儿一件,九月十九日所发。

十三日

早,巡视营墙。饭后清理文件,写胡中丞信一件。看乾镇、河辰四营兵操演,正午正看毕。归,与寄云久谈。中饭后写对联数付。夜写厉伯符信一件。申酉间与寄云鬯谈。是日,庄卫生方伯赠余《武备志》一部,夜略翻阅。

十四日

黎明,出巡视营墙,又至振字营一看,约行十里。饭后写官制军、胡中丞、庄方伯信各一件。旋与寄云同年鬯谈。中饭后,写对联数付。九弟自黄州归来,兄弟与寄云叙谈颇畅。择拔营日期,定本月廿四成行。申刻清理文件。酉刻剃头一次。夜与寄云久谈。李申甫自黄州归来,稍论时事。余谓当竖起骨头,竭力撑持。三更不眠,因作一联云:"养活一团春意思,撑起两根穷骨头。"用自警也。余生平作自箴联句颇多,惜皆未写出。丁巳年,在家作一联云:"不怨不尤,但反身争个一壁静；勿忘勿助，看平地长得万丈高。"曾用木板刻出，与此联颇相近，因附识之。

附 记　家中应作文：

台洲阡表

温甫墓志

家庙碑

星冈公神道碑

十五日

早，巡视营墙。各员弁来贺朔朔字衍望，至辰正三刻毕。饭后，送毛寄云同年至江干，午初归。清理文件。中饭后，九弟来鬯谈。料理拔营事件。写对联十余付，酉初毕。算明碑字，写温甫哀辞，王孝凤将刻之武昌县城怀忠祠也。夜，温《艺文志》毕。

附 记

写叔父节略一日　　回信三日

作毕金科碑一日　　阅《荀子》三日

十六日

早起，巡视营墙。饭后写胡中丞信一件，写叔父节略一纸，求作寿文。小睡。中饭后见客二次，写对联十付，与九弟鬯谈。晡时，骑马至九弟营中小坐，二更归。午刻阅《荀子》二篇。是夜睡至五更醒，觉心境光明甜适，或亦近日进境。

十七日

早起，巡视营墙。饭后清理文件。旋阅《荀子》数篇。九弟来写碑文，与之鬯谈。中饭后写冯树堂信一件、李次青信一件，约千余字，写对联数付。夜阅《荀子》三篇。二更尽睡，四更即醒。作一联云："天下无易境，天下无难境；终身有乐处，终身有忧处。"至五更，又改作二联。一云："取人为善，与人为善；乐以终身，忧以终身。"一云："天下断无易处之境遇，人生那有空闲的光阴。"

十八日

早起，巡视营墙。饭后清理文件，见客一次。刘世仲，湖北新科举人，菽云之族侄，刘世伟俊夫之胞弟也。写家信一件，交九弟派人送归。看戈什哈亲兵操演，午初毕。九弟来营，与之𠲖谈。改信稿五件。李少荃请吃中饭。饭后，又与九弟久谈。夜阅《荀子》四篇，《正名》篇不能了了。睡后，四更末即醒，醒后心境不甚甜适，于爱、憎、恩、怨未能悉化，不如昨夜之清白坦荡远甚。夫子所称日月至焉者，或亦似此乎？

十九日

早出，巡视营墙。饭后核改信稿廿四件，写胡中丞复信一件。中饭后，九弟来𠲖谈，九弟欲归家改葬祖父母，并料理分家等事。余以此次弟来营尚未满月，遽又归去，实不妥叶，反复商酌。申正，九弟回营去。又核信稿三件。夜核信稿九件。九、十两月积压各信，至是始清厘一次。凡事宜有恒，不可稍有延阁如此。夜，复九弟一信。

廿日

早出，巡视营墙。饭后清理文件。写霞仙信、小岑信、李篠筱泉信、胡中丞信、朱尧阶信。中饭后，九弟来久谈，刘德一自家来，王金二外甥亦来。夜写邓寅皆信一件。两日写字稍多，遂觉目蒙殊甚。甚矣，余才之不足以理繁剧也。夜，二更后与少泉久谈。三更睡，五更醒。梦寐之中乏甜静意味。是日傍夕，写对联四付。

廿一日

早出，巡视营墙。饭后清理文件。旋至马队营中看支马圈。四马共一圈，圈宽二弓，高二尺四寸，进深亦二弓，择斜坡挖之，上支布棚，与兵勇棚子相对。午正归，写胡中丞信。中饭后，九弟来𠲖谈，写吴竹如信。夜，写季洪信，清理文件。倦甚，与王金二外甥杂问家中琐事。夜批各禀，清算稽核，颇不易易。

廿二日

早出，巡视营墙。饭后清理文件。写信三件。九弟来，久谈。中饭后剃头一次。清理文件。阅《荀子》半篇。闻胡中丞将来送行，因于傍夕骑马至江干候之。更初始到，因同骑马至营，鬯谈至三更三点。久不成寐。四更接奉廷寄谕旨一道。

廿三日

早出，巡视营墙。旋归，陪胡中丞鬯谈。约周宝生瀚早饭。周润山廉访玉衡之子，余所取拔贡朝考门生，分发四川者也。巳午间，与胡公鬯谈。未正送客。申刻九弟来久谈。决意告归，余不以为然，而弟志甚坚，亦不复阻之矣。夜阅《荀子》一篇。

廿四日

四更，头帮拔营。朱、唐、沈三营，湘后三营，岳字二营，振字营，营务处并嘉字一营，共五千七百人。黎明，余起，巡视营墙。饭后，余率二帮拔营。吉中营三营、吉左营、长胜军、河溪营、护卫军马队，共四千四百人。行九里至张家湾扎营，巳正即到，未刻始成营。陈金鳌专丁自常德送信来，言桃源有方逢运者，四年被掳，现在贼中封为祝天豫，带兵四千在枞阳。现已拿获其母，拟即招抚。派哨官彭大光带勇目刘松枝前来。刘松枝即在枞阳见过方逢运改名方学凯者也。余令哨官带刘松枝及方学凯之母、舅、叔父同赴厚庵军营，办理招抚事宜。下半天，九弟在此鬯谈。夜写信与纪泽儿，一教之早起，二戒无恒，三戒不重。是日早，阅邸钞，知少荃新放延建邵道。

廿五日

早起，巡视营墙。是日在张家湾屯扎一日，恐前帮去此未远，中或拥挤也。饭后，清理文件。阅《荀子》一篇。《荀子》至是日读毕一遍。接家信一封，系澄侯十五日在湘潭所发者。沅甫弟来此一谈，申刻归去，即下河回家矣。弟此次到营，未满一月而还，究属不妥。莘田叔自家来，道及叔父近日肝火甚旺，郁怒不时，谈至戌刻。夜复申夫信一件，略言军中骄气则有浮淫之色，惰气则有晻滞之色，须时时察看而补救之。

廿六日

早饭后，卯正三刻拔营。行四十里，至麻岭扎营，在枣子岭之东六里，蕲水县城之西十六里也。巳正即到，午正始成营垒。未正，中饭后小睡。会客。蕲水县令刘仲孚綮来见，郭舜民用中亦来。戌刻小睡。夜温古文一首，写胡中丞信，写李申夫信。是夜接左季高信二件。酉刻与莘田叔谈家中事颇详。

廿七日

黎明早饭。饭后行十五里至蕲水县。在蔡家祠堂作公馆，小憩。与刘邑侯仲孚、郭舜民久谈。旋回拜二处。在舜民处见董香光墨迹十册。虽系赝作，而工力殊不可及。午刻复起行，行卅里，至排子畈驻扎。刘仲孚送猪十六、羊十六犒师。郭三亲家自家中来迎，雨三之胞弟也。夜将古文抄一目录，分为十一属，每属分阴阳，以别文境。其一属之中为体不同者，又分为上编下编。

廿八日

黎明早饭，饭后起行。行五十里，至蕲州之西阳驿驻扎。复李申夫信。中饭后，将古文目录抄毕。夜温文二篇。与少荃久谈。竟夕不能成寐。老境日增，万事无成，兹可慨耳。

廿九日

早起。天雨。饭后起行。行四十五里，至扬林铺驻扎，去广济县十八里，午正二刻到。天雨，泥泞，地极湿。帐房内闷甚。见客一次。广济县令方大湜，系方稼轩之胞弟。又有厘金委员二人来会，一湖南人，名张乐；一河南人。夜，温《诗经》。睡略熟。

十一月

初一日

早，各员来贺朔。饭后起行，途次微雨。午初，至金盆关驻扎，去广济廿五里。与李少荃畅谈。接厚庵信，知下游韦志浚投诚之事，不甚可靠。是日过广济县城，荒凉殊甚。下半日温《诗经》。写李申夫回信二件。夜，与表弟彭毓桔谈带兵之道。"勤、恕、廉、明"四字，缺一不可。

初二日

黎明，早饭。饭后起行。行四十里，至一天门地方扎营，黄梅境也。黄梅覃令来迎，与之久谈。下半日，温《诗经》数章，剃头一次。写胡中丞信、彭雪琴信、李申夫信。夜思近日之失，由于心太弦紧，无舒和之意。以后作人，当得一"松"字诀。是夜，睡味甚适，亦略得"松"字意味。日来，每思吾身，能于十"三"字者用功，尚不失晚年进境。十"三"字者，谓三经、三史、三子、三集、三实、三忌、三薄、三知、三乐、三寡也。三经、三史、三子、三集、三实，余在京师，尝以匾其室。在江南，曾刻印章矣。三忌者，即谓天道忌巧，天道忌盈，天道忌贰也。三薄者，幸灾乐祸，一薄德也；逆命亿数，二薄德也；臆断皂白，三薄德也。三知者，《论语》末章，所谓"知命、知礼、知言"也。三乐者，即九月廿一日所记读书声出金石，一乐也；宏奖人才，诱人日进，二乐也；勤劳而后憩息，三乐也。三寡者，寡言养气，寡视养神，寡欲养精。十"三"字者，时时省察，其犹失之东隅，收之桑榆者乎？

初三日

是日，恭逢先妣太夫人七十五冥诞，因行营难办酒席，未设祭祀。黎明早饭，饭后起行，行八里至大河铺。黄梅令预备茶尖，小坐。旋又行廿里，至黄梅县城公馆内小坐，即石氏祠堂也。未刻出城，至东门外营盘，前帮各营哨来见，应酬时许。鲍镇军超自太湖来见，程尚斋自安徽来。中饭后，申夫来久谈，彭毓桔亦来久谈。夜写家信一件，寄银廿两与湘西之母。

附　记

望江县，设五局。急水沟总局一，外附城及各处分局四。每田一亩，派钱一百、米二升，归总局。其各分局，又别派若干，大约每田一亩，出局费钱三百文，较之平世完正饷漕折钱约五百文者，此为差少云。雇民夫，每里给钱三文，车夫，每里给钱五文。其无可以搬运之日，每夫给米一升、钱四十文。

宿松县，设五局。县城总局一，二郎河、黄家畈、荆桥、凉亭河分局四。每亩派钱八十文一次。自去年十月至本年十月，派过六次，共四百八十文。平日养夫之费，车夫每日米二升，钱四十文，散夫每日米一升半、钱十六文。如有事之日，再加脚价。

黄开元，号春山，江西金溪人。辛卯举人，宿松县令。

王凤仪，号春帆，江苏金匮人。两次捐输，和福保一次，官、胡保一次，遂至知县，望江县令。

黄梅县，设七局。县城一，卢家嘴一，胡思泊一，孔垅一，濯港一，亭前驲一，独山镇一。通县共地丁正饷三万余两，每正饷一两，约完局费多至三千，少或二千五、六，或二千一、二，极少一千八百不等，此每年之数也。宿松、望江于局费之外，不征钱漕。黄梅则钱漕之外又索局费许多，民力尽矣。

初四日

早出，巡视营墙。请鲍春霆镇军早饭，巳正饭毕，小睡。写左季高信一件。中饭后，会客三次。宿松、望江两县令来见，详问各局供应多、鲍等军之难。夜与少荃及彭山屺先后畅谈。阅《文选》各论，觉刘孝标《辨命论》实有所见。夜四更，早醒。思圣人有所言，有所不言。积善余庆，其所言者也；万事由命不由人，其所不言者也。礼、乐、政、刑、仁、义、忠、信，其所言者也；虚无清静、无为自化，其所不言者也。吾人当以不言者为体，以所言者为用；以不言者存诸心，以所言者勉诸身，以庄子之道自怡，以荀子之道自克，其庶为闻道之君子乎！

附　记

多隆阿统下飞虎三营：中石清吉，左刘元勋，右王允昌。精选四营：中雷正绾，前杨朝林，右王可升陞。马队，西林布。

由黄梅至陈德园，龙坪、江家河、杨丫圽、唐家山、七园、门坎山、毛家嘴、荐风圽、虾蟆沟、黄土圽、张家塝、童子圽、汤家坝、西河口。

初五日

早出，巡视营墙。饭后见客三次。邓巘虚筠自太湖来，道多隆阿一军情形甚悉。帅逸斋之三子并其师蒋澹人来，久谈。中饭后写胡中丞信、季洪信，见客四次，温《史记·楚世家》数页。夜见李申夫、朱云岩诸人，嘱至石牌等处看视形势。二更尽，看木星分外明亮。是日早，接午桥信。渠让余为钦差大臣，而彼为帮办，不知余力亦有未逮也。四更后，接批折，系前月十七日所发者。

附　记

黄梅县，每十亩为一石田，约收毛谷廿挑，晒干，过风车，不过一石五斗，其斗即粮道之制斛也。今年时价，不过值钱九百文耳。每十亩约科地丁正银六钱、七钱不等，派局费约三百余文。

初六日

早出，巡视营墙。饭后见客四次。宿松绅士八人来见，皆读书人也。日中小睡。复胡润帅信。有邓宗衡者，癸丑进士，分发刑部，刘仙石之门生，来见，久谈。中饭后阅《楚世家》《越世家》。彭盛南、曾莘田来，久谈。夜，与张伴山谈。翻阅《左传》。

附　记

立两河口堤定位　　五祖山亥位
龙平山戌位　　　　断云山酉位
四祖双峰尖申位　　排子山坤位
黄梅县丁位　　宿松县乙位
二郎河艮位

初七日

早出，巡视营墙。饭后出门察看地势。先至柯家岭，旋至两河口。柯家岭在黄梅往宿、太二路之中。两河口则往太湖路也。两河口至五祖山，不过十二里。共骑马约廿里许，归途坐轿十五里。未初归。会客三次。申刻请客吃饭，有张伴山、张子衡及常世兄等。饭毕，已日暮矣。夜写钱萍矼信、官制军信。是日辰刻写胡中丞信。二更，阅《左传》数篇。思身世之际甚多，抑郁不适于怀者，一由褊浅，一由所处之极不得位也。日内，扎营在黄梅城外约四里许。用罗盘审定县城在午位，庐山亦在午位，去营约百四十里。排子山在坤位。四祖山、双峰尖在庚位，最为峭耸，去营约四十里。多云山在酉位，去营十余里。小溪山在辛位。龙平山在乾戌位，最为高峻，去营约五十里。五祖山在亥位，去营廿六、七里。东山在壬位。绰壁镇在子癸位。独山镇在寅位。马尾山在卯、乙、辰、巽、已位。东北一带，自绰壁至马尾山，山皆平衍。西北一带，自四祖山至东山，比皆高峻。惟南面无山，百余里外过大江，乃有庐山耳。

初八日

早出，巡视营墙。饭后清理文件。派唐义训、何应祺等至城内外察看地势。见客三次。写李筱泉信一件。小睡片时。中饭后见客二次。云三、愚一来营，皆房族表弟。愚一则冕四舅氏之子也。读《史记·郑世家》毕。夜，温《孔子世家》。日内襟次不甚开拓，夜不成寐。本夜睡味较美。细参相人之法，神完气足，眉耸鼻正，足重腰长，处处相称，此四语者，贵相也，贤才相也。若四句相反则不足取矣。

初九日

早出，巡视营墙。饭后清理文件。见客三次。温《史记·赵世家》。核信稿二件。中饭后见客二次，温《史记》。昨派李申夫、朱云岩等往宿松看营盘。本日归来，又派唐义训、何应祺等去看。申刻眼蒙殊甚。夜温《魏世家》。本日，曹荣来。接澄弟长沙所发信，九弟排洲所发信。

初十日

早出，巡视营墙。饭后清理文件。进城拜覃令，出城拜各营官。甫拜三处，北风大雨至,归营。帐房被大风所摇,不得安坐。温《史记·韩世家》。中饭后温《田完世家》。本年温《史记》,至是始温毕一遍。中有数十卷着批,有数十卷不着批,则又余之无恒也。夜温古文数首。

十一日

早出,巡视营墙。饭后清理文件。辰正,拜各营官,至午正归。见客二次。中饭后写胡中丞信、季洪信。蒋之纯自太湖来,邕谈一切。唐义训等自宿松归,具呈扎营之图,颇详晰。夜温《蜀都赋》,阅《荆王刘贾传》。

十二日

早,巡视营墙。饭后见客四次。是日,作《毕金科碑》。中饭,请蒋之纯、李师实、唐桂生、刘南云便饭。下半日作碑至二更四点。因见客甚多,又清理文件,亦有耽搁也。

附　记

殷盘字锡洪,常宁人,训营采办

帅宗楫号小舟

蔡锷字朗轩,太湖令

帅珍号香士

覃瀚元字石仙,黄梅令

帅畹号兰九

十三日

早出,巡视营墙。饭后,各营拔营,前往宿松。前帮于黎明时均已成行矣。后帮八营于巳初起行。巳正队伍皆毕,余乃起行。午正在独山镇茶尖。未正二刻至宿松。县城内外居民,放爆竹迎接甚多,四、五里不绝声。至公馆,见客六次,倦甚。夜将《毕全科碑文》毕。日内精神疲倦,癣疾大作,自腰以下几无完肤。古文一事,平日自觉颇有心得。而握管之时,不克殚精极思,作成总不称意。安得屏去万事,酣睡旬日,神完意适,然后作文一首,以抒胸中奇趣。

十四日

早,清理文件。饭后见客五次。巳刻写胡中丞信。午初至城外察看营盘。将护卫军与吉字中军改移一处，余俱照旧。申刻归，见客二次。写家信一件。夜写纪泽儿信一件。将胜克斋陈情、袁午桥推让各一折钞寄家中。

十五日

早，各员弁贺望，至巳刻应酬毕。饭后，清理文件。写胡中丞信、官制军信，添恽中丞信一页、袁午桥信一页。未正，鲍超自太湖来。渠因母病请假归省，余以陈四眼狗将率众来援太湖，未之允许，嘱其在此小住几日，余亲自劝慰云云，与之久谈。酉刻与少荃谈。夜，又与鲍春霆谈。二、三更均未睡着。四更少睡，梦毕金科尸验海底，有重伤，并断去三指。盖日内作《毕金科碑文》，心专注之耳。

十六日

早起，未事事。饭后清理文件。见客四次。陈金鳌到，刘彤皆到。午正至城外看营盘，又看吉字中军营盘。中饭后写官制军信、胡中丞信、李希庵信。与陈金鳌、鲍超等谈。彭盛南来，与之言吉字中营近颇有骚扰之名，本日又有人跪道旁叫冤，嘱其详细警戒。夜写易芝生信，二更后，胡中丞来一信，又详复之，约四百字。

十七日

早起。饭后清理文件。见客五次。午正小睡。接李希庵禀，请假六个月。现值军务紧急之际，殊难为计。中饭后，陈金鳌拜辞回水营。见客四次。温《左传·隐公》，至二更毕。夜接胡中丞信，言援贼四眼狗大举上犯，鲍超即夜禀请归营，二更归去。余复胡中丞信一件。中丞近日调度纷纷不定，余颇虑之。计惟守之以定，不为群言所摇惑耳。温《左传》，以余往年读《通鉴》之法行之，择其事要而文警策者记之，余皆草草温过。

十八日

黎明，早饭。饭后清理文件。午正出城看本营所搭帐房，未正归。黎寿民自松江西来，问袁漱六后事颇详。中饭后写胡中丞信一。接家信，澄侯一、纪泽一。问送信者，知九弟十一日过岳州矣。写季洪弟信。夜，唐义渠来，畅谈近日调度之不易，二更四点去。胡中丞近日调度，欲以唐义渠之七营，自带三营，往守石碑，拨四营交多都护统之出战。多礼堂带精选四营——飞虎三营、开化营步兵及马队千二百人，进扎潜山，迎击援贼。鲍春霆带霆字六营，亦至潜山迎击援贼，归多礼堂调度。蒋之纯带湘勇八营，由太湖至天堂会合余际昌一军。又欲余宿松一军，以七千人进扎太湖，留三千人扎宿松。本日，来三次手书，词甚迫切，皆执此议。余以奏明居江边，一路又无统领，不欲分兵，故复信未允行也。

十九日

黎明，清理文件。辰初请唐义渠早饭。巳刻义渠回太湖营次。陈作梅自江南来营。午刻移寓城外葛家岭营盘。见客六次。中饭后，复胡中丞信一件。清理文件。傍夕，与陈作梅畅谈。夜温《左传》桓公、庄公，至"楚子灭息"止。何镜海上条陈数事：第一言须派统领，第二言选勇猛者为选锋。是日午刻，写信与季弟，送口马一匹、布帐子一床。前一面用湖绉，恐气太固也。

廿日

黎明，出查视营墙。饭后清理文件。巳刻至马队及吉左营长胜军阅视，午正归。见客四次。中饭后写胡中丞信。旋写对联八付。傍夕与李少荃久谈。夜清理文件。将作《莫犹人墓表》，阅其行状，尚未草稿。

廿一日

黎明，出巡视营墙。饭后清理文件。巳刻至朱、唐两副将营中一阅，午初归。见客三次。中饭后作《莫犹人墓表》。见客五次。清理文件。写胡中丞信。作"墓表"至二更四点，尚未作得毕，仅成三分之二，文笔平衍，无复昔年傲岸劲折之气，盖老境日增耳。

廿二日

黎明，出视营墙。请申夫陪作梅酒席。巳刻会客四次。中饭后清理文件。作《莫犹人墓表》，至二更毕。平铺直叙，无出色处。邵位西尝谓余碑版文似东汉人，亦嫌其平也。昨夜未得熟睡，本日颇觉昏倦。

廿三日

黎明，出巡视营墙。饭后清理文件。旋至湘后三营察看营垒，未正归。中饭后写莫友芝信一件、郭云仙信一件，见客四次。夜阅《五代史》数首。是日接家信，澄侯二件、纪泽一件，带来《通鉴》一部、《五代史》一部。宿松绅士送来《朱字绿文集》一部。字绿名书，康熙丙寅拔贡，壬午举人，癸未进士，翰林院编修，与方望溪、戴田有友善。其《集》，望溪作《墓表》，田有作《序》。田有因《南山集》事获罪。其文字传世者，皆改名宋潜虚，今《集序》亦名宋潜虚也。又有《方东树序》一首。东树号植之，桐城名宿，姬传先生之门人。末附《白崖集》一卷，字绿之子曙所撰也。是夜倦甚，盖因骑马近廿里，稍觉劳勚耳。是日接朱德秋、金权信，知各书藏于下首屋内，尚有十余箱，在松江未归，当设法接归。

廿四日

黎明，出巡视营墙。饭后清理文件，写周子佩信，阅《五代史》。接家信，澄弟一件、纪泽一件，系十月十一日所发。中饭后写家信又添易芝生信一页。午刻写刘霞仙信二页。申刻，写翁中丞信。是日安排京信，明早交元旦折差进京。计还债银三百：长沙馆一百、陈仲鸾一百、杨提塘一百也。寄朋友二百廿两，内云仙一百，黄树皆、周子佩等五人共百廿也。又买货物百八十两。共七百金。折差派任祖文。又预备寄家信。刘霞仙家奠仪五十两，王熙八外甥贺仪十两。傍夕吃晚粥后，胃家不和，大呕吐约一时许。陈作梅谓胃有停饮。是夕不成寐。

廿五日

黎明，拜发元旦折，出巡视营墙。饭后见客五次。午初出，至振字营、岳字中后两营营务处查阅营垒，未正归。中饭后，倦怠殊甚。清理文件。夜二更即睡。黄翼升自安庆来，与之久谈池洲贼投城之事。是日专人送家信，两弟并纪泽儿一件、霞仙一件、芝生一件。接季弟信一封，即前送帐子者之复信也。

廿六日

黎明，出巡视营墙。饭后见客五次。宿松绅氏送猪卅六只、米七十二石，受半辞半。中饭后，改信稿六件。写对联、挂屏六件。接许仙屏信，又得渠所送书帖二箱。渠送书前有信来，余遣戈什哈去江西迎接。又得渠此次中举，自告喜信也。夜与作梅道及近年读书之法。渠为余看脉，言本体甚足云云。是日午刻，复胡中丞信。夜不成寐。

廿七日

黎明，出巡视营墙。饭后见客三次，查许仙屏所送各种书籍，翻《蔡君谟集》《文与可集》，写季高信。中饭后写郭意城信、李希庵信。夜写钱萍矼信。翻《五代史》，于欧公"不伪梁"一段，不谓为然。"不伪梁"可也，何必斤斤自疏自解哉？夜不成寐。是日酉刻，写告示一通发刻。

廿八日

黎明，出巡视营墙。饭后见客四次。李申甫来，久谈二时许。中饭后写季弟信一件，派人送去。又附寄家信四封，及火腿、茶叶、豆姜等件。写许仙屏信一件。午刻写官制军信、厉伯符信。申刻写彭雪琴信。夜写朱建四信。是夜修饰帐房住屋，料理一切，为明日冬至拜牌计。申甫在此鬯谈，言渠文笔所以不甚鬯者，为在己之禁令太多，难于下笔耳。余劝其破除禁令，一以条畅为主。凡办事者先贵敷陈朗畅也。自昨夕起至本日，大风如吼。各营帐棚有吹破者，有吹倒者。

廿九日

五更二点起拜牌，黎明礼毕。辰，饭后各员弁贺冬至，巳正，应酬毕。午刻，写信一封。中饭后，接胡中丞信，欲余派队至太湖围城。余写复信一件，约千五百字，仍执前说，不肯拨兵往太湖。至夜，与少荃鬯谈太湖事。夜，竟夕不寐。

卅日

黎明，出巡视营墙。饭后请少荃至太湖看地势。申夫来，久谈二时许。中饭后，广东举人冯竹渔焌光来此鬯谈，本请其来，写书启之幕友也。清理文件。因昨夕未成寐，颇形昏惰。夜，翻阅《李太白集》。是日巳刻，写胡中丞信一件，比昨日略觉活动，与申夫看，申夫以为可不必发，遂未发也。

十二月

初一日

黎明，出巡视营墙。各员弁来贺朔，至巳刻始毕。旋改信稿三件。午初出门，至钱家山、龙泥潭等处踩看地势。在钱家山用罗盘视之，龙泥潭在子位，县城之来脉也。县城在午位，河水自西面蕲州界来，经钱家山及县城之西，自丙位流出，下入龙湖。一塔在丙位，所以镇水口也。又一塔在巽位，所以培文峰也。孚玉山在午丙位，即余现驻营之处。槎山在辰位，即湘后三营之外山。河西诸低山，在庚辛酉位。石家坟山在未位。蕲州、黄梅诸大山在河西诸山之后。未正归。下半日颇倦。见客数次。夜阅《李太白集》，写目录于每页之首。

初二日

早出，巡视营墙。饭后见客十余次，因各营得保举，来谢恩也。申夫来久谈，写胡中丞信一件。中饭后写吴南屏信一件，计千余字，中有论诗文之处。夜与作梅、少荃久谈。是日少荃自太湖归，说太湖诸军形势甚详。

初三日

早出，巡视营墙。饭后清理文件。核信稿数件。写朱云亭信。中饭后至营务处谈。写对联三首，核改复黄莘农信稿。剃头一次。夜阅《封禅书》，比往日略有所会。是日筋骨酸疼，不知何故。盖老境不耐劳苦。夜不成寐。

初四日

早出，巡视营墙。饭后写家信一件，派人由九江奉新新昌陆路送去。计人与九弟信三件、余家信一件、各亲友信三件，又寄王人树地图一分及日记奏稿之类。已刻出外，查前帮十营所据濠沟，用竹竿量验，每营皆步行亲量，至酉刻归。中饭后倦甚。见客四次。夜写胡中丞复信。

初五日

早出，巡视营墙。饭后清理文件。出外至各营量验濠沟，后帮七营合马队为九营，观其果掘至一丈五尺否。未刻量毕，归。中饭后写家信，令俊四送书回家，即许仙屏送九弟之注疏也。见客四次。夜温《左传》。

初六日

早出，巡视营墙。饭后清理文件，核改信稿五件。旋见客三次，温《左传》庄公毕。中饭置酒，请胡世兄振煜、冯孝廉焌光。饭后，温《左传》闵公、僖公至二更，温至"介之推不言禄"止。申刻写对联六付。是日，接奉朱批。前发之折，奉批"知道了"。

初七日

早出，巡视营墙。饭后清理文件，改信稿三件，申夫来久谈。中饭后温《左传》僖公毕。夜温文公十页。日来，心绪总觉不自在，殆孔子所谓"不仁者不可与久处约"者。军中乃争权絜势之场，又实非处约者所能济事。求其贞白不移，淡泊自守，而又足以驱使群力者，颇难其道尔！

初八日

早出，巡视营墙。饭后清理文件，写胡中丞信，改信稿数件。见客三次，张伴山自水次来久谈。中饭后伴山又来谈。习字一页。夜不甚寐。思孔子所谓"下学上达"，达字中必自有一种洞彻无疑意味，即苏子瞻晚年意思深远，随处自得，亦必有脱离尘垢、卓然自立之趣。吾困知勉行，久无所得，年已五十，胸襟意识，犹未免为庸俗之人，可愧也已。是日探卒揭得潜山贼首告示，印曰"太平天国御林真忠报国受天安页芸来"。

初九日

早出，巡视营墙。饭后见客三次，李申夫来久谈，痛论京城九卿气息及六部办事胆小之象。写胡中丞信一件、厉伯符信一件,添吴竹庄信一页,写张筱浦信一页。中饭后申夫又来久谈,言京中名士习气,浮而不实,客气用事。申刻,欧阳牧云来,与之论家事及衡阳各家近状。是日天雨,午后雨更大。今冬自十月初四、五雨后,不雨已两月余矣。是夜,不甚成寐。思此心褊激清介,殊非载福之道,当力趋宽大温润一路。

初十日

早出,巡视营墙。饭后见客四次。与牧云卼谈。申夫来,亦卼谈。中饭后,与张伴山言接办报销之事。写官制军信,添庄卫生信一页。申正温《左传》至二更,温至"楚子围萧"止。与牧云卼谈家事。沅弟改葬先考妣,本系买定夏家之地,而临开穴时,乃反在洪家地面。洪家之索重资,有由来矣。大抵吉地乃造物所最悶惜,不容以丝毫诈力与于其间。世之因地脉而获福荫者,其先必系贫贱之家,无心得之,至富贵成名之后,有心谋地,则难于获福矣。吾新友中,如长塘葛氏阮富后则谋地,金兰常氏既贵后而谋地,邵阳魏默深既成名后而谋地,将两代改葬扬州,皆未见有福荫,盖皆不免以诈力与其间。造物忌巧,有心谋之则不应也。

十一日

黎明,出巡视营墙。饭后写左季高信、郭意城信,添刘养素、黄南坡信各一页。眼蒙小睡。中饭后与牧云谈。见客三次。温《左传》至二更,约六十页,至"吕相绝秦"止。二更四点接家信,系十一月廿五日所发,澄弟一件、沅弟一件、纪泽一件、邓寅皆一件、欧阳晓岑一件。夜不甚成寐。因思天下事,一一责报,则必有大失所望之时。佛氏因果之说,不尽可信。有有因必有果,亦有有因而无果者。忆苏子瞻诗云:"治生不求富,读书不求官。譬如饮不醉,陶然有余欢。"吾更为添数句云:"治生不求富,读书不求官。修德不求报,为文不求传。譬如饮不醉,陶然有余欢。中含不尽意,欲辨已忘言。"

十二日

黎明,出巡视营墙。饭后见客二次。是日,风雨极大,各营墙濠,多已倒塌,帐棚吹倒。屋内无光,不能作事。竟日温《左传》至二更,温至"子罕不贪为宝"止。屡与牧云卼谈。夜睡成寐,至五更始醒。是夜略觉甜适。

十三日

黎明，出巡视营墙。风雨极大。饭后写胡中丞信一件、季弟一件，专人送去。因昨日家信内有信应送季阅也。申夫来，鬯谈二时许。又见客三次，中饭后写家信，澄、沅一件，纪泽一件。旋温《左传》至襄廿五年止。是日大风雨，竟日不断，营中帐棚有吹烂者。

十四日

黎明，出巡视营墙。风雨极大。饭后专人送家信，附寄定二、定三舅爹银各八两，欧阳东昇大爹八两，外四两者二起，二两者三起。见客三次。改信稿二件。请欧阳牧云、曾莘田、彭盛南中饭。饭后温《左传》至"庆封奔吴"止。接齐碧湄诗、胡中丞信，知金逸亭、吴翰臣军进扎霍山，季弟扎英山，随中丞驻营一处。

十五日

黎明，出巡视营墙。各员弁贺望，至巳正始毕。申夫复来鬯谈。写胡中丞回信。温《左传》。日中小睡。下半天温《左传》襄公毕。日暮迭闻大股援贼已至潜山。夜接鲍超信，渠军移扎小池驿，多军扎新仓，蒋扎新仓、小池之间，唐军独扎太湖城外。余以临敌更张，极不放心，写信商之。胡中丞又飞扎调萧浚川。夜，竟夕不寐。

十六日

早出，巡视营墙。饭后写官制军信一件。旋点河溪营兵勇名，共兵三百四十六人，勇二百人。镇溪兵劳而愚；辰州兵明而滑，乾州河溪兵二百及勇二百，尚可用也。旋点验军器，矛杆太短。见客四次。中饭后又见客二次。天气寒冷异常，不能办事。阅陈秋舫所著《诗比兴笺》，多合余意。夜写信催希庵来，约千许字。

十七日

早出，巡视营墙。饭后写左季高信。旋温《左传》。是日风雪奇大，竟日苦寒，因温书至申刻止，共温百零二页。夜，写信与胡中丞。洗脚，睡。苦寒，为近所仅见。

附：李元淳，字启道，号子真，卅八岁。

十八日

早出，巡视营墙。旋占一卦，定派前帮十营进扎太湖，写信告知唐义渠。辰正看河溪营兵勇操。镇溪兵鸟枪不甚好，勇二哨枪亦不好，刀矛则四营之兵，二哨之勇，皆不甚好。午初看毕。风大异常，着狐皮斗篷犹寒冷也。旋见客四次。中饭后，见客二次。写胡中丞信。温《左传》，至"郯子来朝"止。夜因眼蒙不敢看书，与牧云久谈，申夫及何镜海皆来久谈。睡后，咳嗽竟夕，盖因吃药酒或闭寒在肺端之故耳。

十九日

早出，巡视营墙。饭后，清理文件，见客六次。前帮十营营官来禀辞，明日将赴太湖也。中饭后，见客三次，改信稿六件。夜写胡中丞信一件、季洪信一件。是日接左季高信，将出湖南抚署进京矣。昨夜咳嗽，本日已愈，夜仍咳嗽。

廿日

早出，巡视营墙。饭后，清理文件。见客五次。改信稿六件。中饭后温《左传》，至昭公廿五年止。夜写吴竹如信一件。午刻，写胡中丞信一件。是日，前帮十营进扎太湖。黎明拔营，申刻到。余眼蒙殊甚，又加咳嗽，不能多治事，与牧云闲谈。

廿一日

早出，巡视营墙。饭后清理文件。旋点吉左营之名，巳正点毕。点验军器。午刻，写张筱浦信。中饭后温《左传》，倦甚。申刻复胡中丞信。夜阅毛西河《韵书》。是日倦甚，似过于劳乏者，几不能说话矣。二更一点即睡，幸稍能成寐耳。

廿二日

早出，巡视营墙。饭后清理文件。困倦乏过甚，上半日未作事，仅见客五次。中饭后温《左传》，至"楚杀郤宛"止。陈作梅自黄梅帅宅归来，与之鬯谈，又与冯竹如邕谈。作梅为帅逸斋看葬地，已买得一处，定明年正月廿七日下葬。牧云于昨日坠马，本日右手不能动，盖触迕其气，未伤筋骨也。

廿三日

早出，巡视营墙。饭后清理文件。旋出外看吉左营操技艺刀矛，为各营所仅见，午正毕。接朱品隆禀，知廿二日开仗，前敌先大胜，而后小挫，湘营伤亡颇多，因批令六千人主守而不主战。又扎派朱与李申夫为统领，朱管战守，李管禀报。申刻，李筱泉、张小山、邓少卿来，邕谈。夜与小泉邕谈。是夕悬念前敌事件，竟夜不寝。

廿四日

早出，巡视营墙。饭后清理文件，见客四次，小睡片时，改信稿十余件，写澄、沅家信一件。午刻接季洪信一件。请李小泉、邓少卿、张小山中饭。饭后核信稿四件，清理文件，写胡中丞复信。夜阅欧阳《文粹》。闻蒋营之四营留扎太湖城东门外者，昨夜三更撤去，归并龙家凉亭，恐城贼出袭鲍、蒋后路，批朱总兵禀，今日夜设法牵制之。

廿五日

黎明，出巡视营墙。饭后清理文件，见客五次，核信稿数件。中饭后，许仙屏来，与之邕谈。目蒙殊甚。加罗澹村信尾一片，又核信稿数件。夜与仙屏邕谈，竟夕不寐。日内，因前敌多、鲍、蒋军开仗，悬念之至。廿二日之仗，我军伤亡千余人，寸心悬悬，片刻难安。

廿六日

黎明，出巡视营墙。饭后清理文件。旋点马队二营之名。巳正进城，拜客二家。午正归，清核信稿，写季弟信一件。中饭后，温《左传》，至"定公七年"止。夜与李小泉邕谈。是日，闻廿四、五多，鲍、蒋三军未开仗，心稍安帖。是夜，天黑暗异常，愁云惨淡。念前敌鲍军最居险地，为之悬悬。

廿七日

黎明，出巡视营墙。饭后清理文件，见客五次。旋温《左传》至下半日，温至"吴伐鲁"止。心绪焦灼异常。天气大风，冷甚。闻小池驲多、鲍、蒋军日内并未开仗，心稍安帖。夜，与小泉谈胡中丞治事之敏，待人之厚。又与程尚斋、许仙屏閒谈。

廿八日

黎明，出巡视营墙。饭后，清理文件。旋看马队演操，至午正看毕。华字营弓箭不好。中饭后，见客五次，写李次青信一件。戌刻接鲍镇军信，知前敌十分危急，因复信言正月初三、四当派队前往救应，嘱其静守数日，坚壁不战。又写信与唐义渠，商令渠带训字七营进扎前敌，与鲍、蒋二军作品字形。余于宿松另派二千六百人，进扎太湖北门训营旧垒之内。旋将此议写信与胡中丞商之。三更睡，心极劳倦，幸尚能成寐。是日接沅弟家信，系本月十二所发。

廿九日

早出，巡视营墙。饭后清理文件，见客六次。旋温《左传》。中饭后，定计扎派护军长胜军、平江老中营，共二千六百人赴太湖，扎北门外，抽出唐义渠军，进扎小池驲一带。旋又温《左传》，至"蒯聩复国"止。夜复义渠信一、春霆信一。是日专人送家信至季弟营中。平江老中营屈蟠于酉刻至宿松。

卅日

早出，巡视营墙。饭后清理文件，见客五次。旋温《左传》。中饭后见客十余次，皆贺岁者。是日，中饭两桌。屈见田新带平江营到，亦与于宴。温《左传》一过毕。傍夕，接家信，澄、沅两弟及泽儿各一件，十二日所发。辰刻，派护军营长胜军至太湖，元旦早可到。夜闻鲍超军被贼大围包裹，焦急之至。